U0142532

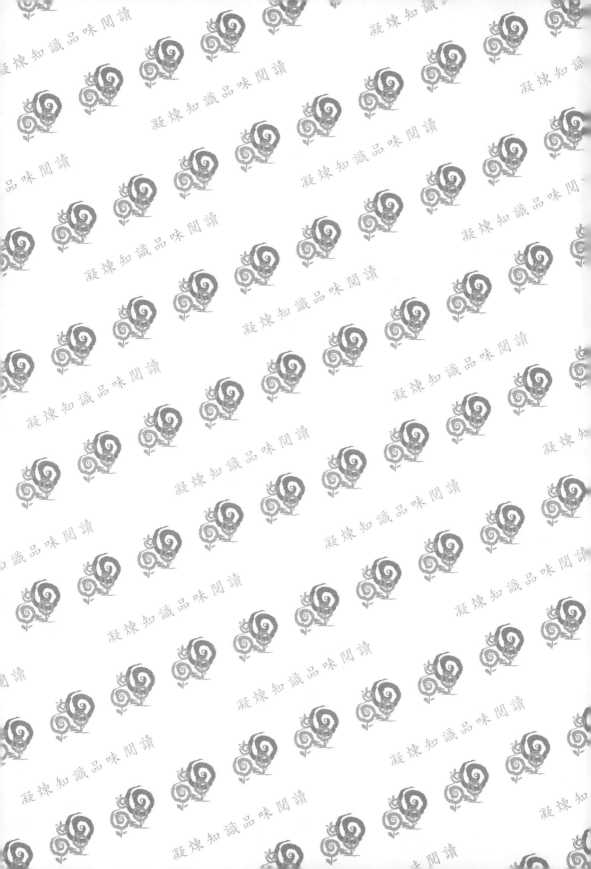

教學原理與設計

沈翠蓮　著

五南圖書出版公司 印行

二版序

　　教學是教師表現專業素養的具體行為。教學是讓學生看得見也帶著走、師生互動互享時的宴饗，然而並不是有知識的老師就可以從事教學活動，宣稱豐富學生心智和行為的成熟是易事，這樣可能促使知識成為社會再製的輸送帶，教師成為熟練無味的操作員，學生成為統一模式的產品。因此，本書是為大學培養教學專業能力的學生和現在任職中小學的教師而寫的書，教師如能發揮教學原理與設計的專業能力，擁有熱情投入教學情境的原理詮釋和實務設計，那麼教育事業將是師生結合生命和生活、學習和成長的熱情園地。

　　本書共有十五章，主要分成三部分，第一部分為教學原理與設計的概念分析和實例設計，包括：教學的基本概念、教學設計、教學策略和教學計畫等四章；第二部分是教學流派的理論說明和實例設計，包括：斯肯納、蓋聶、奧斯貝和布魯納等著名學者的教學見解共四章；第三部分是教師常用的教學方法步驟和實例設計，包括：直接教學、討論教學、探究教學、創造思考教學、概念獲得教學、合作學習教學和協同教學等七章。

　　第一部分有關教學原理與設計的概念分析和實例設計。第一章教學的基本概念從意義、規準、影響因素、有效能的教師與教學等四部分概念，提供未來教師和現職教師自我省思教學工作的價值和求善途徑。第二章教學設計提供教學設計的意涵、設計取向、系統設計模式、設計步驟和實例，作為從事教學設計的參考。第三章教學策略從直接和間接教學論點，討論應用在班級、小組、個別化教學的教學策略。第四章教學計畫探討課程內容深究的垂直教學計畫、跨學科的水平教學計畫，和因應教學對象的適性教學計畫。構想這四章是希望修

課的同學能確立教學概念、設計、策略和計畫的正確觀念；現職的教師能展現教學原理的發揮潛能。

第二部分有關教學流派的理論說明和實例設計。第五章到第八章闡釋斯肯納、蓋聶、奧斯貝和布魯納等人的教學見解，從行為學派和認知心理學者在教學上的應用，提出較具實用性質的四位學者，分別以實例詮釋其理論。斯肯納見解著重增強制約技術行為應用；蓋聶的學習階層和教學事件呈現標準教學流程架構；奧斯貝的前導組體和解釋教學，讓學生得以從舉例說明清楚認知所銜接的新舊學習內容；布魯納的認知發展、教材結構和發現教學論點，讓學生在直覺思考和豐富描繪中發現新知。構想這四章是希望修課的同學對於深奧的教學理論導向，能夠熟悉著名的學者教學論點，掌握學生在教學中的動態；現職的教師在教學時能用之有理法有趣味，不讓學生成為自我教學實驗的白老鼠。

第三部分是教師常用的教學方法步驟和實例設計。包括第九章直接教學方法與設計、第十章討論教學方法與設計、第十一章探究教學方法與設計、第十二章創造思考教學方法與設計、第十三章概念獲得教學方法與設計、第十四章合作學習教學方法與設計、第十五章協同教學方法與設計。直接和討論是教學最常用的教學方法，探究、創造思考和概念獲得是啟迪思考的教學方法，合作學習和協同教學是九年一貫課程必須熟練的教學方法。構想這七章是希望修課的同學能在系統化的教學步驟和實例設計中，熟練後能思考創新教學方法；現職的教師能揉合各種教學方法，在教學中視實際需要創造屬於所授課學科或自我教學特質的教學方法與設計。

本書注重理論的詮釋和實例的探討，深入淺出地舉例說明教學實境，適合大學生充實教學原理與設計的知能，現職教師提升教學設計的專業成長，期望教學原理與設計真的是易學、易知、易行和易用。

本書能夠順利出版，首先要感謝五南圖書出版公司楊發行人榮川慨允出版，楊總編輯秀麗、黃副總編輯文瓊、李編輯敏華費心處理出

版相關事宜。其次，撰寫本書感謝當時任教於國立高雄師範大學教育學系同仁指導，和我授課班級學生於上課時熱烈的參與討論。最後，要特別感謝我的家人和摯友，許多的愛和給予，深表謝意。

　　本書秉持閱讀思考教學理論和多年教學授課經驗，撰寫時，始終抱持認真努力的研究精神，然學識有限，疏漏之處在所難免，敬祈學者專家和中小學教師不吝指正，是所至盼。

沈翠蓮　謹識
民國 113 年 5 月 10 日

目次

第 **13** 章

概念獲得教學方法與設計 ————————— 381

第 **14** 章

合作學習教學方法與設計 ————————— 405

第 **15** 章

協同教學方法與設計 ————————— 443

表次

第 1 章

教學的基本概念

教學（teaching）是師生互動尋求「教師如何教得更完美」和「學生如何學習得更成功」的歷程，教學是一種專業能力的表現，需要特殊才能的表現，才能在教學相長的歷程中，師生彼此知道並創造更多知識經濟的未來。換言之，特定知識價值觀或技能必須透過教學歷程才得以傳遞和學習的。

············ 第一節　教學的意義與規準 ············

教學的意義與規準可以提供從事教學工作者，自我省思教學目的與衡鑑教學品質。以下說明教學的意義，並依照普遍性與專業性的教學規準，來檢視教師教學，是否臻於外在與自我要求都合宜的尺度。

壹、教學的意義

一、字義上的意義

(一)說文解字的解釋

教學的字義在《說文解字》的解釋為「教，上所施，下所效也；學，覺悟也（知不足）。」傳統上，教的解釋中，「上」是指有道德品格與知識涵養的成熟個體，一般是指教師、長輩、父母等角色，「下」是指道德品格與知識涵養都需要再豐富和成熟的個體，一般是指學生、晚輩、子女等角色。「施」是指教導、指示、示範等互動方式，「效」是指仿效、服從、學習等歷程。學的解釋為「覺悟」之意義，亦即對事物已達認知理解的境界。傳統上就教學的中文意義而言，可解釋為教學者對於道德品格與知識涵養的教導，受教者有所覺悟的歷程。

事實上來說，中文教學的意義，已經接近一種角色模式定義

（role-model definition），著重有效能教師身分，認為所有開始當老師的人就應該具備像：所羅門王（King Solomon）的智慧、佛洛依德（S. Freud）的見識、愛因斯坦（A. Einstein）的知識和南丁格爾（F. Nightingale）的奉獻（Borich, 1996）。教師擁有完美的形象知覺，是模仿學習的楷模。現今社會，教與學相較於傳統上的解釋，是較為重視「學」的歷程。其主要差異是教學對象已不限於上、下權威角色的解釋，而是偏重學習者是否能有所覺悟到施教者所發出訊息的意涵，因此，教學注重方法、策略、媒體和技術等運用，啟迪學生的覺悟。

（二）英文相關字的解釋

教學的英文為「teaching」、「instruction」，從英文相關字的解釋，教學的意義與 token、learn、impart、educate 四個字關係密切（林寶山，民 77）。

token 是「表徵物」之意，即教師拿一表徵物作為說明或展示的歷程就是教學。例如：教師教學國中英文〈Christmas and New Year〉這一課時，拿一張聖誕卡或賀年卡，對學生說明聖誕節與新年的英文單字、課文大意，或是發問有關聖誕節的問題，或是請學生創作卡片的祝福詞，這種經由教學媒介 token（信號或符號）產生師生間的說明、發問、創作等反應行為，即「教學」。

learn 為「學習」之意。例如：教師要教學國中國文〈天淨沙〉這一課，要學生練習難詞、背誦文法，或是吟詠元曲意境，這些不斷的練習、背誦、吟詠等行為，主要是在於建立對教學內容的熟練程度，此即「教學」。

impart 為「注入」之意。例如：教師舉例「畫家尋找美麗事物」的故事，直接敘述畫家因為想要畫下世界最美麗的事物，旅途中遇見傳教士、戰士、新娘，並詢問世界最美麗的事物是什麼？三個人答案分別是信仰、和平、幸福，但是畫家竟然都畫不出來他們心中所嚮往

的美麗事物，而回到自己的家門前，看到妻、子都展開雙臂歡迎他時，他終於找到世界上最美麗的事物，可以畫入他的畫布了。當教師敘述完這個故事後，直接告訴學生：「美好的事物常近在眼前，只在於你是否用心去觀察、會意心得、啟示或結論。」此種直接告訴學生答案，賦予學生某種觀念，亦是「教學」。

educate 為「引出」之意。例如：教師教學〈四時讀書樂〉時，透過威瓦第〈四季〉交響曲的聆聽，把春、夏、秋、冬的景致，與四時讀書樂所描述的景致做一對照，引導學生想像每個季節讀書的趣味，這種把學生的想法、觀念，經由教師系統設計而引發出其進一步聯想的引導歷程，即「教學」。

據此，教學在英文解釋有展示象徵物、說明學習內容、注入觀念、啟發思考等意義的相關性。教學的成功，是師生雙方都能有所學習獲益的。

二、專家學者的定義

中外專家學者對教學的定義如下：

㈠我國專家學者

教學是：「教師依據學習的原理原則，運用適當的方法技術，刺激、指導和鼓勵學生自動學習，以達成教育目的的活動」（方炳林，民 68，2）。

教學是：「教師經由詳細的計畫和設計，運用適當的技術和方法，以指導、鼓勵及激發學生自動學習，以獲得生活上所必須的知識、技能、習慣和理想的一種工作或活動」（高廣孚，民 77，8）。

教學是：「施教者利用各種方法去使學習者獲得知識和技能的過程」（林寶山，民 84，7）。

教學是：「施教者以適當的方法，增進受教者學到有認知意義或有價值目的的活動」（歐陽教，民 84，7）。

㈡外國專家學者

教學是：「教學是開始一種複雜、多樣化和著實不可思議的活動」（Clark & Culter, 1990, 3）。

教學是：「教學是一組影響學習者促進學習途徑的事件」（Gagné, Briggs, & Wager, 1992, 3）。

教學是：「教學活動是一個人 A（教師）的活動，其用意在於實現另一個人 B（學生）的活動（學習），其用意在於完成最後情態（例如：認知與鑑賞），其目的就是 X（例如：信念、態度、技能）」（Hirst, 1974, 101-115）。

教學是「教學是以學習的成就為目標的一種活動，並依此方式來進行教學，為的是尊重學生的智力整合和獨立判斷的能力」（引自 Hyman, 1970, 8）

綜上教學字義與專家學者的定義，可知「教學」是教學者透過教學設計，運用適當的教學方法，使學習者學習到有學識認知、道德價值和行為技能的教與學互動歷程。

貳、教學的規準

教學的規準（criteria）可以提供教學者衡鑑自己的教學內容與品質。普遍性的教學規準，用以檢視平時教學內容、教學結果、教學設計的適切性；專業性的教學規準，用以評量教學目的、教學意圖、教學成效的完成標準。

一、普遍性的規準

認知性、價值性和自願性是英國教育學者皮德斯（R. S. Peters）所提出來的教育規準（Peters, 1966）。本來是作為教育活動的檢視規準。就教學而言，這三個規準適足以作為教師教學過程言行的普遍

性規準。

㈠認知性

教學的認知性是指教學內容應合乎事實，且能經過其他的人、物、時空的驗證。例如：國文的語辭、文章的眞僞，英文的文法、片語正確用法，數字、公式、地名、歷史、社會現象等教學內容，教師應知之爲知之，不知在查閱資料後，再告知學生。地理上所謂的「人參、貂皮、烏拉草」東北三寶，現已變成「人參、貂皮、鹿茸」三寶，若是教師「誤人子弟」將錯誤的、非事實的訊息告知學生，即不合教學的「認知性」。

㈡價值性

教學的價值性是指教學結果有其意義性及道德作用。例如：教師教學國文白居易的「長恨歌」樂府詩，可在內容深究時，與學生深究唐詩型態、唐玄宗迷戀楊貴妃、由愛情所引發的安史之亂，及爲政者應有風範等，評論儘量忠於詩中原意，討論時政避免過度個人意識型態的介入與偏激推論，多提供學生價值討論與澄清的機會，這樣才符合教學的價值性。

㈢自願性

教學的自願性是指教學過程能合乎學生的學習意願與動機。例如：教師教學國文〈愛蓮說〉一課時，可以準備有關蓮花結構、種類、生長環境、特質等投影片，在教學此課時，先放投影片配合課文講解「亭亭玉立」、「出淤泥而不染」等詞，定可提升學生的學習意願與動機。另外配合增強物的使用，更可使學生樂於學習。

二、專業性的規準

教學專業性的規準有目的性、釋明性、覺知性，主要是針對師

生在教學互動時，提供師生共同建構教學品質的指標，一個具備專業性規準的教師，可使師生的教學相長獲致良好的教學效能。

㈠目的性

教學的目的性是指教學活動能達成預期學習結果。教學的目的性可以幫助教師有計畫、有組織的從各種不同途徑，來指導學生達成所學習的教學目標，但應避免用不合認知性、價值性、自願性的方式。否則，完成目的可能只是暫時性，學生甚至會排斥教學的進行。例如：教師要實驗新課程或新教學方法，宜多和學生溝通教學目的。

㈡釋明性

教學的釋明性是指教學意圖能為學生所理解、仿效。教師教學時是採用示範、實驗、實作、說明、觀察等教學意圖，應讓學生知道教師採行這樣的教學方式目的為何？而當教師在進行示範、說明時，學生也能理解、仿效。為達釋明性，教師可以重複說明或請學生解釋示範。

㈢覺知性

教學的覺知性是指教學成果能為師生雙方所共同覺知。從教師立場而言，教師教學是希望學生能完全明白所教重點；從學生立場而言，學生希望能獲致最佳學習效果，有所得又沒有壓力的學習。反之，假若教師賣力教學，學生在座位間無所事事，或教師未充分準備教學內容，學生求知若渴，師生兩方無法覺知各自所當扮演角色，那麼教學則容易流於形式。

綜上有關認知性、價值性、自願性等普遍性規準，與目的性、釋明性、覺知性等專業性規準，是現今成為一個基本教師與成功教師，不可或缺的深度思考與力行標準。

·············· 第二節 教學的影響因素 ················

壹、教學的影響因素

教學的影響因素主要有目標、教學者、學生群體、教材、方法、環境、進度、評鑑等因素影響，這八個因素之間有相互的關聯性（林生傳，民 77；Kemp, 1977）。從教學系統設計觀點來看這些教學影響因素，主要是回應有關學生、目標、方法和評鑑等問題，例如：針對學習者或訓練者特點該發展什麼形式的教學設計；什麼目標是學習者或訓練者所應該要學習的；科目內容或技能該如何設計教學方法和活動才能有最佳學習；評鑑程序如何決定學習完成的範圍（Kemp, 1985）。以下說明教學的影響因素：

一、目標（objective）

㈠課程目標：亦即進行該單元計畫所必須學會的科目內容、經驗。
　具體來說，即是教科書所列的認知、技能、情意目標。
㈡學生目標：學生理想上期待學習的認知、技能、情意目標。
㈢預期目標：亦即學生可能完成的課程目標。

二、教學者（instructor）

㈠人：可以是教師、導生、小組長等人來完成或協助教學的進行。
㈡機器：可以是教學機、電腦，或其他協助教學進行的相關機器。

三、學生群體（grouping）

㈠同質性與異質性：常態編班是異質性的學生群體，能力編班是同
　質性的學生群體，教學若考量學生群體組成的性質，有助於教學
　的進行。

㈡**個別與群體**：教導一個學生與一班學生，常會使教師的教學設計
　有很大的差異。

四、教材（subject matter）

㈠**廣度與深度**：教師進行有廣度與深度的教材教學，對於學生相關
　知識的獲得與深奧教材內容的吸收，具有相當的影響。具廣度的
　教材可以引發學生的興趣，具深度的教材可以幫助資優學生積極
　探究。

㈡**結構與順序**：教材的結構是指教材的組成元素，例如：國文的作
　者、題解、課文大意、難詞、文法、內容深究等為課文結構。因
　應難易深淺等教學需要進行教學，即為順序。

五、方法（method）

㈠**呈現方式**：教學方法的呈現方式，例如：講述、討論、探究、發
　現、欣賞等，均會影響教學品質。

㈡**使用時機**：各種教學方法會因不同科目、教具的使用時機，而有
　不同的效果呈現。

六、環境（environment）

㈠**媒介與設備**：例如：掛圖、錄影帶等用來引導教學的教具為媒介，
　而提供媒介進行的器材為設備，例如：螢幕、投影機等。

㈡**空間、座位安排**：教學環境在空間大小、安全、明亮、安靜等因
　素，與因不同教學方法而有不同的座位安排，亦會影響教學的進
　行。

七、進度（rate）

㈠**時間的安排**：教師應當視全學期該科教材份量做進度的安排，以
　配合各種段考評量的進行做充分準備。

㈡教材的配合：教學進度可配合教材、科目、內容、使用教具，以使學生在均衡時間進度方面，能因教材的配合而有豐富的教學變化。

八、評鑑（evaluation）

㈠評鑑方式：例如：常模參照評鑑、標準參照評鑑、總結性評鑑、形成性評鑑等評鑑方式，應配合教學進行，以提供教師教學參考。

㈡評鑑者：評鑑者可以是教師評鑑、學生自評或互評。

　　教學的八大影響因素不僅是初任教師應詳加考量，一個稱職的有經驗的教師，亦當把教學當成一門藝術，使教學變成有結構又豐富變化的學習。

貳、教學的相關概念

一、教育與教學

　　教育是使人求好的歷程，教育的途徑非常多樣化，教學是教育實施的一種途徑。教學是透過教學者以適當的教學方法與設計，讓受教者學到有認知或價值意義的歷程。教育是教學的基礎，有健全的教育制度，才有進行教學的可能，以符合教學規準的灌輸、訓練、陶冶歷程，必定是肯定的教育；而以恐嚇、威脅、利誘的教學方式，則只會快速形成反教育的結果。

二、課程與教學

　　課程（curriculum）是一個科目，或是一種計畫、經驗、目標，課程就像跑馬道一樣，有一定的規範與程序；教學像在課程的跑馬道裡面，一個切實將計畫、經驗、目標、科目實施，讓學生有實際獲益的動態歷程。教學的進行可以完成正式課程的目標，也會潛移默化地

形成潛在課程，增強或消弱教學的實際效益。

　　整體而言，教育是課程和教學的基礎，課程提供教學內容組織，教學完成課程目標和教育理想。三者間相關性如圖 1-1「教育、課程和教學關係圖」。

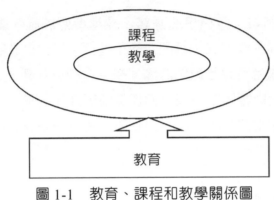

圖 1-1　教育、課程和教學關係圖

.... **第三節　有效能的教師與教學** ....

壹、成為良好教師的基本特質

　　Medley（1997）指出教師效能（teacher effectiveness）應包括：教師表現和教師能力，教師表現指的是教師在班級中的教學行為，並非只是行為的最終結果；教師能力是指教師的知識、技能，以及相信能夠擁有及賦予教學情境的信念。一個好的教師具備教學歷程良好的特質表現，與教學能力所應具備的知識、技能與信念，才能在教學歷程中提供學生完整的學習。

一、個人特質（Personal quality）

　　教師個人特質包括：人格、情緒、性向、成就、經驗、魅力和態度等特質，教師對學生及處理事物的人格特質穩定，給予學生的通常是較為中立的價值態度，不過於偏激或保守，從事教學保有教育的規準，並賦予學生很大的發表創作機會。其次，他也是一個教學專業自主性很高的人，情緒穩定、持有崇高教學理想與展現教學魅力的人。

二、知識（Knowledge）

　　教師的知識主要包括：基本知識、專業知識與專門知識。基本知識例如：有關人文社會與自然科學知識；專業知識是指設計教案、應用教學法、使用教具等教學設計的知識；專門知識是指所教學該科領域所知道的知識。具備這三方面的知識，在教學時方能有充分的知識和學生對話，並引導學生深層思考該科知識。

三、技能（Skill）

　　技能方面主要包括：蒐集資料、表達能力和班級經營的技能。教師擅長應用電腦網路、工具書等蒐集資料的技能，方能保持新鮮的知識從事教學；擅長發問、理答與語辭流暢的表達能力，學生在教學情境中才能如沐春風，感受上課的樂趣；善於將班級中的人、事、物做好妥善規劃與管理，班級經營好，有助於教學師生互動。因此，具備個人特質、知識、技能的良好教師特質，動態的教學相長，學生自然有豐富的成長。

　　成為良好教師的基本特質及其要素，如圖 1-2。

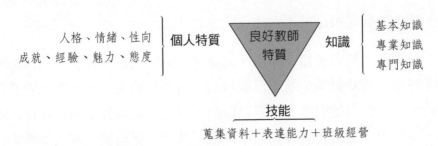

圖 1-2　良好教師的基本特質和要素

貳、學校教師角色的更新與調整

一、角色的更新

現今學校教師扮演著多元化的角色，Heck & Williams（1984）從教師生態學觀點，在探討《教師多元化角色》一書，指出現代教師扮演著下列多元角色：

㈠關懷角色的人（as person: a caring role）。

㈡支持角色的同事（as colleague: a supporting role）。

㈢互補角色的夥伴（as partners: a complementary role）。

㈣教養角色的學生認識者（as understander of the learner: a nurturing role）。

㈤互動角色的學習促進者（as facilitator of learning: an interacting role）。

㈥實驗角色的研究者（as researcher: an experimenting role）。

㈦創造角色的計畫發展者（as program developer: a creating role）。

㈧計畫角色的行政者（as administrator: a planning role）。

㈨有抱負角色的專業人員（as transition into the profession: an aspiring role）。

㈩問題解決角色的決策者（as decision maker: a problem-solving

role）。

(土)挑戰角色的專業領導者（as professional leader: a challenging role）。

二、教師角色的調整

教師的英文單字是 TEACHER，引申這七個字母，可以將現今學校教師角色，擴充為兼具七種角色的教師：

(一)訓練者（Trainer）

猶如善於訓練海豚跳水後即給予小魚吃、老虎跳過火圈後即給予肉吃的訓獸師，懂得給予學生良好表現實質回饋的訓練者。

(二)引導者（Educator）

猶如指引在茫茫大海航行船隻歸行的燈塔，在學生迷津、質疑知識之時，給予啟發引導。

(三)演員（Actor）

猶如能抓住觀眾心情的演員，把寬嚴並濟、恩威並重的表情，以自然熟練的適當方式來表達。

(四)諮商員（Counselor）

教師能在學生學業、生活、情感不知所措時，適時給予接納、關懷、同理心等諮商技巧，讓學生能走出陰霾。

(五)人道主義者（Humanist）

教師能在教學時給予學生均衡的關懷、指導，不因學生的學習成就、智力、性別、能力等方面有差異，抱持一視同仁的態度，讓學生有學習的尊榮感。

㈥**編輯者**（Editor）

　　亦即教師對於教學內容善於有組織、結構的編輯，讓學生簡易明白學習重點。

㈦**研究者**（Researcher）

　　教師應隨時掌握與學科有關的最新資訊，加以研究，適時補充給學生知道，或提供補充新教材，指導學生深度學習。

　　過去學校教學，教師權威大，學生被動性學習高，所以教師教學較少受到學生質疑。現今學校教學，強調教師以民主、開放態度從事教學工作，學生主動探究教學內容。因此，當一個學校教師應兼融訓練者、引導者、演員、諮商員、人道主義者、編輯者、研究者等角色特點，融合上述各種角色，適應各種情境，以專業教學知能特質來面對教學工作。

參、建構教學策略

　　針對不同的學習者和教學內容，應該建構多元、廣泛的教學策略來完成教學目標。完整的教學策略可從組織策略、教學策略、評量策略三方面來建構。在教學前，特別注意組織策略的完整準備；教學中注意教學策略的靈活運用；教學後注意評量策略的實際作用。組織策略、教學策略與評量策略的教學要項，如表 1-1。

一、教學前：組織策略

　　教學前的組織策略應考慮到計畫（planning）、設計（designing）、時間的運用（use of time）、預習作業（advance work）、管理（management）等五大要素，做好充分的教學準備，以下分別說明五大要素要點：

表 1-1　多元教學策略架構一覽表

組織策略	教學策略	評量策略
計畫 設計 時間的運用 預習作業 管理	講述 發問與討論 交互練習 分組 反省性教學 角色、模仿、戲劇 資源、視聽媒體、電腦	學習評量 自我評量的自我改進策略

資料來源：Freiberg, H. J. & Driscoll, A., 1992, p.4.

㈠計畫

即教學完整的構想，例如：教學目標、行為目標、教材、進度、教具、時間、學生實作或反應等教學計畫。

㈡設計

即教學計畫內容的個別設計。例如：教材部分的歸納、演繹，設計最有結構、順序、難易適中或相關概念的教材探尋等。

㈢時間的運用

即整個教學進行的時間分配。例如：準備、發展、綜合活動所需時間的配置，教師說明、示範、增強、評鑑，學生實作、反應的時間分配等。

㈣預習作業

即教學前，教師熟悉有關教室背景、學生背景、教學環境、學習氣氛、特殊學生、相關資料等問題。例如：教師教學前應深知所教班級的學習風氣、班風、教室情境、學生群體等因素，在教學前盡可能設想處理需解決的問題。

㈤管理

即提升教學的班級管理策略。例如：班級經營模式、增強、班會、資料分析、學生常規、教師效能訓練、學生行為問題、家長溝通等班級管理人事物的安排。

二、教學時：教學策略

教學時的教學策略包括：講述（lecture），發問與討論（questioning & discussion），交互練習（interactive practice），分組（grouping），反省性教學（reflective learning），角色、模仿、戲劇（role, simulation, drama），資源、視聽媒體、電腦（resource, AV, computers）等重要因素。

㈠講述

亦即使學習者從被動到主動的學習。教師講述教學時，可透過激發學生學習動機、批判性思考、教師控制、提示、媒介、指導作筆記等方式，來協助講述教學的進行。

㈡發問與討論

目的是在教學進行中創造一種對話情境。發問和討論時，教師可以透過發問與討論，來明白學生是否瞭解、價值澄清、導正學生反應等。

㈢交互練習

亦即透過學生自我或彼此間的練習，熟練學習內容。教師能根據學習內容、學習背景、學生程度，來設計練習、複習的學校作業或回家作業等活動。

㈣分組

亦即採行學生分組教學。透過分組教學以凝聚班級環境，建立小組規範，培養人際間的互動技能、合作學習習慣，在因班級大小或學生性質作同質性和異質性的分組時，提供學生更多的學習幫助。

㈤反省性教學

反省性教學是把學生當作公司股東（shareholders）一樣，可以分享公司的成長與虧損狀態，而共同思考如何有益彼此成長空間的策略。因此，教師應發展反省性教學策略，建立彼此的信任感，經由積極參與、腦力激盪、建構概念圖、演繹和歸納、批判思考、問題解決等策略的應用，讓學生有更多參與機會。

㈥角色、模仿、戲劇

透過角色、模仿、戲劇等教學方式，讓教學更趨於真實情境。要進行角色扮演的教學，應注意到每個階段角色導入，以及最後的討論、評量到歸納出成果的完整歷程（Joyce & Weil, 1986）。

㈦資源、視聽媒體、電腦

應用社區資源、田野考察、錄放影機、電視、錄音、錄影、投影機、幻燈機、電腦等多樣化的輔助教具，可以使學生上起課來生動活潑。透過視聽媒體實際觀賞、聆聽、操作，學生較易瞭解教學內容的實際意義。

三、教學後：評量策略

在組織策略與教學策略實際應用後，教師教學應注意到學習評量（assessment of learning），以及透過自我評量的自我改進策略。

㈠學習評量

學習評量可以提供學習者知道自己的學習問題癥結所在，增進學習效能。一般而言，學習評量包括：診斷性評量、形成性評量與總結性評量。診斷性評量可以由非正式的觀察、討論，以及正式的標準化測驗，父母、學校的問卷、測驗、資料，瞭解學生各項智力、能力、性向等表現，以做好學習的最佳安置。形成性和總結性評量則是在學生學習過程中或學習告一段落時，給予學生回饋作用的評量，以作為師生共同改進教學、增進學習的依據。

㈡自我評量的自我改進策略

有關教師教學成就的可能資料來源包括：學生做完教師測驗的成績、學生做完標準化測驗的成績、學生回饋（語言、非語言、手寫的）、視導人員或校長的系統性觀察、管理上的回饋、同儕觀察和自我評量等（Freiberg & Driscoll, 1992）。

教學是心靈和行為都可以意識到的活動，在心靈意識活動的思考運作，教師必須不斷組織教學的因素、策略和教學需求的教師基本素質；在行為意識活動的後設認知運作，教師必須和學生共識出教學的規準、執行教學活動和調整教學角色，如此，教師和學生才能在追求知識經濟的完美和成功中，體會出教學的快樂和效能，共享教學成果。

本章摘要

1. 教學的意義，綜合教學字義與專家學者的定義，可知「教學」是教學者透過教學設計，運用適當的教學方法，使學習者學習到學識認知、道德價值和行為技能的教與學互動歷程。

2. 教學的規準分為普遍性的教學規準和專業性的教學規準。普遍性的規準原為皮德斯（Peters）提出的認知性、價值性和自願性，是作為教育活動的檢視規準，而就教學而言，這三個規準足以作為教育活動的檢視規準。專業性的規準有目的性、釋明性、覺知性，主要是針對師生在教學互動時，提供師生共同建構教學品質的指標。

3. 教學的影響因素主要有目標、教學者、教材、進度、評鑑、學生群體、環境、方法等八個因素影響，八個因素之間有相互的關聯性。

4. 教育是使人求好的歷程，其途徑非常的多樣化，教學是教育實施的一種途徑。教學是透過教學者以適當的教學方法與設計，讓受教者學到有認知或價值意義的歷程。且教育是教學的基礎，有健全的教育制度，才有進行教學的可能。

5. 課程是一個科目，或是一種計畫、經驗、目標，是如同跑馬道一樣，有一定的規範與程序。教學如在課程的跑馬道中，一個切實將計畫、經驗、目標、科目實施，讓學生有實際的獲益歷程。

6. 教師效能應包括：教師表現和教師能力，教師表現指的是教師在班級中的教學行為，並非只是行為的最終結果。教師能力是指教師的知識、技能，以及相信能夠擁有及賦予教學情境的信念。

7. 成為良好教師的基本特質有：(1) 個人特質：是包括教師的人格、情緒、性向、成就、經驗、魅力和態度等特質。(2) 知識：主要是

包括基本知識、專業知識及專門知識。(3) 技能：主要包括蒐集資料、表達能力和班級經營的技能。

8. 教師的英文單字是 TEACHER，引申這七個字母，可將現今學校教師的角色擴充為七種：訓練者（Trainer）、引導者（Educator）、演員（Actor）、諮商員（Counselor）、人道主義者（Humanist）、編輯者（Editor）、研究者（Researcher）。

9. 建構教學策略是針對不同的學習者和教學內容，建構多元、廣泛的教學策略以完成教學目標。建構完整的教學策略，在教學前可從注意組織策略的完整準備，教學中注意教學策略的靈活運用，教學後注意評量策略的實際應用。

10. 教學前的組織策略應考慮到「計畫」、「設計」、「時間的運用」、「預習作業」、「管理」等五大要素。

11. 教學中的教學策略包括：講述，發問與討論，交互練習，分組，反省性教學，角色、模仿、戲劇，資源、視聽媒體、電腦等重要因素。

12. 教學後的評量策略應注意到學習評量，以及透過自我評量的自我改進策略。其中學習評量包括：診斷性評量、形成性評量與總結性評量。自我評量的自我改進策略則需透過多元管道的評量結果，教師可創造更多的可能教學方案。

▶ 理論問題作業

1. 試述教學字義上的意義並為教學下一定義。
2. 試述教學的普遍性規準為何？
3. 試述教學的專業性規準為何？
4. 教學的影響因素有哪些？
5. 試述教育、課程、教學三者的相關性。
6. 成為良好教師的基本特質應包括哪些？
7. 現今學校教師應兼具的七種角色為何？
8. 試述如何建構一個完整的教學策略。

▶ 實作設計作業

1. 請設計一份教師評鑑表，以供學校作為教師評鑑的標準。
2. 請訪問調查三位教師，指出教師應具備哪些良好的個人特質。
3. 請分組設計 TEACHER 七種教師角色扮演的教室生態劇本。
4. 請以國中一課教材，簡要設計你所建構的教學策略。

第 2 章

教學設計

　　教學是兼融科學與藝術的一門學問，施教者必須透過科學的有效程序和藝術的多變方法來引導學習者完成教學目標。設計是指人類經驗、技能和知識的領域中，有關人類塑造環境去適合其物質與精神需求的能力。教學設計（instructional design）是研究教學系統設計的一門應用科學，其任務揭示教學設計工作的規則，並以這些規則的知識指引教學實踐，教學設計由於是教育科學體系中的一個新的分支學科，重點在開發教學系統完整過程（張祖忻、朱純、胡頌華，民84）。簡言之，教學設計是解決問題的系統方法。

·············· 第一節　教學設計的意涵 ··············

壹、教學設計的背景

　　追溯教學設計概念的背景，可從第二次世界大戰許多心理學家致力於軍事訓練的教學活動，研究人類如何學習處理許多重要的新訊息，他們詳細列出學習和表現行爲的任務，以及學習者或訓練者確認學習活動參與的需求（Kemp, 1985），當時透過實驗研究提出一系列學習原則，包括：1. 學習任務：對於要學習和操作的任務進行具體分析和詳細說明是重要的。2. 積極參與學習：爲取得學習效果，學習者應該積極投入到學習活動中去（張祖忻、朱純、胡頌華，民84）。如此，針對學習任務、學習活動和學習者，做出最精簡有效的設計是有助於教學活動的進行。在此同時，視聽媒體專家正發展運用這些公認的學習原則，應用到教學影片和其他教學媒體的製作。這種整體性、系統性的作業分析思考架構，促使教學設計成爲理性處理教學問題的一門學科。

　　之後，大家熟知的行爲主義學者斯肯納（B. F. Skinner）的操作制約原理，巧妙地運用增強制約方式來促使學習者主動反應自主行

為，安排情境學習、逐步塑造行為，讓學習不再成為一次份量多、複雜而難懂的知識集合，它可以是系統化的安排設計。到了 1960 年代編序教學運動，引導學習者運用教學機個別學習、自我控制學習進度的自學教學法，一樣運用教學工學來設計改進教學型態。此外，許多學者主張敘寫教學目標、組織教材內容、任務分析、編碼檢索訊息、安置學習條件、評量等，均具體列入教學設計範圍的考慮因素。

　　教學設計由於目標明確，具有學習心理學的知識來處理學習的內在歷程，妥善的選擇教學方法和媒體，也有適切的評量方法來獲知學生的學習成果。因此，從 1980 年起，全球經濟復甦，教學設計結合人類科技資源的應用，轉化教學心理學引導學生如何改進個別學生學習表現，來使得教學更有效能，學校教師應要熟練教學設計的基本任務。

　　從整個教學設計發展，可知教學設計的學說整合和應用了系統分析、組織發展、運作管理研究的教學理論（instructional theory）；傳播學、視聽媒體、資訊科學的教學科技（instructional technology）；和行為心理學、社會心理學和認知心理學的教學管理（instructional management）等教學領域（李宗薇，民 80；Schiffman, 1986; Johnson & Foa, 1989）。

貳、教學設計的意義

　　教學設計有許多不同的定義，有些學者強調教學設計是一個計畫教學過程（Briggs, 1977; Richey, 1986; Seels & Richey, 1994），有些則強調教學設計是教學方法的計畫。相對的，有人強調教學設計是教學內容、評量選擇、教學管理的計畫，這些混淆是來自於早期教學設計都以教學科學（instructional science）為通用語辭（Richey, 1997）。

　　李宗薇（民 82）指出傳統的教學設計是指：根據學習者的特性

與預先設定的目標，以邏輯、系統的步驟實施並評鑑結果的方式。Merriall, Drake, Lacy, & Pratt（1996）從認知取向的教學設計觀點，認爲教學設計是一種科技，用來發展學習經驗和學習環境，以協助學習者習得特定的知識與技能。Mayes（1994）從建構取向的教學設計觀點，認爲教學設計是教學者和學習者互爲主體建構知識的歷程，良好的建構論教學設計是教師完成學習環境的設計後，能夠提供學習者有實作機會、解決問題的控制權力和提供學習者的最大支持。

就本質而言，教學設計是一個分析教學問題、設計解決方法、對解決方法進行試驗、評量試驗結果，並在評量基礎上修改方法的過程，這是系統計畫的過程，有一套具體的操作程序，具體而言，教學設計是一種解決教學問題的系統方法（張祖忻、朱純、胡頌華，民84）。因此，教學設計具有教學活動的藍圖和教學處方的雙重意義。

參、教學設計的模式

許多模式在本質上，是可被視爲概念化或步驟化。Dick（1997a）引述模式的角色有如「理論的表徵」（representation of theory），模式扮演著研究結論的技術，以及預測「如果－就」（if-then）的系統陳述。換言之，模式必須具有理論基礎、研究支持，教學設計模式是一個完整的概念或步驟。由於教學設計理論和研究見解尚難建立共識，出現的教學模式、教學設計模式相當多。

較著名的教學設計模式，多會以英文單字組合而成設計名稱，透過各種幾何圖、意象圖來畫出教學設計模式，例如：「ASSURE」模式是由 Heinich, Molenda, & Russell 等人所提出來的教學設計模式，ASSURE 分別代表 A：分析學習者的特質（Analyze learner characteristics），S：陳述學習目標（State objectives），S：選擇、修正或設計教材（Select, modify, or design materials），U：使用教材（Utilize materials），R：要求學習者反應（Require learner response），E：評量（Evaluate）等歷程所組成（李宗薇，民80）。

　　教學設計模式包括：教學者的「教」與學習者的「學」，期望教學者能設計良好的環境、資源、活動、策略，操控或支持學習者知識的傳遞、接受、轉換、生產，以創造預期或驚奇的教學成效。教學設計過程模式雖有許多不同類型，一般來說，都包括以下四個基本要素（張祖忻、朱純、胡頌華，民84）：

一、分析教學對象

　　即教學系統是為誰設計的？教學設計者應瞭解教學對象特徵。

二、訂定教學目標

　　即能用精確可觀察的行為動詞來描述，學生所要獲取的知識、技能和情意目標。

三、選用教學方法

　　例如：有關教學形式、媒體、活動等方面的選擇與設計。

四、實施教學評量

　　即檢視目標是否完成，作為修正教學系統設計的依據。

⋯⋯⋯⋯⋯⋯ 第二節　教學設計取向 ⋯⋯⋯⋯⋯⋯

　　從 1980 年代開始，有關教學實務的省思（reflection）經常在教育界被提及（Erickson, 1987; Killbourn, 1988; MacKinnon, 1989; MacKinnon & Erickson, 1992; Roberts & Chastko, 1990; Russell, 1987; Shulman, 1987），其目的無非是期盼教學能有更實際的成長。有關教學設計的反省，歸納其脈絡約可分為三個取向。

壹、系統取向的教學設計

一、教學設計採行為主義的系統論

　　傳統教學設計概念是建立在當然論（certainty）、決定論（determinism）和可預測性（predictability）的假設，這種假設認為教學設計是一個緊密的系統，教學設計系統是各子系統的總合（Mashhadi, 1998）。這種傳統教學設計採用行為主義理念，因此，強調教學設計是一種解決教學問題的系統方法（Gagné, Briggs, & Wager, 1992）。此一系統包括：學習需要、教學內容、教學對象、學習目標、教學策略、教學媒體、教學評量等設計要素。所以，教學設計是一個分析教學問題、設計解決方法、對解決方法進行試驗、評量試驗結果、修改評量的過程（張祖忻、朱純、胡頌華編，民84）。據此可知，做好每一教學子系統設計，即可適當控制輸入與輸出之間的關係，此種行為主義取向之教學設計為傳統教學設計之發軔。

二、教學設計遵照行為塑造論點

　　依照行為主義強調行為塑造（shaping）的論點，教學設計必須瞭解起點與終點行為之間，如何逐步塑造養成行為的順序安排，以達成教學目標。所以，分析→綜合→評量成為教學設計的三部曲。第一步驟的「分析」，必須分析教學目標、教學內容、學習者特性；第二步驟的「綜合」，必須融合教學心理學的原則在教學設計上，以做好教學與學習策略的規劃；第三步驟的「評量」，則是利用評量檢視教學目標的完成情形，以增強師生的教與學成果。行為主義在編序教學、電腦輔助教學上的應用，即依循此路徑來進行教學設計，對於自學輔導確實有所助益。而著名的「教學基本模式」（general model of instruction，簡稱 GMI）亦可為系統取向的教學設計之代表

典範。

貳、認知取向的教學設計

一、教學設計是教學科學

認知取向的教學設計是以 Merrill 為主要倡議者，倡議教學設計是一種教學科學，它是用來發展學習經驗和學習環境，以協助學習者獲取特定的知識和技能，易言之，教學設計是一種科技，將過去知道且驗證過的教學策略，運用到教學歷程，使知識的學習更有效能、效率和信服力（Merrill et al., 1996）。

二、認知教學設計的特點

相較於行為主義的教學設計觀點，Merrill（1991）的教學設計有以下特點：1. 重視訊息處理運作的心理模式來獲取知識。2. 教學設計應教導學生運用先備知識促進心理模式的發展，如此學習者才能處理複雜情境的問題。3. 適當的教學策略是提升學習成效的策略，因此，教師應善用驗證過的教學策略。雖然 Merrill 等人與行為主義學者在教學目標的擬定、教學內容的決定等教學設計歷程，同樣是由教學者事先設定，但是認知取向的教學策略重視普遍應用，強調經過驗證過的策略是適用各種學科，以及監控教學的認知動態歷程。

例如：Tennyson（1997）在其研發的「教學系統發展的系統動態模式」（System dynamics model of instructional systems development），共分成基礎（foundation）、維持（maintenance）、設計（design）、生產（production）、實施（implementation）、情境評量（situation evaluation）等六個系統動態過程，每個環節環環相扣，主要是考量學生訊息處理的心理模式來進行教學設計。尤其在「設計」環節就必須注意下列八個要項：1. 分析課程和教學內容。

2. 詳述起點行為。3. 詳述組織和資訊順序。4. 詳述教學策略。5. 詳述學習者的管理。6. 詳述訊息設計。7. 詳述人群因素。8. 進行形成性評量（設計校訂）。

參、建構取向的教學設計

一、教學設計是師生在真實情境的合作

傳統教學設計假設以為當代科學（例如：量子力學、渾沌理論、模糊邏輯），以及學習是過度複雜、不確定等假設所挑戰，二十一世紀新概念架構的教學設計應朝向後機械論（post-mechanistic theories）的教學設計發展，亦即包括：解除思考形式的發展（Mashhadi, 1998）。因此，新興的教學設計，著重盒子外的教學設計（out of the box instructional design），視教學設計為一種教學者與學習者在真正時空情境中的合作歷程（Gayeski, 1998），教學設計應盡可能讓學生為自己產生知識，在真實情境和活動掌握知識，利用認知學徒方法中的模式化、鷹架作法、循序漸進、教導，去傳達如何在真實情境中建構知識，在多元情境中定位知識以準備適切的傳遞到新的情境，從多元的觀點來確定知識與創造認知的彈性，讓學生合作建構知識（Bailey, 1996）。

二、建構教學設計融合認知發展和社會建構論點

建構取向的教學設計融合 Piaget 的認知發展論與 Vygotsky 的社會建構論，認為教學設計不應只為「教」而設計，更應為「學」而設計。因此，建構論者認為：教學目標需為學習者主觀認為有意義的內容，無法事先決定，教學內容也應來自真實情境，教學評量重視形成性評量。

然而，建構論教學設計該如何建構？看法非常分歧。Perkins

（1992）認爲至少有兩派看法：1.BIG（beyond the information given）取向：採直接教學方式，給予學習者一些想法或經驗，然後安排一些引導思考活動，以精煉學習者的瞭解，並且試探學習者是否能夠應用，並且類化其所學的知識在不同的情境之中。2.WIG（without the information given）取向：採間接教學，給予學習者不同的情境、經驗以建構出自己的知識，在學習過程中，教學者會提供支持，但通常不直接給予答案。

所以，初學者適合 BIG 取向的教學設計，精熟者則適合 WIG 取向的教學設計（許惠美，民 87）。目前網路上流行電腦網路電影由觀賞者在觀賞第一集後，提供建構續集劇情，再整合多重觀點之後，由演員演出續集的作法，依此類推續集，即是應用建構論教學設計的提供多樣情境、眞實作業、模仿觀察、合作行動等主要策略。當然應用建構論教學設計觀點，難免因爲認知衝突、學習者特性、教學情境、教學評量等因素，而產生與教學目標迥異的成果。

肆、教學設計的脈絡比較

傳統教學設計認爲知識是外在可計量的客體，可以爲學習者去轉換和獲得的，人類的行爲和表現是可預測和計量的（Mashhadi, 1998）。當今認知和建構取向的教學設計隨著資訊媒體多樣化，認爲知識是無限量的且可以創造和生產的。從實徵性研究顯示：學生中心的教學設計策略優於傳統教室教師中心的教學設計，對學生而言，教師成爲學生資訊的提供者、合作者、引導者和給予動機者，透過電腦資訊處理的學科設計與傳播是卓越的（Kodall, 1998）。

教師在進行教學設計時，應採取傳統教學設計的系統傳遞知識優點，避免完全控制和不當練習的缺點；以及認知和建構教學設計的選擇與建構知識優點，避免獨尊認知、假建構的缺點。以下比較不同取向的教學設計模式觀念比較，如表 2-1。

表 2-1　教學設計模式觀念比較一覽表

觀念比較	傳統取向教學設計	認知和建構取向教學設計
教學知識	教科書為專家知識權威，知識的來源與獲取來自教科書。	學習知識是討論實作互動後建構的產物，用來印證教科書的真偽。
教師角色	教師是教學的管理者，利用活動和作業檢視學生的學習成就。	教師是教學的引導者，溝通、對話、辨證共識與歧異處。
學生角色	學生是學習的接受者，偏重機械性的記憶、模仿與事實的練習。	學生是學習的探索者，重視多媒體的攝取、知識網絡的反省性思考。
教學活動	靜態的複製吸收、可預測性、學徒式單向活動。	動態的爭議對答、不可預測性、師生共創活動。
設計模式	例如：ADDIE 模式。（analysis, design, develop, implementation, evaluation）	例如：IMM-PBL 模式。（interactive multimedia, problem-based learning）

第三節　系統教學設計模式

　　茲以 Dick & Carey 兩人多年的研究修正，普遍接受性高的「系統教學設計模式」為例，說明整個系統教學設計模式的創始、影響論點和步驟。

壹、Dick & Carey 的系統教學設計模式

　　Dick & Carey（1997b）指出他們的「教學設計模式」首次在 1978 年發表。但早在 1950 年代末期和 1960 年代初期，當 Dick 還是個大學生和研究生身分時，即對實驗和教育心理學領域中的「測驗與評量」有莫大興趣，畢業後幾年曾在工業界服務，後來有機會前往佛

羅里達州立大學進行「電腦輔助教學」研究，並且在研究所開了「計畫教學技術」（Techniques of Programmed Instruction）一門課，從準備和進行課程的不斷修正脈絡歷程，得其博士研究生兼研究助理 Carey 的協助，教學設計系統模式終於成形。

到了 1970 年代中期，計畫教學已為自學教材所取代，所以，「計畫教學技術」課程名稱改為「教學系統設計導論」，並正式出版教科書作為教學設計教材（Dick, 1997b）。據此可知，Dick & Carey 的教學設計模式是不斷發展修正模式的可行性，並且在實際教學歷程驗證模式中「每個盒子」（步驟）的內容意義。所以，從研究「電腦輔助教學」，教學「計畫教學技術」、「教學系統設計導論」，在研究和教學的理論和實務印證下，使其系統教學設計模式更為完善。

貳、發展系統教學設計模式的影響論點

這個系統教學設計模式，包括：九個連結性的盒子（boxes）和一個回饋環線，這是教學設計者可用來進行有效教學的程序和技術的組件。Dick（1997b）認為他的教學系統設計模式，備受下列學者的影響才發展完成：

一、Skinner（1958）：編序教學、學習目標的描述，影響該模式步驟之選擇。

二、Mager（1962）：教師應指出學生學習完成後的行為標準、情境、表現等行為目標，提供該模式評量之重要性。

三、Gagné（1965）：學習階層論和教學事件觀點，影響該模式的結構內容和順序的鑑定。

四、Scriven（1967）：形成性評量的概念，影響其模式的評量形式的選擇，如此才能達成教學效能。

參、系統教學設計模式圖

　　Dick & Carey 的系統教學設計模式圖（Dick, 1997b），如圖 2-1，這個教學設計模式，綜合教育心理學、教學心理學、測驗與評量、教學媒體等教學理論和方法，統整為一個有機體，是一個教師教學可行的教學設計體系。

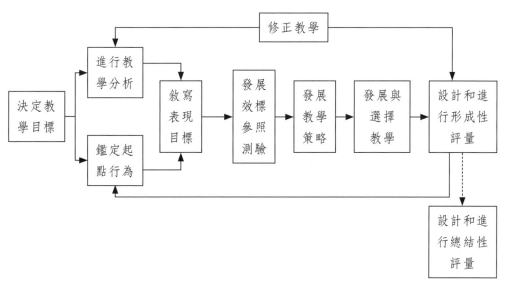

圖 2-1　Dick & Carey 系統教學設計模式圖

資料來源：Dick, W., 1997b, p.365.

··· 第四節　系統教學設計模式的步驟和實例 ···

　　Dick & Carey 的系統教學設計模式，教師可依系統化設計步驟，配合認知取向和建構取向進行教學設計，以下說明教學設計步驟和實例（Dick, 1997b; Dick & Carey, 1990）。

壹、系統教學設計模式的步驟

一、決定教學目標（identifying instructional goal）

決定教學目標應該思考：決定什麼教學內容是學生在教學完成後應該可能會做到的？因此，教學設計者應該從課程、社會、學習者的需求評估，學生過去學習困難的實際經驗、教學工作分析、下一個新教學的必要條件等層面來思考決定教學目標。

二、進行教學分析（conducting instructional analysis）

決定教學目標後，需進行教學分析，對於學生該如何運用哪種學習類型來完成，和如何設計教學步驟來完成學習目標，是進行教學分析的兩大重點。Dick & Carey（1990）根據蓋聶（Gagné）的學習成果分類，把教學目標分成動作技能、心智技能、語文訊息、態度。進行學生學習類型和教學步驟，可以圖示、表格、樹狀圖、概念圖來進行認知性的教學分析。

三、鑑定起點行為特徵（identifying entry behaviors）

學生起點行為的鑑定，可依最適合學生需求、社會情境與教學目標之關係等差異處進行分析比較，這樣才能設計教學活動。

四、敘寫教學目標（writing performance objectives）

教學目標的敘寫步驟如下：1.依據終點行為來列舉各項目標；2.撰寫終點目標以反映學習的環境與內容；3.撰寫各主目標下面的子目標。值得一提的是，教學目標的敘寫必須有教學分析和起點行為的基礎。

五、發展效標參照測驗（developing criterion-referenced tests）

效標參照測驗是指評量題目的類型和標準是依據哪些規準，作為參考判斷的依據。效標參照測驗如能依據動作技能、心智技能目標，評量可觀察的表現行為，事先列出評分項目和比重，這樣才能使測驗配合學習類型。

六、發展教學策略（developing instructional strategy）

教學策略包括五部分：教學前的活動、教學內容的呈現、練習與回饋、測驗和追蹤整個教學活動。這些教學策略是基於目前學習研究的結果、學習重點、學習者特色來考量，其特色是用來發展或選擇教材；亦為發展教室教學互動的策略。

Small（1997）曾提出引起動機的 ARCS 模式，認為教師應注意引起好奇和興趣之參與（attention）策略，注意學習者的興趣、需求、動機之適性（relevance）策略，幫助學生發展對於成就積極期待之信心（confidence）策略，對於學生應努力提供內外在增強之滿足（satisfaction）策略。此外，也可運用 Ausubel（1963）前導組體概念，透過描述、短評、示範、影片、笑話、對話、樹狀圖、箭頭、大綱、多媒體、視聽媒體、模型等系統性組織，來銜接學生與教材間的新舊經驗（Story, 1998）。

七、發展和選擇教學（developing and selecting instruction）

發展和選擇教學材料是相當重要的，例如：不同形式教材、測驗和教師手冊的準備，有助於設計各種教學策略，發展教材依賴現存相關教材和教學資源是否可立即取得而定。發展和選擇教學形式需斟酌教材的適用性，教學資源是可用來支持發展活動的。

八、設計和進行形成性評量（designing and conducting formative evaluation）

形成性評量是針對學習歷程的一系列評量。亦即在教學進行中，教師針對教學目標的完成、學習成效、學習者情況進行評量以瞭解教學效能，作爲修正教學的參考，形成性評量可以是一對一的診斷評鑑，或由小組評鑑、模擬教學實際情境來進行教學改進（李聲吼，民89）。

九、設計和進行總結性評量（designing and conducting summative evaluation）

雖然總結性評量是教學效能的驗證，但卻非教學設計過程的一部分。總結性評量只在教學正式評量的歷程，和修改配合被認可的標準才可能發生（Dick, 1997b）。然而，有些總結性評鑑得配合其他教學設計相關議題修正後才實施，例如：各課教學內容、教學進度、評量工具、評量方式、學生特質等。

貳、系統教學設計模式的實例

茲以高中地理第一冊：〈地形～海岸地形〉爲例，進行系統教學設計。

一、決定教學目標：如圖 2-2

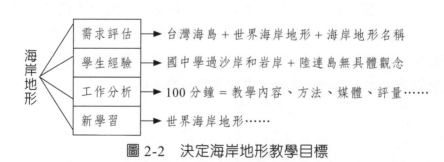

圖 2-2　決定海岸地形教學目標

二、進行教學分析

1. 心智技能：能辨別海積、濱外沙洲、陸連島地型。
2. 語文知識：能說明海積、濱外沙洲、陸連島地型的成因。
3. 認知策略：能記憶海積、濱外沙洲、陸連島地型的特徵。
4. 動作技能：能正確畫出陸連島。
5. 態度：能保育海岸地形。

三、鑑定學生起點行為：如圖 2-3

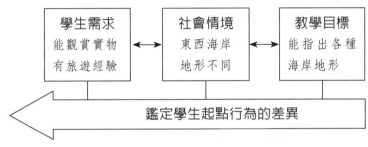

圖 2-3　鑑定學生起點行為的差異

四、敘寫表現目標：如圖 2-4

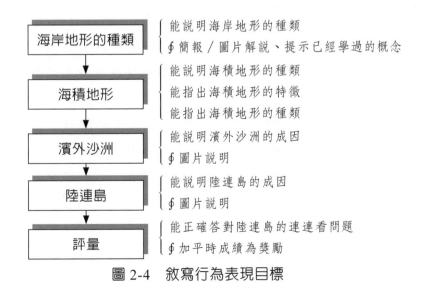

圖 2-4　敘寫行為表現目標

五、發展效標參照測驗

㈠效標參照測驗的種類、表現行為和評量方式，如圖 2-5

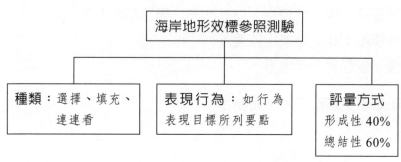

圖 2-5　海岸地形效標參照測驗規準

㈡增強方式

1. 形成性評量：口頭讚美，積點一分，積點五分加平時分數一分。
2. 總結性評量：列入成績簿平時記錄分數。

六、發展教學策略

㈠引起動機：墾丁海岸生態

　　墾丁國家公園多采多姿的海底珊瑚，2000 年 4 月 10 日開始下蛋進行有性生殖，揭開牠們產卵季序幕，使得夜晚的海底熱鬧繽紛。

　　海底珊瑚繁衍下一代有無性生殖與有性生殖兩種，而墾丁的海底珊瑚為有性生殖，於每年農曆 3 月和 4 月的月圓之後一星期內的夜晚進行，牠們進行有性生殖時，會釋放大量精卵束。珊瑚產的卵有黃、粉紅、紫色、橙色等等，幾乎什麼顏色都有。牠們大量排放精卵束後，精卵束慢慢漂浮到海面下，進行受精，變成珊瑚蟲後，再下沉著床生長，這期間時長約為一星期。

㈡前導組體

1. 解釋性前導組體～描述說明

   (1) 濱外沙洲：組成濱外沙洲的物質是來自海底捲波把海底砂礫捲起後，在捲波前方沉積產生海底沙洲，海底沙洲的方向略與濱線平行，一旦擴大離出海面就叫做濱外沙洲。

   (2) 陸連島：當海浪被島阻擋而產生繞射，把海沙至陸島之間堆積，逐漸形成陸連島。

2. 比較性前導組體～圖片觀察，如圖 2-6、圖 2-7

   (1) 舊經驗：沙洲→因為波浪和海流（如：沿岸流、潮流）的作用，在外海地區堆積而成的堤狀砂礫沉積，由於碎浪無足夠能量把泥沙帶回，故沉積海岸，形成沙洲。

   (2) 新知識

   ① 濱外沙洲成因和形成

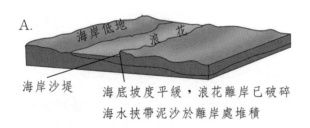

圖 2-6　濱外沙洲前導組體

②陸連島

圖 2-7　陸連島前導組體

七、發展和選擇教學

㈠課文內容呈現說明：如圖 2-8、圖 2-9

1. 濱外沙洲的形成

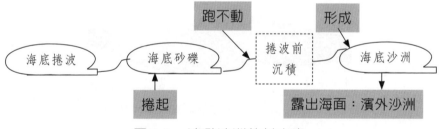

圖 2-8　濱外沙洲教材內容

2. 陸連島的形成

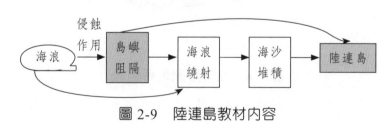

圖 2-9　陸連島教材內容

(二)師生對話

1. 學生：「老師，我們台灣有濱外沙洲和陸連島嗎？」
2. 老師：「有，在台灣東北部的南方澳就同時有這兩種地形，而且
　　這兩種地形合起來又有另一種名稱。有誰能回答老師的問題？」
3. 學生回答：沙頸岬地形：陸連島＋濱外沙洲。

八、設計和進行形成性評量

(一)問題：包括口頭提問和到黑板填答的選擇、填充和地圖連連看。
(二)例如：有誰能夠說出於台灣有關濱外沙洲及陸連島的景點？
(三)答案：外傘頂洲—濱外沙洲；金樽陸連島—陸連島。
(四)增強：口頭讚美，積點一分，積點五分加平時分數一分。

九、設計和進行總結性評量

(一)問題：包括選擇、填充和地圖連連看三種。
(二)例如：看地圖填答地形：請填出 A、B 各為什麼地形？

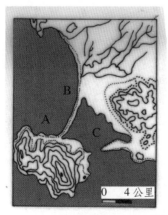

A 為陸連島
B 為濱外沙洲
C 為潟湖
A 和 B 合稱為沙頸岬地形

圖 2-10　海岸地形總結性評量

(三)回家作業單（略）。
(四)總結性評量：列入成績簿平時記錄分數。

　　整體而言，系統取向、認知取向、建構取向的教學設計脈絡，各有其特色。行為主義提供系統設計的基礎；認知取向提供理解訊息處理的心理模式；建構取向提供學習者創發知識可能的意義。教學設計模式是將教學設計歷程的理念與作法概念化、步驟化，Dick & Carey 的系統化教學設計模式（Dick, 1997b），實可提供教師在教學設計時以循序漸進的系統方式，加上針對學生外在訊息編輯、儲存、檢索的心理運作歷程，和重視師生合作、多樣觀點互動的建構觀點，做好完美可行的教學設計。

本章摘要

1. 教學是兼融科學與藝術的一門學問，施教者必須透過科學有效程序和豐富多變方法引導學習者完成教學目標。設計是指人類經驗、技能和知識的領域中，有關人類塑造環境去適合物質與精神需求的能力。

2. 教學設計包含：系統、認知和建構等三種教學設計取向。

3. 行為主義的教學設計取向中的做好每一教學子系統設計，即可適當控制輸入與輸出之間的關係，是傳統教學設計之發軔。依照行為主義強調行為塑造的論點，必須瞭解起點與終點行為之間，如何逐步塑造養成行為的順序安排，以達成教學目標，所以，分析→綜合→評量成為教學設計的三部曲。

4. 認知取向的教學設計是以 Merrill 為主要倡議者，其教學設計有以下特點：(1) 重視訊息處理運作的心理模式來獲取知識。(2) 教學設計應教導學生運用先備知識促進心理模式的發展。(3) 適當的教學策略是提升學習成效的策略，因此應善用驗證過的教學策略。

5. 建構取向的教學設計認為教學設計不應只為「教」而設計，更應為「學」而設計。因此建構者認為：教學目標須為學習者主觀認為有意義的內容，無法事先決定，教學內容也應來自真實情境，教學評量重視形成性評量。

6. Perkins 認為建構教學設計的建構有兩派看法：(1)BIG 取向；(2)WIG 取向。初學者適合 BIG 取向的教學設計，精熟者則適合 WIG 取向的教學設計。

7. BIG 取向是採取直接教學法，給予學習者一些想法或經驗，然後安排一些引導思考活動，以精鍊學習者的瞭解，並試探學習者是否能夠應用，並且類化其所學的知識在不同的情境之中。

8. WIG 取向是採不直接教學，而是給予學習者不同的情境、經驗以建構出自己的知識，在學習過程中，教學者會提供支持，但通常不給予直接答案。

9. 教學設計是指教學設計的歷程概念化或步驟化。由於教學設計是創發性歷程，常以橢圓形、曲線、箭頭等符號將教學設計歷程做訊息處理，以便教學設計的流程圖的表現能有助於教學模式的理解。

10. Dick & Carey 的系統教學模式，教師可依系統化步驟，配合認知取向和建構取向進行教學設計：(1) 決定教學目標；(2) 進行教學分析；(3) 鑑定起點行為特徵；(4) 敘寫教學目標；(5) 發展評量工具；(6) 發展教學策略；(7) 發展和選擇教學材料；(8) 設計和進行形成性評量；(9) 設計和進行總結性評量。

11. 系統取向設計提供行為主義的循序漸進基礎；認知取向提供理解訊息處理的心理模式；建構取向提供學習者創發知識可能的意義。

研習功課

▶ 理論問題作業

1. 何謂行為主義的教學設計取向？
2. 何謂認知取向的教學設計？
3. 何謂建構取向的教學設計？
4. 試比較傳統取向、認知取向和建構取向的教學設計在教學設計模式的觀念上的異同。
5. 試述 Dick & Carey 的系統教學設計模式的起源和概念。
6. 系統化的教學設計模式如何配合認知取向和建構取向來進行教學設計？

▶ 實作設計作業

1. 請設計一份以認知取向為脈絡的教學設計。
2. 請以國中教材為例，設計一份與現今科技結合的教學設計，並說明設計此份教案的理念。
3. 請以國中教材為例，設計一份形成性和總結性的作業單，並說明施測程序。
4. 請依系統化的教學設計模式設計一個單元的教學目標、上課方式與評量方式。

第 3 章

教學策略

　　教學策略（instructional strategies）泛指教師運用提供教材的方法（methods）、程序（procedures）與技術（techniques），在教學上採用的策略通常是多種程序或技術並用（王文科，民 83；Oliva, 1992）。老師必須先決定需求、目標和內容之後，才選擇合適的教學策略，教學策略是教學成功不可或缺的重要因素。

·········· 第一節　教學策略的理論基礎 ··········

壹、教學策略的概念

　　教學策略是以教師本位的直接教學（direct instruction），和以學生本位的間接教學（indirect instruction）所建構出來的連續系統（Frazee & Rudnitski, 1995）。Tylor（1950）、Hunter（1981）和Roberts（1982）等課程專家相信：當教學策略計畫和學生表現成果一致時，學習和成就將逐漸增加。換言之，運用良好的教學策略有利於教學效能和學習成就的提升。表 3-1「教學策略連續系統一覽表」是提供教師中心和學生中心教學的教學哲學思考。

　　從表 3-1 可知：教學策略的實施對象包括以整個班級、小組和個人，分別採行不同的教學方法和活動設計，而直接教學策略是以教師為中心，相信學習知識是從教師傳達到學生的成果，所以學生處於被動地位，教學的成敗則視教師是否能妥善規劃並進行教學策略。間接教學策略是以學生為中心，認為學習是學生認識訊息歷程的能力表現，教師居於協助者角色，教學的成敗端視學生能否主動積極探索處理訊息。直接教學策略和間接教學策略的連結，有賴於單元性質、學生需求和教師選擇適切的教學策略三者的共同配合。

表 3-1 　教學策略連續系統一覽表

教師中心　　　　　　　　　　　　　　　　學生中心

〈〈〈直接教學…………連續系統……………間接教學〉〉〉

教學對象	整個班級	小　組	個　人
教學方法	講　述 示　範	合作式學習 討　論	學習形態 探　究
教學活動	座位作業功課 教科書	角色扮演 學習角落	問題解決 做決定活動

〈〈〈被動的…………………………………………主動的〉〉〉

資料來源：Frazee, B. & Rudnitski, R. A., 1995, p. 204.

貳、直接教學策略

　　為求有效達成教導事實、規則和行動順序的過程，稱之直接教學，直接教學的形式，並非只有演講一種，其他形式如編序教本、電腦輔助教學軟體、同儕與跨年齡教導、視聽語言設施、專門化的媒體等，均包括在內（王文科，民 83）。一般而言，較常使用的教學策略如下：

一、講述教學

　　直接教學策略的講述形式（lecture-recitation format）是多面貌的呈現方式，並非只是大量的語言解釋而已，還包括：提問、回答、複習和練習、學生錯誤校正等師生互動活動。更積極的定義講述是指高度結構的組織，教師可以控制教學的替換，專注在獲取預先決定事實、原則和行動系列的既定內容上（Borich, 1996）。簡言之，講述是教師胸有成竹地預先安排師生互動和解釋教學內容的過程。

二、示範教學

直接教學策略也重視示範教學（demonstration）的運用，Rosenshine（1983）指出有效能的示範教學應該注意下列要點：

㈠教師能清楚呈現目標和主要重點

教師上課前能清楚陳述教學目標和行為目標；每一次都專注在一個重點或方向上；避免離題；避免模糊不清的段落或代名詞。

㈡教師循序漸進的呈現內容

採取小步驟地提出教材；組織和呈現教材是一部分教材精熟後再呈現另一部分；開始講述，一步一步地引導；當教材太複雜時，可以先呈現大綱。

㈢教師的態度是明確的和具體的

示範（modeling）技巧或歷程，對於困難的重點給予學生很多詳細的解釋，提供學生具體多樣化的例子。

㈣教師檢視學生的理解程度

在進入下一進度之前，教師很確定學生已經理解教學內容，可對學生提問以監控學生理解教過的內容，學生也能用自己的話摘要重點，教師可以透過進一步教學、解釋或小老師同儕教學，重教學生難以理解的部分教材。

三、作業活動

直接教學重視學生在座位間的作業活動和教科書的習作活動，因此，對於練習、複習活動相當重視。一般而言，練習作業活動可以採行下列教學步驟：1. 每日複習、檢查前一天作業再教學。2. 提示結

構化的內容。3. 引導學生練習。4. 回饋與訂正。5. 獨立練習。6. 週複習和月複習（Borich, 1996）。

參、間接教學策略

　　間接教學是不直接告知教學問題解決方法和結論給學生，改以引導學生從教師給予內容、材料和事件當中，自己去發現問題關聯、類推答案、形成結論和獲取新知。

　　直接教學大部分用於認知、技能、情意學習中較低層次的教學目標部分，例如：事實的記憶理解、概念的定義和應用；間接教學則用於高層次概念、問題解決等認知、技能、情意教學目標，以培養學生對於教學內容做成分析結論和概括化通則，或發現各種關係的型態（王文科，民 83）。所以間接教學採取的教學和學習歷程傾向於：1. 學習歷程是探究。2. 結果是發現。3. 學習關聯是一個問題（Borich, 1996）。綜言之，間接教學策略著重於個人在教學方法中的探究，以解決問題獲得自我統整過後的答案為目標。

　　間接教學是建構主義（constructivism）學者所支持的教學法，這一派的學者認為教師把教材設計好，鼓勵學生使用他們自己的經驗，積極地建構屬於他們自己意義的學習歷程，簡言之，知識成果來自於個體自我觀點的真實感（reality）。學習的發生是在於學生能創造新的原則和假設來解釋他們的觀察，透過班級中的對話、問題解決練習，以及個別方案和作業，學生會在舊知識和新觀察的矛盾和不平衡中，漸漸找到新的規則並形成新假設，建構出新知識。

一、運用前導組體（advanced organizer）策略

　　前導組體在教學策略上的應用，包括：問題中心法、做決定法和網路法三種方法（王文科，民 83；Borich, 1996）。

㈠問題中心法（problem-centered）

是指預先提供學生解決某特定問題所需的一切步驟，包含整個解決流程圖和該事件發生的順序，亦即以問題解決所採行的流程圖為問題中心法的設計要點，如圖 3-1。

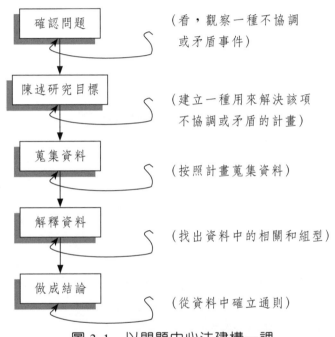

圖 3-1　以問題中心法建構一課

資料來源：Borich, G. D., 1996, p.306.

㈡做決定（decision-making）法

是指在思考探究的遵循步驟中，提供選擇的替代途徑，讓學生試探、發現某一主題的新資訊，如圖 3-2。

㈢網路（network）法

即將解決問題需要考慮的資料、材料、物體和事件之間的關

係，提供解說，如圖 3-3。

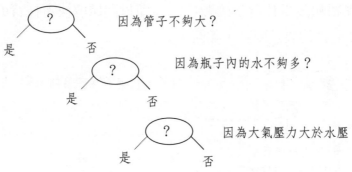

為什麼液體不經管子流出？

? 因為管子不夠大？

是　　　否

? 因為瓶子內的水不夠多？

是　　　否

? 因為大氣壓力大於水壓

是　　　否

圖 3-2　以做決定法建構一課

資料來源：Borich, G. D., 1996, p. 308.

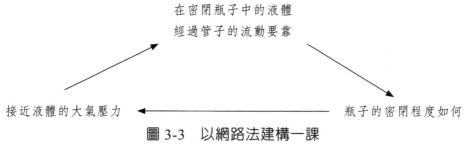

在密閉瓶子中的液體
經過管子的流動要靠

接近液體的大氣壓力　　　　　　　瓶子的密閉程度如何

圖 3-3　以網路法建構一課

資料來源：Borich, G. D., 1996, p.308.

二、應用歸納和演繹策略

Eggen & Kauchak（1988）指出歸納推理（inductive reasoning）和演繹推理（deductive reasoning）都是教學概念、組型和抽象觀念等思考的重要策略。歸納推理是指學生能從觀察資料中，找出資料的原理原則；演繹推理是指將原理原則應用於特定的事例上。

歸納推理和演繹推理的教學準備、正式教學和評量要點如下頁表3-2。

表 3-2 歸納推理和演繹推理的教學步驟比較

教學進程／教學方法	歸納推理	演繹推理
教學準備	1. 確認目標 2. 選擇例子	1. 確認內容目標 2. 發展思考技能 3. 引發動機 4. 掌握時機
正式教學	1. 自由（open-ended）階段：觀察和描述、比較 2. 聚斂（convergent）階段：提出問題、複習問題 3. 正式結論（closure）階段 4. 應用階段	1. 提出抽象觀念階段 2. 例證的呈現階段 3. 學生創造例子階段 4. 正式結論階段
評　　量	1. 評量內容結果 2. 評量思考技能	1. 能區分正例和反例
比較差異	1. 強調思考技能和情意目標 2. 較少結構性 3. 較少時間效率 4. 較多附加學習機會	1. 強烈的內容導向 2. 高度結構 3. 較多時間效率 4. 較少附加學習機會

三、運用正例和反例策略

　　概念性的思維是需要學習的，概念是建構真實性的創造方式，舉出例子是老師教學概念的重要策略。透過正例和反例的運用，可以擴充與精鍊知識的來源，產生新穎的想法，增強解決問題的能力。所以，面對學生混淆概念時，老師能適切呈現正例（examples）和反例（nonexamples），可以讓學生區分不同屬性的概念特徵差異，獲得正確的概念。

　　例如：圖 3-4，要教學「椅子」概念時是「容納一個人所設計的座椅」，正例是 A、B、C、D 四種「椅子」，因為它們都具有下列三個特性：1. 它們都是座椅。2. 它們是某個人設計的。3. 它們可以

容納一個人。反例的 E、F、H，因為這些例子並非被設計來當作座椅的，G 也是反例，雖然是設計來當作座椅，不過它可以容納一人以上。透過正例和反例的應用，學生將有更多屬於自己對椅子的定義。例如：1. 它是只可以容納一個人的製造品；2. 專為一個人所設計出來的的家俱；3. 它是為了一個人有挺直坐姿而設計的座椅（Gunter, Estes, & Schwab, 1995）。

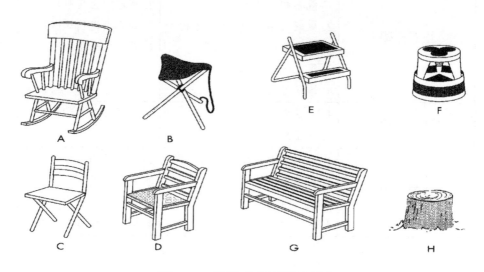

圖 3-4　椅子的正例和反例

資料來源：Gunter,M. A., Estes, T. H. & Schwab, J., 1995, p.106.

四、運用探究質問策略

　　探究質問策略可以提供學生從難解或矛盾的問題，去蒐集資料、發展假設形成推測、解釋分析而解決問題。由於學校教學的問題和生活出現的思考問題不大相同，透過探究質問的過程，可以讓學生擴充教科書裡的答案，甚至發現答案並不一定是唯一的。因此，探究質問的教學策略可以養成學生以實際的科學觀察、記錄、分析、歸納、演繹等探究技能來問問題、解決問題，連結學校學習問題和實際

生活問題。

　　例如：請學生探究「地球上潮水的變化似乎和地球與月球之間的位置有關，有哪些因素可以說明其關係呢？」（Gunter, Estes, & Schwab, 1995），學生由探究質問找尋答案歷程中，將會增加解決問題的智力和潛能，從處理周遭環境與解決問題的外在回饋會漸漸轉成內在回饋，在參與探究質問的發現過程，因為嘗試錯誤而有啟發思考的可能，並有助於編輯、儲存、記憶和檢索訊息處理。

五、運用團體討論策略

　　Borich（1996）認為團體討論可以增進學生的批判思考能力。團體討論可以採取下列幾種不同的形式：

㈠大團體討論（large-group discussion）

1. 全班所有成員都參加討論，而且彼此都很熟。
2. 秩序會較難控制，教師對於討論互動中的學生，只能偶而必要時加以管理。
3. 對於學生漫無目的討論，教師可以適時調節討論主題和方向。
4. 對於能力較高學生的討論，他們可以掌握學習到抽象概念時，老師即可減少權威介入到團體討論。

㈡小團體討論（small-group disscussion）

1. 全班可以分成採五到十人分別組成的一個小組。
2. 小團體討論對於教學概念、組型和抽象概念最有效。
3. 當同一課、同一時間有好幾個議題需同時解決問題時，可以賦予小組討論任務。
4. 當討論有重要發現時，老師可以適時調節或結束整班小組討論。

㈢同儕或協同討論（pair or team discussion）

對於需要寫總結報告、找百科全書資料或事先準備教具（例如：掛圖、地圖或圖表），同儕或協同討論是最能發揮教學效能的（Slavin, 1990）。當任務高度結構時，每個討論小組成員都有個人要負責的角色（例如：學生甲負責找資料，學生乙負責寫所發現的摘要，學生丙和丁負責摘要最後修訂），這時同儕或協同討論結果變成口頭報告時，全班即可在討論報告教學中分享所學成果。

第二節　班級教學策略

班級教學最常採用直接教學策略，透過教師講述、口頭問答練習、教科書、習作活動和討論等方法的運用，學生能較快速學習到基本技能，在測驗評量中也較能得高分。

壹、教學步驟

教師面對全班進行直接而積極的教學一課時，宜遵循開始、提供訊息和結束三個階段，在開始上課階段應專注全班並說明目標；課程進行階段透過說明、示範、監控知識和理解、引導練習、評估精熟程度、必要時再教學、獨立練習、充實活動、評量精熟程度等步驟以提供學生新知；在結束階段經由總結複習、延伸學習內容（Frazee & Rudnitski, 1995），整個教學步驟如下頁表 3-3。

貳、講課（lecture）

講課是班級教學常採用的方法，講課如果沒有豐富又精彩的進行

講述和意見交流，學生常常會感到無趣。Freiberg & Driscoll（1992）指出成功的講課應掌握下列要點：1. 循序漸進一小步驟地提出教材。2. 關心講課中的學生思緒。3. 避免離題。4. 儘量能示範。5. 有更多視覺或聽覺上的舉例。6. 在例子與重複中更具創意。7. 在進行前確定學生是否理解。8. 用問題督導學生。9. 讓自己更有熱忱投入教學。所以，講課需注意清楚、系統和生動的多向表達。

教師講課時要監控各項教學活動以維持學生的任務，師生在講課時的共同任務包括下列要項（Frazee & Rudnitsk, 1995）：

表 3-3　一課的班級教學步驟

開始	一課的開始（第一步驟）
1. 專注	1. 為這一課介紹進行步驟
2. 說明目標	2. 向學生說明在這一課要學習什麼，以及這一課的重要性
提供新知	**一課的進程（第二步驟）**
1. 說明	1. 學生需要認識到如何成功地達成目標
2. 示範	2. 在解釋時能舉例說明
3. 監控知識和理解	3. 要求學生實地說明知識和理解訊息
4. 引導練習	4. 教師主導活動使學生能應用訊息
5. 評估精熟程度	5. 以活動來評估學生是否需要再教學或需要獨立練習
6. 必要時再教學	6. 提供未精熟學習目標的學生替代性策略
7. 獨立練習	7. 在沒有老師輔助下能夠獨立應用訊息
8. 充實活動	8. 充實訊息活動的學習
9. 評量精熟程度	9. 進行評量學生學習程度的活動
結束	**一課的結束（第三步驟）**
1. 總結複習	1. 學習的複習
2. 延伸學習內容	2. 有關學生真實生活經驗的學習活動

資料來源：Frazee, B. & Rudnitski, R. A., 1995, p. 206.

一、組織課程（organize the lesson）

　　教師能作出大綱提供學生瞭解上課內容和目的，上課時強調重點使學生能連接觀念到以前、現在和未來的學習。例如：教師上〈木蘭詩〉這一課可以提供學生如表 3-4 的大綱。

表 3-4　木蘭詩上課大綱

木蘭詩教學大綱
一、主旨：敘述女英雄木蘭代父從軍的故事。
二、作者：佚名，為北朝民歌。
三、段落大意： 第一段：代父從軍的原因。 第二段：木蘭離家感受。 第三段：木蘭凱旋歸來。 第四段：木蘭辭天子封賞。 第五段：木蘭返鄉。 第六段：以雌雄兩兔為喻，難辨木蘭身分。
四、文法： 1.俳句：旦辭黃河去，暮至黑山頭。 2.疊句：問女何所思？問女何所憶？ 3.頂真：歸來見天子，天子坐名堂。 4.對偶：將軍百戰死，壯士十年歸。 5.譬喻兼誇飾：萬里赴戎機，關山度若飛。 6.譬喻：雄兔腳撲朔，雌兔眼迷離。
五、內容深究：木蘭從軍的歷程及感想。

二、讓學生吸收知識（allow students to assimilate information）

　　觀察學生是如何聽課，允許學生在課堂中討論和提問有關這一課的知識和教材，對於重要概念特別使用視覺上的標示，讓學生瞭解重點。例如：下面的師生對話，教師可以利用斜體、標底線和畫框來特別標示重點：

　　教師：頂眞就是一句的最後，變成下一句的開始。例如：「歸來見天子，天子坐明堂」，找找看課文中有哪些句子是頂眞句的用法。

　　學生：那麼「出門見 *夥伴*，*夥伴* 皆驚惶」也是頂眞嗎？

　　老師：沒錯，各位看「出門見夥伴，夥伴皆驚惶」，兩個詞是不是一句的最後和開始呢？可以將夥伴前後兩次出現，特別用顏色、斜線、框線特別標示。

三、小部分地呈現學習知識（present information in small parts）

　　很有順序地組織學習知識以促進學生學習，將大量的知識體系和新知識，化成一小部分一小部分的學習材料，讓學生能連結概念。例如：教師講解本課文法的知識，可以如圖 3-5 步驟進行。

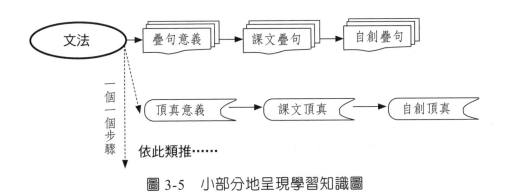

圖 3-5　小部分地呈現學習知識圖

四、變化上課進度（alter lesson pace）

　　教師上課中，應該考慮學習知識的困難度，如果有很多學生搞不清楚學習知識時，教師宜放慢教學速度，並多使用視覺教具，協助學習低成就學生或學習式態有差異的學生。

五、積極提出學習知識（present information actively）

　　教師在教學風格上，可以變化萬千，使用幽默、感受性高，以

及可以分享個人有趣又詳細的教材，也可以融入學生的照片和提供實物。

例如：〈木蘭詩〉這一課，教師可以準備迪士尼的木蘭（Mulan）影片，分享花木蘭、木鬚龍、李亮等角色；也可以從網路、中文大辭典、說文解字注等找出難詞的圖片，如金柝、鐵衣、轡頭、軍帖等北方實物；或請學生查完生難字詞後，表演啾啾、濺濺、朔氣等景象；再加上題解、作品年代、樂府詩補充資料、段落大意綱要、全文分析表和測驗卷，相信學生所學的知識是非常豐富的。

六、提出問題（use questions）

教學當中提問，可以幫助學生培養間接的問題解決和高層思考能力，在簡短的講述之後，運用小團體討論和提問，可以幫助學生複習基本的概念。

例如：「萬里赴戎機，關山度若飛」、「朔氣傳金柝，寒光照鐵衣」、「將軍百戰死，壯士十年歸」，這三個句子分別表現木蘭長期征戰的什麼情景？可以請學生小組討論後報告。

七、使用非語言線索維持講述進行（use non-verbal cue to keep the lecture moving）

亦即教師要發展身體語言、面部表情和手勢動作，讓講課能吸引學生持續關注，特別要避免捏粉筆、晃動不安等小動作。

參、示範（modeling）

示範是教師向學生展示要做的事，教師示範得宜，全班學生自然而然地從示範過程學習到知識、技能和態度。教師在班級教學中應展現熱忱、專業的風範供學生模仿，教師示範應把握下列綱領（吳璧如，民 88）：

一、使用下列四項步驟來示範學習內容

1. 讓學生知道教師示範的內容是他們要學習的。
2. 示範之前，教師將示範的重點告訴學生。
3. 說出每一個步驟再示範。
4. 要求學生在練習前要牢記每個步驟。

二、使用下列四項步驟來示範思考技巧

1. 讓學生知道教師示範思考技巧將是他們要學習的。
2. 示範之前，教師將示範的重點告訴學生。
3. 說出每一個步驟再示範，大聲說出正應用在具體案例的方式。
4. 要求學生在練習前將思考步驟牢記。

三、使用下列四項步驟來示範學習態度

1. 讓學生知道態度是行為的一部分。
2. 在示範之前，讓學生知道所要觀察的態度指標。
3. 說出每個態度指標再進行示範。
4. 要求學生在練習前牢記態度指標。

四、表現教師的專業態度

1. 表現成熟而有道德的專業態度。
2. 表現出對科目、學生的學習與教學的關心。
3. 表現出工作熱忱與樂趣。

　　除此之外，學生在觀察和模仿教師動作時，教師可以使用海報、投影片、黑板、圖示和真實的物體，來幫助學生透過視覺、觸覺瞭解學習知識，並且提供數個範例，告知學生如何解決任務的必要步驟和因素，標明和描述任務的每個部分，最後表達完成任務的期待，以建立團體模式計畫和個別任務，讓教師發現完成任務的可能性與期

待感。

肆、作業活動

班級教學重視作業活動的安排。教師在講述或示範教學時，宜配合教科書（textbooks）和座位活動（seatwork）來進行教學。

一、運用教科書

教科書是班級教學主要的教室資源，可以幫助教師組織課程，在班級教學時宜發揮下列要點：1. 指出教科書的組織特點：例如：主題、圖片、問題、指導大綱、答案關鍵、圖解、詞彙表和特別的索引，讓學生可以探討出特定的知識。2. 增列研究輔助的教材，例如：工具書、影片、試題增強學生達成學習目標。3. 避免一頁一頁的閱讀，蒐尋和選擇會達成學習目標的概念、教材和問題，為學生多方面的蒐集知識。4. 以自己的觀點豐富教科書中的知識，計畫和思考在活動中要如何加強或引發學生動機的方法。

二、運用座位活動

座位活動是教師提供學生練習方法，和鑑定學生理解層次的一個重要任務。教師在座位活動的安排應該注意到下列要點：1. 分配和即將進行教學有關的中心工作，藉由時間上的分配來思考學生的差異性與特別需要。2. 給予清楚的策略，告知學生他們需要正確完成黑板上的任務，提供範例和問題讓他們去做，當他們完成工作時，給學生有問問題的步驟。3. 確定工作的困難度，評估閱讀層次和教材使用的困難度，確定教材對成功性的創意程度。

第三節　小組教學策略

　　學生在合作學習小組和他人一起合作表現任務、學習知識或解決問題，是目前常使用的間接教學策略，一般而言，合作學習比起個別學習較能發揮較高的學習成就，因為合作學習提供教師和學生，採用共同研究和趣味方式去學習新知識的一個策略，較能避免個人思考死角，激盪創造出更多可能的多元答案。

壹、合作學習

　　Slavin（1991）定義合作學習是傳統直接教學的替代教學策略，合作學習意味著學生在小組中共同完成學業上的任務，合作學習有很多形式用來完成特殊的教學目的。

一、合作學習的基礎

　　Johnson, Johnson, & Holubec（1990）認為一個小組要能彼此信任進行合作學習，要注意到下列五項要素：

㈠積極的互相依賴

　　學生必須相信彼此是緊緊相依，學生有去完成任務及去確立團員都理解任務所在的雙重責任。

㈡面對面積極的互動

　　包括：為了助長有意義的互動，組員要透過鼓勵扶持並促進彼此間的學習，小組理想人數大約是二到六人。

㈢個別責任

學生必須知道他們要互相幫助，且需要幫助與鼓勵團員來完成任務。

㈣合作小組必須學習人際互動技巧

當我們沒有擁有天生能力去和他人互動時，就必須要教導合作式技巧。

㈤合作學習需要小組程序

小組程序是指反應時間在小組討論有意義與無意義的行動，並決定行動是否應該更換或繼續與否的依據。

二、教室中進行合作教學要素

㈠決定合作小組的適當性

合作學習應該要被經常使用，但不必要每天使用，須確定合作學習策略是否合乎學習內容與知識的需要。

㈡教導學生如何在小組間運作

確定學生瞭解完成目標的期待、角色和責任，建立小組的行爲和期待，並以一小組爲示範，指導如何擴大學習、任務行爲和團體動機。

㈢分配不同能力的學生到小組中

通常一個小組有五個學生，可以包括：一位表現程度高的學生、一位表現程度低的學生和三個程度中間的學生。

㈣提供必要的教材

　　確認每一個小組有參考資料和資源可以去完成作業。

㈤摘述和評價學生的進行

　　合作學習小組有時候可以安排一天或一星期的活動，端視教師提供短評來決定小組的進行和理解（Frazee & Rudnitski,1995）。

三、合作學習策略

　　合作學習策略包含多種形式，教師可依教材、年級、課程的需要而採取不同的策略，較常用的合作學習策略，整理如表 3-5（Frazee & Rudnitski, 1995; Gunter, Estes, & Schwab, 1995），詳細的運用合作學習策略，將在第十四章合作學習教學法說明合作學習的每個步驟要點。

表 3-5　合作學習策略教學要點一覽表

合作學習策略	倡導者／提出時間	教學要點
拼圖法第一代（Jigsaw I）	Aronson, Balney, Stephan, Sikes, & Snapp/1978	教材分五題，每組六人做五題，每人一題，剩一人候補，同子題到專家小組精熟研習，再回原小組教同學。
拼圖法第二代（Jigsaw II）	Slavin/1987	介紹拼圖法第二代→異質性編組→集合專家組別進行教學→學習評鑑→學習表揚
學生小組成就區分法（Student-Team-Achievement-Division, STAD）	Slavin/1978	呈現學習新觀念→分組→測量學生所學新內容→表揚勝利組別
小組遊戲競賽法（Teams-Games-Tournament, TGT）	Devries & Slavin/1978	呈現新概念→分組學習→參加學習競賽→計分和學習表揚

合作學習策略	倡導者／提出時間	教學要點
團體探究法 （group-investigation, GI）	Sharan 等人／1976	確定主題並編組研究小組→計畫研究工作→進行研究→準備報告→呈現報告→學習評鑑
思考配對分享教學法	Lyman／1981	教師提出問題→學生獨立思考→兩兩同學討論（可繼續和其他一對討論）→全班共同分享答案

貳、討論

討論可以提升學生對主題更深廣的認識能力，以及提供學生回饋和澄清的機會，對某些學生而言，討論可以促進問題解決能力和學習動機。透過討論時團體的互動性思考，有助於學生人際互動經驗的成長。

一、討論小組的分類

Orlich et al.（1985）從建立技能、建立任務和問題解決能力等三種觀點，認為討論小組可以分成腦力激盪、菲立浦 66、導生指導、任務小組、角色扮演、小組討論會和探究小組等類型，如表 3-6。

(一)建立技能目的

1. 腦力激盪討論小組：以培養學生創造力、模擬、引起想法等學習能力。
2. 菲立浦 66 討論小組：以培養學生角色學習、領導、傾聽、責任、評鑑等學習能力。

表 3-6　討論小組分類一覽表

討論型態	一般教學目的	導向	知識、技能和控制連續體
建立技能			
腦力激盪 （Brainstorming）	創造力 模擬 引起想法	過程	最低需求的討論技巧和適度機率的教師控制
菲立浦 66 法 （Phillips 66）	角色建立 領導 責任 傾聽 評鑑	過程	
建立任務			
導生指導 （Tutorial）	個人技巧 發問 基本能力	過程和結果	
任務小組 （Task Group）	委以責任 主動 成就 計畫技巧 小組學習 情意結果 完成 評價	結果和過程	
角色扮演 （Role-Playing）	澄清議題 評價	過程	
小組討論會 （Panel）	辯論觀點 反省性思考 小組意見的一致 價值分析 呈現資訊	過程	
建立問題解決			
探究小組 （Inquiry Group）	探究 評量 分析 評價 學生主動	過程和結果 過程	最高需求的討論技巧和最低機率的教師控制

資料來源：Orlich, D. C. et al., 1985, p. 224.

㈡建立任務目的

1. **導生指導討論小組**：以培養導生指導同學的學習指導、發問能力和基本回應能力。

2. **任務討論小組**：即委以每位學生責任共同參與完成任務。開始爲培養學生成就感，列出小組每位成員的學習內容，各組完成任務內容，在小組提出討論，培養學生學習的情意態度，最後完成評價。

3. **角色扮演**：爲了讓學生體會不同角色的特質，可以讓小組成員參加角色扮演，以體會出劇情概要、扮演角色心得，瞭解到眞實情況。

4. **討論會**：討論會可使擔任討論會的報告人和出席討論會的學生，有辯論觀點、反省性思考、價值分析和呈現訊息的作用。

㈢建立問題解決

　　探究小組：把學生分成討論小組後給予探究主題，以養成學生探究、評量、分析、綜合和主動探究問題的能力。

二、進行討論要點

㈠確認有趣的主題

　　避免說教，介紹主題並激勵學生知識的互動。

㈡使用腦力激盪術

　　避免批評，鼓勵發表學生多多益善。

㈢具備包容心

　　同學間可以自由表達意見，教師宜適時輔導學生傾聽。

㈣複習和摘要討論重點

　　爲建立共識，教師宜複習重點並做總結要點。

　　例如：〈木蘭詩〉這一課可以使用下列討論類型和教學要點：

1. 腦力激盪：全班玩「文字接龍」遊戲，腦力激盪出有關的難詞、課文中的文法句子或依據文法自創詞句。

2. 菲立浦 66：可以討論〈花木蘭〉這一首詩名，古代篇和現代篇可以另取什麼副標題或重新命名。

3. 導生指導討論小組：可以請班上國文小老師教導需補救教學的同學上網查閱金柝、轡頭、鐵衣等北方實物，使學生能具體瞭解課文內容。

4. 任務小組：依據表 3-4「木蘭詩上課大綱」，把全班分成四組，每組同學，分別查閱有關：(1) 作者和題解。(2) 段落大意。(3) 文法。(4) 內容深究等四大主題的每一小子題，再向全組或全班同學報告查閱結果。

5. 角色扮演：分組演出木蘭詩的從軍原因到返鄉的戲劇。

6. 討論會：以內容深究方式請學生主講有關木蘭詩考證、花木蘭從軍生活等主題，全班在報告人講完後再討論。

7. 探究小組：東西方最早有哪些國家有女性從軍？女性在軍中做些什麼？現今世界各國軍校，有哪些國家有招收女生當現代花木蘭？這些題目可指導學生探究討論。

參、學習角落（learning centers）

　　在教室可以成立一些學習角落，讓學生增強和練習特別的內容教學，在學習角落中，學生可以從多樣的活動設計，有更多的學習和練習機會；學習角落應包含數個資源，以提供額外的範例和經驗來滿足學生的需求。當組成一個學習角落作爲教學策略時，應注意下列要點（Frazee & Rudnitski, 1995）：

一、建立和提出規則

選擇教室的一個區域作為學習角落，並對學生說明在學習角落活動時的注意要點，教師可以舉例和示範活動要點，包含要做什麼？如何做和要花多少時間完成等。例如：教室中可以成立科學角、音樂角、語文角、心靈小站等學習角落。

二、組織學習角落和確認工作

可以在學習角落用各種不同顏色、號碼區分教材，並標示小組在學習角落完成學習的流程。另外，設計簽到、活動和成果記錄等相關驗收事項，學生在學習角落做完事情時，可以核對清單和答案，獲得回饋和再學習的動機。

三、準備多種活動

在學習角落進行學習活動，可以設計採用寫作、閱讀、聽力、遊戲、實驗、表演等活動形式，來讓學生有趣地習得豐富的教學內容。

第四節　個別化教學策略

針對學生個別差異，班級中的特殊個體需要啟發潛能及適性發展，設計教學方法和活動來提升他們的學習成就。一般而言，學習式態、探究、問題解決等是間接教學常用的教學策略。

壹、學習式態（learning styles）

1950 年代，學習式態首見於文獻中，到了 1970 年代，學習式態開始應用到班級教學上。學習式態考慮到學生的五種反應和個別學習

的成就條件，當教師能因應學生的個別化學習式態進行教學設計，學生的學習成就將會增加。

五種學習式態領域包括：1. 環境的（聲音、燈光、氣氛與設計）；2. 情緒的（動機、持續性、責任與架構）；3. 社會的（同事／同儕、自我、夥伴、權威和其他不同）；4. 身體的（知覺、吸收、時間與機動性）；5. 心理的（善於分析／總體、睿智偏好和反應／衝動）等（Dunn, 1983）。教師採用學習式態的教學策略宜考慮到下列要點：

一、提供大量的視覺教具

可以多採用黑板、視聽中心、公告欄和展示櫃，配合學習式態和教學內容的進行。

二、增加學生參與的機會

使用有效的策略包括：遊戲和活動，使學生在學習上更有視覺性、聽覺性與動覺性，也可以請學生提供在教學計畫過程中的相關事物，來聯繫與他們活動與課程上的需要和興趣。

三、對學生需要更具敏感性

聽取學生學習的需要，檢視學生需求去找出教室環境的偏好，例如：燈光、座位、活動等等。

貳、探究（inquiry）

探究是以學生的詰問、發現和探究活動為中心的教學策略，主要目的在於訓練熟練發現問題和解決問題的思考技能。

一般而言，探究法可以區分為非指導式探究（unguided inquiry）和指導式探究（guided inquiry）兩種。非指導式探究，學

生所扮演的角色是主動積極的角色，教師居於協助者角色，不給予任何指導，在整個探究過程，完全是由學生自行去決定所需要蒐集的資料，並加以整理，最後並自行獲得答案，解決問題。指導式目的則在教導學生學習的方法，教師可在學生進行探究之前或探究之中給予指示和引導，而後再讓學生實際進行探究並自行發現答案所在（林寶山，民 77）。所以，探究的師生角色各有其該具備之條件，非指導式探究教師是檢視者，學生是獨立研究者；指導式探究教師是組織者，學生是發現者。

進行探究教學策略，應注意下列要點（Frazee & Rudnitski, 1995）：

一、探索學生的思考

使用令人難以思考的問題來鼓舞學生做假設、反應和質問，以提出問題來組織學生的探究興趣和發現研究主題。

二、定義探究的任務

對學生說明探究是一個可以獨立地找到知識，去辨認出解決問題的方法。

三、以問題來做開頭

在問題中加入探究質問，來幫助學生找到解決方法和正式化為找到問題解決方法的計畫。

四、幫助學生蒐集知識

學生必須要有充分的教材去蒐集、分析與評價，幫助學生個別去蒐集、組織和分析他們探究所需的知識。

五、做出時間的限制

計畫和溝通需要完成探究的大概時間，給學生時間去分享他們的發現，探究過程包含：形成、推理、概括與統整結果等所需時間。

參、問題解決（problem-solving）

Frazee & Rudnitski（1995）指出問題解決是需要高層次的思考知能和態度。指導學生使用問題解決策略，宜多採創意方法和結構方式來進行教學。

一、認識問題解決步驟

1. 確認問題。2. 蒐集有關問題的教材和知識。3. 分析任務去假設必要的解決方法。4. 以評價、綜合與實驗方法去確認假說。5. 藉由提供答案、概括或選擇問題來概述。6. 溝通研究的發現。

二、監控學生的進步情形

瞭解學生能否遵循問題解決方式，確保學生運用高層次思考技巧和學習成就，之後鼓勵學生以建立形式步驟和程序，去使用創意問題解決方法。

三、分配時間

問題解決需要時間去研究、反思和評價，為學生安排上課的時間來解決問題和溝通結果。

四、準備必要的教材

蒐集參考目錄、實驗器材和其他需要，提供日誌幫助學生記錄他們的發現。

本章摘要

1. 教學策略是以教師本位的直接教學，和以學生本位的間接教學，建構出來的連續系統。許多課程專家相信：當教學策略計畫和學生表現成果一致時，學習和成就將逐漸增加。

2. 為求有效達成教導事實、規則和行動順序的過程，稱之直接教學。直接教學的講述是教師胸有成竹地預先安排師生互動，和解釋教學內容的過程，除講述外，其他形式如示範、編序教學、電腦輔助教學軟體等，也包括在內。

3. 直接教學也重視示範教學的運用，有效能的示範教學應該注意下列要點：(1) 教師能清楚呈現目標和主要重點。(2) 教師循序漸進的呈現內容。(3) 教師的態度是明確和具體的。(4) 教師檢視學生的理解程度。

4. 間接教學是不直接告知教學問題解決方法和結論給學生，改以引導學生從教師給予內容、材料和事件當中，自己去發現問題關聯、類推答案、形成結論和獲取新知。

5. 直接教學大部分用於認知、技能、情意學習中較低層次的教學目標部分；間接教學則用於高層次概念、問題解決等認知、技能、情意教學目標，以培養學生對於教學內容作成分析結論和概括化通則，或發現各種關係的型態。

6. 間接教學法所採用的教學策略：(1) 運用前導組體策略；(2) 應用歸納和演繹策略；(3) 運用正例和反例策略；(4) 運用探究質問策略；(5) 運用團體討論策略。

7. 班級教學最常採用直接教學策略，可分教學步驟、講課、示範、作業活動四方面來探討。

8. 師生在講課時的共同任務包括：(1) 組織課程；(2) 讓學生吸收知

識；(3) 小部分的呈現學習知識；(4) 變化上課進度；(5) 積極提出
學習知識；(6) 提出問題；(7) 使用非語言線索維持講述進行。

9. 示範是教師向學生展示要做的事，教師示範得宜，全班學生自然
而然地從示範過程學習到知識、技能和態度。

10. 班級教學重視作業活動的安排。教師在講述或示範教學時，宜配
合教科書和座位活動來進行教學。教科書是班級教學主要的教室
資源，可以幫助教師組織課程。座位活動是教師提供學生練習方
法和鑑定學生理解層次的一個重要任務。

11. 一個小組要進行合作學習，需注意五項要素：(1) 積極的相互依
賴；(2) 面對面積極的互動；(3) 個別責任；(4) 合作小組必須學習
人際互動技巧；(5) 合作學習需要小組程序。

12. Orlich 討論小組依建立技能、建立任務和問題解決能力三種觀
點，認為討論小組可分成「討論小組分類一覽表」：(1) 建立技
能：腦力激盪討論小組、菲立浦 66 討論小組；(2) 建立任務：導
生指導討論小組、任務討論小組、角色扮演、討論會；(3) 建立問
題解決：探究小組。

13. 當成立一個學習角落作為教學策略時，應注意：(1) 提出和建立規
則；(2) 組織學習角落和確認工作；(3) 準備多種活動。

14. 針對學生個別差異，班級中的特殊個體需要啟發潛能及適性發展，
更需要設計間接教學方法和活動來提升他們的學習成就。一般而
言，學習式態、探究、問題解決等是設計間接教學的常用策略。

15. 學習式態領域包括：環境的、情緒的、社會的、身體的、心理
的。教師採用學習式態的教學策略需考慮下列要點：(1) 提供大量
視覺教具；(2) 增加學生參與的機會；(3) 對學生需要更具敏感性。

16. 探究法可分非指導式探究和指導式探究。非指導式探究，學生所
扮演的角色是主動積極的角色，教師是居於協助者的角色。指導
式研究目的則在教導學生學習的方法，教師可在探究之前或之中
給予指示和引導，而後再讓學生自行發現答案所在。

研習功課

▶ 理論問題作業

1. 何謂直接教學策略？
2. 間接教學法所採用的教學策略為何？
3. 成功的講課應掌握什麼要點？而師生講課的共同任務包括的要項為何？
4. 教師示範應把握哪些綱領？
5. 試述合作學習的基礎為何？
6. 試述 Orlich 的「討論小組分類一覽表」的內容。
7. 何謂學習式態的個別化教學策略？
8. 進行探究教學策略，需注意哪些要點？

▶ 實作設計作業

1. 請以中學一課內容，以表格或流程圖列出應用直接教學策略的教學內容要點，以使學生獲致最大的學習成效。
2. 請以中學一課內容，以表格或流程圖列出應用間接教學策略的教學內容要點，以使學生獲致最大的學習成效。
3. 請設計一個以團體討論教學策略的二十分鐘教案，並說明它的優點。
4. 請根據示範設計要點，列出一個示範動作技能的有關示範動作圖片、解釋說明要點、學習流程圖和教學注意事項。
5. 請設計國中教室的語文、數學、社會、科學、藝術和休閒等學習角落。

第
4
章

教學計畫

　　教學計畫（instructional plan）是指教學方案的計畫，又稱「教案」，是協助教師進行教學前所預先設計的一項書面計畫（林寶山，民 77）。一個有效能的教師應該能對教學單元進行統整性的教學計畫，使教學內容和順序成為一個有機的組織結構，提供學生的學習獲致一個可預期的成果。

……… 第一節　教學計畫的基本概念 ………

　　教師正式進行教學之前，宜做好單元計畫（unit plan）和每課計畫（lesson plan）。教學計畫可以引發學生知識、技能和認知的學習，建立發展越來越複雜的學習成果，使得每課和單元之間的學習系統成為統整性關係。

壹、教學計畫的意涵

一、單元計畫

　　「單元」是教材組織的一種方式，也是一種教學法。因此，單元一詞，用在教材組織上，是指一個完整的經驗，或是一個完整的學習材料；用在教學活動上，是指一個完整的學習活動（孫邦正，民 71）。簡言之，單元是知識和經驗的教材組織或教學活動。「單元計畫」又稱單元教學計畫，是教師根據學生需求，所設計一組有意義和有關聯的教學活動，換言之，對於學科或學習領域中的各個單元，進行教學目標、活動、程序、時間、教具和評量等系統安排的教案，即為單元計畫。

　　有的單元計畫不以學科性質來組織教學知識，改以主題或活動方式，來組織學生學習有關的知能和經驗，稱為「大單元教學計畫」。

大單元教學計畫通常透過大單元設計教學和大單元聯絡教學來進行教學，兩者共同目的是想把零碎的知識變成完整的生活經驗。前者是完全打破學科界限，以科際統整課程的教學計畫來組織教學知識；後者是保留學科界限，各科教材以一個問題或活動為共同中心，彼此相互聯絡。

　　一般而言，傳統教學方式是採行單元計畫方式，由一位教師根據自己所教學科內容，寫好教案，依照教案內容來進行教學；創新教學方式是採行大單元教學計畫方式，由多位教師統整課程內容知識，採行大單元設計教學或聯絡教學計畫。

二、每課計畫

　　每課計畫可說是一個小單元計畫，是針對教學的每一課所作的教學計畫。每課計畫因為教學目標、課文內容知識的多寡、深淺程度和學生素質不同，因此每課安排的時間不同。一般而言，每課計畫多按照單元的準備活動、發展活動和綜合活動的型態，來撰寫每課教學計畫。

　　一個教學單元計畫的教學時間，通常是為期一至四週，而且經常是以符合一些定義明確的課程指導原則（curriculum guide）之主題或主旨，來計畫單元內容；而每課計畫的教學時間則比較短，通常是一至三節課，因此較難與課程指導原則中的某一特定部分有所連結（Borich, 1996）。

　　無論是單元計畫或每課計畫，教師從敘述課程的架構、地區性的課程指導原則、教師的教學單元和每課單元，一直到教師的評量簿，如圖 4-1「從敘述層次到班級層次的教學內容流程」，都必須運用到相當多的獨立思考、組織與判斷哲學，才能從課程架構移轉到單元和每課計畫，完成教學計畫的事前準備、撰寫到評鑑計畫的完整歷程，適合個別差異學生需求、教學優先選擇或鄉土教學等重要精神的期待。

敘述課程架構

- ·提供引導完成課程的哲學。
- ·討論一年級到另一年級基本內容的教學程序，以逐漸複雜的方式來呈現內容。
- ·針對特殊的學生（如：資賦優異的、冒險性的、雙語學生、殘障學生）來注意課程教學的方式。

地區性的課程指導原則

- ·提供有關課程架構的關鍵內容目標。
- ·舉出合適的教學活動以及指派策略。
- ·給予單元教學計畫的大綱、主題單與先後次序。
- ·反映出達成內容範圍裡適合地方性教學目標的方法。

教師的單元與每課計畫

- ·說明如何逐日完成課程指導原則的目標。
- ·指出所涵蓋的主題、所需內容，以及利用到的活動。
- ·確認評量的方式。
- ·注意配合不同的學生類型。

教師的成績評量簿

- ·記錄以精通的教學目標。
- ·針對重教與訂正來分辨需求。
- ·給予過程的指示標誌。
- ·引導提升與堅持決策。

圖 4-1　從敘述層次到班級層次的教學內容流程

資料來源：Borich, G. D., 1996, p. 181.

貳、教學計畫的歷程

一、Orlich et al.（1985）觀點

Orlich et al.（1985）指出每課計畫有個基本模式，提供教師去修正適應每個教師每課的準備，圖 4-2 為教師「每課計畫循環圖」，包括：課前準備、每課計畫和實施及課後活動等三個步驟，每個步驟需依步驟內要項來撰寫計畫。

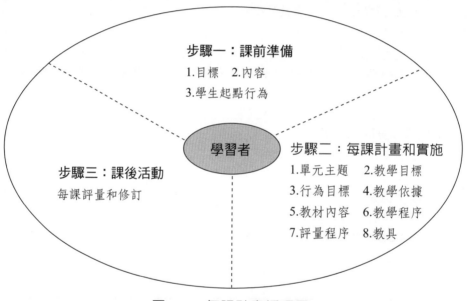

步驟一：課前準備
1.目標　2.內容
3.學生起點行為

學習者

步驟二：每課計畫和實施
1.單元主題　2.教學目標
3.行為目標　4.教學依據
5.教材內容　6.教學程序
7.評量程序　8.教具

步驟三：課後活動
每課評量和修訂

圖 4-2　每課計畫循環圖
資料來源：Orlich, D. C. et al., 1985, p. 125.

二、Lang, McBeath, & Hebert（1995）等三人觀點

Lang, McBeath, & Hebert（1995）等人認為教學的每課計畫是必須考量教學和學習要素，以及如何將這些要素適當組合在一起的一個複雜程序，如圖 4-3「每課計畫的一致性」，必須考慮到課程目標、

單元目標、每課目標（成果）、教學程序和評量程序等因素。

每課計畫的一致性		
一致性	課程目標 單元目標 每課目標 教學程序 評量程序	一致性

圖 4-3　每課計畫的一致性

資料來源：Lang, H. R., McBeath, A. & Hebert, J., 1995, p. 179.

三、Borich（1996）的觀點

　　Borich（1996）認為單元計畫是起始於對多種目標的認知、學習需求、內容與寫教案方法來計畫，而進行每課計畫，必須考慮到社會性的資源與專業的重要性和價值，並挑選出相關的目標、學習需求、內容及方法，選擇部分任教學校地區所採用的課程來訂定計畫的。所以，教學計畫歷程要項如圖 4-4。

圖 4-4　計畫歷程的要項

資料來源：Borich, G. D., 1996, p. 179.

參、教學計畫的撰寫要點

一、目標

　　寫出教學目標可以清楚界定學生在認知、技能和情意上該有的表現水準。準備撰寫教學目標應詳細描述：1. 教師期待學生學習的內容；2. 幫助學生掌握內容的時間和教具的需求；3. 期望學生達成的學生成就水準等三個要素。教師能列舉清楚的教學目標，才能根據目標來設計教學活動。教學計畫的目標可分為單元目標和行為目標。

㈠單元目標

　　單元是指一個完整的學習經驗。學科性質不同，即有不同的單元設計。像國文和英文等學科以一單元即安排一課來完成一個完整的學習經驗，例如：國文〈背影〉一單元即是一課的安排型態，用以學習感受父親的愛；而社會科、自然科和數學科則以三課或四小節來完成一個單元目標，例如：國中理化第一冊第三章〈聲音〉則以聲音的來源、聲音的傳播、回聲等小節讓學生瞭解聲音這一單元。

　　目前最常被採用的目標分類，採取布魯姆（B. S. Bloom）、克拉斯霍爾（D. R. Krathwohl）、辛普遜（E. J. Simpson）等三人所主張的教育目標分類方式（黃光雄，民 84）。每一單元的目標可區分為認知、技能和情意等三方面的教學目標，每個教學目標之下所分出的層次，分別依照學習表現能力高低來列出行為目標。

1. 認知目標：指學生認識外在事物的思考能力，包括：知識、理解、應用、分析、綜合、評鑑等能力的養成。例如：「能比較中國和日本文化的差異」，即根據學生能否具備「分析」的認知能力，來敘寫的教學目標。

2. 技能目標：指學生動作能力的表現能力，包括：知覺、準備狀態、引導反應、機械練習、複雜反應、調適和創作等能力的養成。例

如：「能正確朗讀孔雀東南飛」，即根據學生能否具備「複雜反應」的技能，來敘寫的教學目標。

3. **情意目標**：指學生的態度、觀念和情感的表現能力，包括：接受、反應、價值判斷、價值組織和價值性格化等能力的養成。例如：「能參與保護自然生態的活動」，即根據學生能否具備「價值性格化」的情意態度，來敘寫的教學目標。

(二)行為目標

行為目標是依據單元目標所描述可觀察的具體行為，又稱為具體目標。行為目標包括下列撰寫要點：

1. **列出行為主體**：即教學對象是學生。
2. **列出具體學習行為**：即「能寫出⋯⋯」、「能畫出⋯⋯」、「能製作⋯⋯」等具體行為。
3. **列出能表現的行為結果**：例如：能說出童話詩韻律的特色，「童話詩韻律的特色」即是行為結果。
4. **列出行為標準**：即期待行為的可接受程度。例如：能說出童話詩韻律的三種特色，「三種特色」即是行為標準。
5. **列出行為情境**：指表現行為的有關情境或條件。例如：能在二分鐘內看圖說出童話詩韻律的三種特色，「二分鐘內」、「看圖」即是行為情境。

茲以國中國文第一冊〈夏夜〉為例，列出此一整課的單元目標和行為目標，如表 4-1。

表 4-1 〈夏夜〉的單元目標和行為目標

單元目標	行為目標
一、認知目標 1. 明瞭本課大意	1-1 能説出全文大意 1-2 能説出段落大意 1-3 能比較段落大意間的差異
2. 瞭解本詩的寫作技巧	2-1 能説出本詩中疊句的寫作技巧 2-2 能説出本詩中擬人的寫作技巧 2-3 能説出本詩中譬喻的寫作技巧
3. 瞭解童話詩的特色	3-1 能列舉童話詩韻律的特色 3-2 能列舉童話詩兒語化的特色 3-3 能列舉童話詩幻想的特色
二、技能目標 4. 增進朗讀童話詩的能力	4-1 能語音正確地朗讀本文 4-2 能語調正確地朗讀本文 4-3 能音節適度地朗讀本文
5. 增進對童話詩的想像能力	5-1 能運用擬人法造句 5-2 能運用想像力回答類比問題
6. 增進對童話詩的寫作技巧	6-1 能命名教師提供兒童圖畫的主題 6-2 能依據圖畫人景物造出優美詞句 6-3 能仿本課創作童話詩
三、情意目標 7. 增進對美的欣賞能力	7-1 能述説本詩中美麗的景物 7-2 能描述自己感受過的夏夜實景
8. 增進對童詩的興趣	8-1 能主動閱讀新詩 8-2 能主動研究新詩

二、學習者

㈠瞭解班級和學生的個別差異

學生的能力、過去學習成就、焦慮、自我概念、學習模式，和家庭背景和學生的學習意願、未來成就有密切關係，瞭解班級和學生的個別差異，有助於教學計畫的內容和活動安排。

㈡關注特殊學生的表現

在一個班級中，總有特殊的資優生、多元文化學生，以及溝通、身心障礙的學生，這些學生對於學習任務較常態學生有不同的反應，面對特殊學生除了心理支持外，可以在教學活動安排小組活動，或是個別指導。

㈢調整學習者的期待標準

教學計畫可以根據學習者在班上的口頭反應、練習習題、表現評價、家庭作業和測驗等資料結果，來調整教學的標準和進度。

三、內容

㈠確認內容的範圍

教學計畫內容是「該教什麼？」的大綱，因此，範圍應依據行為目標來設計，配合時間、教具、相關資源來安排計畫內容實施的可行性。

㈡瞭解內容的程序

教學計畫內容的程序，一般是依照準備活動、發展活動和綜合活動的程序，師生在準備活動的內容計畫可以再確認教學目標、準備相關教具、座位安排、學習知識的複習和預習等；發展活動的內容，以

行為目標、預期的行為結果、形成性評量作為計畫內容；綜合活動的內容則以摘要、評量、增強、交代作業作為計畫內容。

(三)分析內容的重點

事實（facts）、概念（concepts）和通則（generalizations）是組成教學內容的主要部分，教師必須選擇最重要的內容連結在教學計畫中，例如：對學生而言，什麼事實是正確且相關的，什麼概念對學生是熟悉且必要去解釋的，在形成通則歷程時，學生是如何根據既定事實來做出推論和預測的（Gunter, Estes, & Schwab, 1995）。相信透過教學內容分析，教師教學計畫的內容會使學生對於事實和抽象的理解更容易些。

例如：國中理化第二冊〈物質的變化〉，教學內容分析如下：

1. 事實→知道蠟燭燃燒是一種物質變化。
2. 概念→物質變化是物體發生改變，包括：物理變化和化學變化。
3. 通則→化學變化是物質分子結構發生改變，蠟燭燃燒是一種化學變化。

(四)呈現內容的原則

1. 新學習必須建立在前一學習之上：即教師要熟知學習內容的銜接點，如此對於認知、技能和情意的學習起點才能妥善計畫，教學中適切舉出的「正例」和「反例」，才能銜接新舊學習知識。
2. 認知和學習階段應建立在之前更多的普遍水準之上：亦即新概念和之前學過舊概念的結構應是環環相扣，有意義的連結，非特別難以理解的概念。

(五)計畫內容善用關鍵字

計畫內容善用關鍵字可以提供教學者簡明的提示，掌握教學內容要點，計畫內容的要點也可以透過關鍵字的思考，更為統整扼要。

四、組織

㈠一般結構組織原則

1. 從簡單到複雜、從具體到抽象、從一般性到詳細來組織計畫。
2. 針對一項主題活動，統整認知、技能和情意目標。

㈡特殊結構組織原則

1. 配合學習者學習起點行為，對於記憶、理解和應用等認知教學目標能以對話、例子引導具體實現。
2. 對於分析、綜合、評鑑等批判性思考、問題解決能力的培養，可組織教具和情境引導推理歸納探究。

……… 第二節　垂直和水平的教學計畫 ………

壹、垂直單元計畫的意義

　　垂直單元計畫（vertical unit planning）是指在一學科下而發展教學單元的方法，所要教學的內容是經過階層組織或是有步驟順序的安排設計，從簡單到複雜、從具體到抽象地計畫教學內容。此外，內容是依次地呈現，每一課全部相關知識有新舊知識的銜接基礎（Borich, 1996）。換言之，垂直單元計畫是從學科內容本身的知識做連貫性的計畫安排。每一學科可以分成數個單元，數個單元之下可以分成數課來完成，每一課再依每課計畫分成單元目標和行為目標。

　　茲以高中地理龍騰版第二冊第七課〈西歐和南歐〉為例，說明「垂直單元計畫內容階層圖」，如圖 4-5。

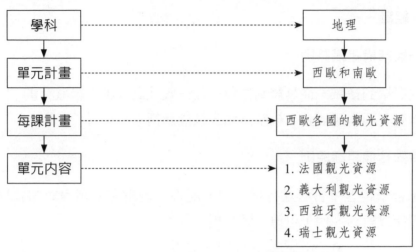

圖 4-5　垂直單元計畫內容階層圖

貳、垂直單元計畫的撰寫

一、圖解的教學目標

　　在撰寫單元教學計畫之前，需要用圖表解說教學單元，是如何細分為特定的哪些特定課程內容。因此，單元教學目標區分成數個每課教學目標，每課目標再用 1、2、3……等列出具體行為目標，每個具體目標再依次列出目標順序 1-1、1-2、1-3……。茲以國中國文第一冊〈夏夜〉為例，「圖解單元教學目標」，如圖 4-6。

二、計畫活動的連貫次序

　　每一課的活動順序可以參照學生的先備知識和經驗為連貫次序的考量。每一課行為目標都是以認知目標、技能目標和情意目標依序來呈現，教學活動雖依照認知、技能、情意等教學目標下的行為目標來指引活動設計，然而，設計一個教學活動可能同時完成表 4-1 的認知 3-1、技能 4-2、情意 7-1 等行為目標。

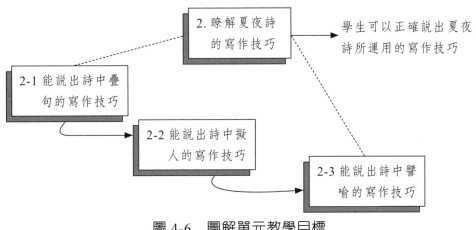

圖 4-6　圖解單元教學目標

　　例如：以理化第一冊第五章第一節〈溫度與熱〉，單元目標「能製作溫水噴泉」的教學活動，則同時完成：技能目標「能準備溫水噴泉的器材」、「能製作不同粗細吸管的溫水噴泉」；情意目標「能細心製作溫水噴泉」、「能小心操作溫水噴泉」、「能仔細觀察溫水噴泉的變化」；和認知目標「能指出液體受熱、體積膨脹」、「能指出液體遇冷、體積收縮」。計畫活動的連貫次序可以依活動的連貫次序來計畫完成單元目標。

三、準備撰寫單元教學計畫

　　垂直單元教學計畫的撰寫格式，可依學科性質而有不同的畫法，但其目的最主要是讓教學者能掌握教學目標和順序，讓參觀教學者能評鑑教學活動的適切性。

　　無論哪一種學科，教案中應包括下列要項：1.科目。2.單元名稱。3.教學者。4.教材分析。5.教學媒體。7.教學方法。8.單元目標。9.行為目標。10.教學過程。11.教學活動。12.教具。13.各教學活動時間。14.教學評量等。垂直單元教學計畫格式如表4-2。

表 4-2 垂直單元教學計畫格式

教學單元名稱：	教材來源：	教學日期：	教學地點：
教學班級：	教學時間：	教學設計者：	
教材分析：			
教學媒體：			
教學方法：			

教學目標	單元目標	行為目標
	一、認知目標	
	二、技能目標	
	三、情意目標	

目標代號	教學活動	教學媒體	時間	教學評量
	一、準備活動			
	二、發展活動			
	三、綜合活動			
教學反思				

參、水平單元計畫的意義

水平單元計畫（lateral unit planning）是用來設計跨學科整合知識體的主題式教學單元，以求某一系統式的方法，傳達不同方面知識相結合的關係、模式以及抽象事物。水平式的教學計畫單元，跨越學科之間的界線、學科主題與內容領域，來引導出問題解決的能力、批判性思考、共同合作的活動、獨立的思考，以及強調整體比部分總合較好的行動（Borich, 1996）。目前統整課程的教學計畫，即採用水平單元計畫的觀點來做系統教學計畫。

茲以美國兩位西部拓荒先驅〈Lewis and Clark〉為主題，進行水平單元計畫，如圖 4-7。

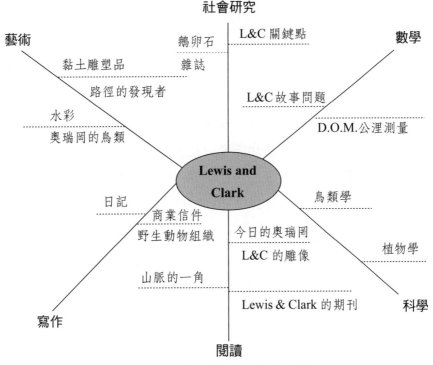

圖 4-7　水平單元計畫內容圖

資料來源：Borich, G. D., 1996, p. 199.

肆、水平單元計畫的撰寫

一、水平單元計畫的目的

　　水平單元計畫的目的主要在於統整課程知識。研究顯示學科整合以及運用教學技巧的課程單元，可讓學生參與互動式的學習、解決問題、批判性思考、獨立思考以及可引導至思考、意義學習的高層次的行為（Richmond & Striley, 1994）。因此，整合學科教學的主要目的在於讓學生有機會發現其中的關係與模式是跨越出一特定學科的，以及這些關係與模式是以某一系統式的方式來一起結合我們這個世界上不同的面向。

　　跨學科整合的教學單元，可同時呈現不同學科或學科主題內容裡的相關主旨，好比是英文或是閱讀、科學、社會研究以及表達性藝術。有效的跨科教學單元，也時常需要學習者跨出所提供的教學內容——同從事研究，研究需與他人合作、需要獨立運用資料、期待學習者批判性推理的課堂對話、發問、預測、有老師的協助以及他們自己的適當回應（Borich, 1996）。

　　九年一貫課程各學習領域的實施，即採行課程統整的水平教學計畫，讓學生能對於相關學科知識進行統整概念，在合作學習過程培養學習的社會性價值，發展學生自己的興趣和學習模式，擴展生活問題解決和思考的向度，學習全盤性問題解決的能力。

二、統整主題式教學的範圍

　　Roberts & Kellough（1996）指出在班級實施統整主題式教學，包括下列四個範圍：

㈠呈現主題內容和其他學習領域的相關性

　　例如：以〈認識農家生活〉作為學習主題（中華民國發展協會，

民 89），在水平計畫必須呈現與〈認識農家生活〉主題內容相關的
各學習領域主題，例如：「語文」、「藝術與人文」、「健康與體
育」、「社會」、「數學」、「自然與生活科技」、「綜合活動」等
相關主題，此一學習單元以國中一年級學生為教學對象，教學節數共
計三十節可完成此一水平計畫之教學，整個主題內容和整個學習領域
教學內容，如圖 4-8「統整主題內容和相關學習領域內容」。

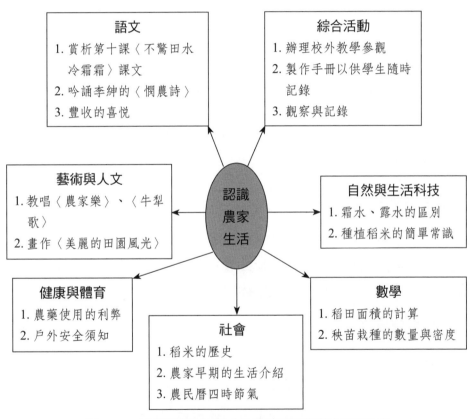

圖 4-8　統整課程主題內容和相關學習領域內容

資料來源：中華民國教材研究發展學會，民 89，頁 570。

㈡和其他教師協商進行協同教學（team teaching）

　　向其他老師說明並商量共識的主題，每一位老師決定參與跨科單元就在自己的班級教授此一主題，這樣學生即可從一位老師那裡學習到一些事物，會是與他們在別的課堂上所學的事物相關。此外，教師可以在布告欄上張貼主題單，主題單上清楚列出學科之間的相互關係，可以請學生課前準備，以便在上課時可以和學生充分討論相關議題。

㈢師生共同討論主題教學

　　師生共同合作形成跨學科主題單的探索活動，教師可以鼓勵學生在班上以小組討論各主題的關聯性、探索主題所需資源、各相關主題所需的時間和進行途徑、主要活動和教學準備等，以討論發展主題深淺難易的學習成果。

㈣學生展開主題單學習活動

　　即讓學生自行展開跨學科相同主題或問題單的問題解決及思考可能相關因素。教師此時則扮演協助者角色，提供學生完成問題解決的諮詢，逐漸引導學生思考到主題內容的統整。

三、圖解跨學科教學單元

　　跨學科教學單元強調不同領域學科知識的擴充，透過圖解的描繪可以顯示出內容是如何在其他內容之下被安排，不同的學科領域怎樣共同使用相同的主旨，單一的主旨如何貫串不同的內容領域，或是一研究的範圍怎樣融入沉浸於另一研究範圍，所以，在跨科教學單元的計畫裡，所有重要的主旨以及議題都同時顯示出彼此相關聯。以下是設計這些圖解大綱或網狀模式的原則（Borich, 1996）：
㈠確認一個最不可或缺的主題與概念。
㈡將這一主題放於你的網狀模式的中心位置。

歷史／社會科學
所有權的地圖
地圖上奧勒岡的領土範圍
到加州的圖上路線
研究黃金的歷史

Petty Reed's Doll
By the Great Horn Spoon
If You Traveled West in a Covered Wagon
Children of the Wild World
Joshua's Westward Journal
The Way West: Journal of a Pioneer Woman
The Little House Cookbook

語言藝術
旅行日記
有關發現黃金的報紙文章
訪問一礦工、一先鋒的妻子
返家的信
詩歌

藝術
被單
草原畫
西洋鏡
貨車與船隻的模型
遊戲布告牌

視覺／表演藝術
角色扮演成一礦工
將發現黃金的事件演出來

淘金熱

科學
研究開採黃金
就如何製作珠寶報告

數學
單字幾合做圖題
秤黃金礦的贗品
估計每一行程的時間
計算旅程距離
以圖表顯示出全年的黃金製品

烹飪
烹煮以及品嚐拓荒者的
食物

音樂
由 Keith 與 Rusty McNeil 所唱的
「Moving west songs」

圖 4-9　「淘金熱」圖解跨學科教學單元
資料來源：Borich, G. D., 1996, p.225.

㈢從主旨概念向外延伸出箭頭或線條，來顯示與其他概念的關係、
附屬的議題、主題或內容，而這些可以成為每一個別課程的主題。

㈣將箭頭以及所有關鍵性的概念予以分類，並以編碼的單字或片語
來描述所要表達的關係。圖 4-9「淘金熱」，即是圖解跨學科教學
單元的例子。

四、水平單元教學計畫的撰寫

　　從圖 4-9 可看到圖解跨學科教學單元的主題，亦可以書面方式呈
現教案的要項：1. 單元主要目的；2. 行為目標；3. 內容；4. 程序與
活動；5. 教具與資源；6. 評量方式等六點（Borich, 1996）。如表 4-3
「淘金熱」跨學科教學單元計畫。

表 4-3　「淘金熱」跨學科教學單元計畫

年級：五年級
教學單元：淘金熱
課程／學科：跨學科
大約所需時間：一個月
1. 單元主要目的 　此一教學單元的目標是要熟悉十九世紀的狂熱、困難與挑戰。 **2. 行為目標** 　學生要能夠做到： 　A. 歷史／社會科學—舉出為何人們在 1840 年代來到加州的原因。 　B. 歷史／社會科學—說明當時先鋒到加州的三條路線。 　C. 歷史／社會科學—比較美國 1840 年代與現今的生活。 　D. 歷史／社會科學—列出當時先鋒往西部所攜帶的補充用品。 　E. 語言藝術—寫一篇日記來說明西部之旅的一些艱辛困難。 　F. 科學—就黃金如何成礦來做研究，並寫一報告。 　G. 數學—將黃金贗品〈彩繪石頭〉秤重，以及計算其貨幣價值。 　H. 藝術—以布塊來設計一草原圖案的被單。

3. 內容大綱

　A. 說明人們於 1840 年代來加州的原因

　　(1) 黃金

　　(2) 工作機會

　　(3) 天氣

　B. 旅途的生活用品

　　(1) 工具

　　(2) 個人的生活用品

　　(3) 食物

　　(4) 家用物品

　C. 西部之旅的生活

　　(1) 天氣狀況

　　(2) 男人、女人，以及小孩角色

　　(3) 旅途中的危險

　D. 抵達加州後的生活

　　(1) 通貨膨脹

　　(2) 以木樁標出土地所有權

　　(3) 發現豐富的礦脈

　　(4) 一位礦工典型的一天

4. 程序與活動

　A. 大聲朗讀

　B. 一組一組朗讀

　C. 個別朗讀

　D. 討論

　E. 日記記載事項

　F. 測量

　G. 烹飪

　H. 唱歌

5. 教具以及教學資源

　A. 文學選讀

　　(1) Patty Reed's Doll

　　(2) By the Green Horn Spoon

> (3) If You Traveled West in a Covered Wagon
>
> (4) Children of the Wild West
>
> (5) Joshua's Westward Journal
>
> (6) The Way West: Journal of a Pioneer Woman
>
> (7) The Little House Cookbook
>
> B. 代表這一時間的物品〈如果能取得的話〉
>
> (1) 鑄鐵的煮鍋
>
> (2) 軟帽以及皮帽
>
> (3) 老舊器具
>
> 6. 評估／評量
>
> 以紅色字來評量這些：
>
> A. 論文～挑選先鋒者到達加州的一條路徑，然後描述旅程。
>
> B. 淘金熱的遊戲布告版～設計詳述到加州旅途的遊戲布告板。獲勝者到達加州，然後發現豐富的礦脈。

資料來源：Borich, G. D., 1996, p. 201.

·················· 第三節　適性教學計畫 ··················

　　面對學習者的個別差異情形，為使教學活動能適應學習者的需要，可以考慮採用下列方法和新科技，作為適性教學對象、目標、方法、教材和評量等，有關教學計畫準備和教學活動的選擇（Borich, 1996, 203-208）。

壹、任務能力分組（task ability grouping）

　　教師可以依據所要呈現學習的內容，就某一特定時間將學生分組。例如：當課程是以一般學生或能力較差的學生為導向時，能力較高的學生可以先閱讀，以及獨自練習更進一步的練習。當學生表現出

明顯的優缺點，而這些優缺點無法在單一的課程中作連結的時候，可以將課程計畫、目標、活動、教材和測驗劃分為兩個或多個適當的部分，以透過學習特定任務或課程的技巧為目的，將學習者做同質性的分組。

貳、學習角落（learning centers）

為提高現實生活的問題處理，以及幫助個體應用所學事物的有效方法是使用學習角落。針對複習而提供資源，以及為了可能缺乏相關前導知識與技巧的練習，學習角落可以個別成為教學課程。學習角落可以包含：媒體、輔助資源以及練習，假若課程內容的應用和學習角落有直接關聯時，可以將學習角落納入課程計畫的構成要素之一。

參、複習與事後瀏覽教材（review and followup materials）

即教師能針對課程所必備的前導知識，進行摘要以及複習單，使學生對於複習的內容能感到興趣，減少複習時所費時間。

肆、教學遊戲與模擬（instructional games and simulations）

當學生需要選擇性或獲得教學目標的輔助方法時，教師可以計畫使學生採用合作或獨自利用教學遊戲和模擬情境的方式進行學習。課程可能以全班式的教學，或是依據學生的興趣與能力來開始進行。一些學生需要以教學遊戲和模仿的方式，作為指引而獲得實際親身的經驗，教師在教學計畫裡可設計模擬經驗，作為補救或擴充的教學技巧。

伍、編序教學（programmed instruction）

編序教學是以卡片、編序書本、教學機等書面設計的教學內容，讓學生按照自己的程度與速度來自學教材內容。編序教學的內容通常有技巧地劃分爲一些小的部分，像是學習的階層分級，透過這樣的程序，學生以一些較細小的步驟的方式來學習。伴隨過程的一些問題與提示，使學生對於有關自己是否正確的作答能立即有所回應，獲得立即增強回饋。

一般來說，編序教學作爲新教學的唯一資源時，它比起傳統的方法而言，不見得更爲有效。不過，當成自修自我指導的教材，以及學習者在能力不一的組別裡學習，可以彼此相互幫忙時（稱爲團體協助下的個別化），編序教學的教材內容對於增加學習成就是有效的。

陸、導生教學（tutoring）

同儕導生教學是指班上導生爲另一同年級或同年齡學生的老師。年齡相近的導生教學是指教導者在學習者的年齡與年級之上的教學。一般而言，這種教學是比同儕的導生教學較爲有效，因爲較大的學生較熟稔題材內容，學長被視爲是模仿的榜樣。而年齡相近的導生教學者最好是與受教者差二到三個年級。當導生有受過訓練以及清楚的知道如何教學時，則導生教學才較可行。

柒、電腦輔助教學（computer-assisted instruction, CAI）

電腦輔助教學和編序教學或導生教學一樣，可以提供許多相同的練習機會，電腦輔助的教學課程，現在可設計提供許多不同的年級學生，練習不同的內容範圍，它幫助學生認知和提供訂正。

　　電腦輔助教學比起編序教學或導生教學的優點是：學生對練習活動的正確回應可以馬上獲得評估，以及活動的順序和困難度，會隨學生現有的程度而做改變，這樣一來，根據學習者就某一層次的困難度的回應好壞，練習可以是適合每一學習者的。如此針對獨特的主題、技巧、回顧瀏覽教學的步驟或重教前導知識，可以花多一點的時間在特定的主題或技巧上。電腦輔助教學同時也能夠提供彩色照片、圖表或樹狀表，這些可以引發學生學習的動機以及增強練習歷程的眞實性。現在學生可以在教室內的個人電腦裡，學習大部分的電腦輔助教學的課程，這些軟體可由教科書出版商，就不同的年級或教學內容領域來研發編輯而成。

捌、互動式的影碟與光碟片（interactive videodiscs and CD-ROM）

　　互動式的影碟或光碟片不管是在書面或電腦輔助教學的內容方面都具有相同的優點，這些新的雷射科技可以呈現出本文、圖表、投影片、地圖、影片，以及要求下的卡通、漫畫等的任一種結合。因此超越了傳統程序性的教學，而增加了錄音內容的變通與彈性。互動式的影碟或光碟科技特別適合模擬或塑造高層次的思維技巧以及眞實生活的經驗，例如：實驗室的實驗、物理運動，甚至噪音與聲音，這些可以使學習變得生動活潑。由於這樣的緣故，互動式影碟或光碟機的科技，很快地成爲提供互動式個別練習活動的指定媒體。

玖、光纖光學／電信科技（fiber optics/telecommunications）

　　這個科技技術可透過多媒體提供最多刺激感官的機會，使得學習環境較爲流動變換以及個人化。雷射科技與電信科技的結合常被稱爲「活用課程」（living curriculum），兩者的結合也具有許多互動式

影碟的相同優點，並且具有將影碟上不再研究的學科內容，存到個人電腦裡的附加價值。學生幾乎可以同時從溝通交流的快速道路上獲得資訊，這樣能夠使每一學習者，快速地跨校、跨地理區以及橫跨世界來獲得所需資源。

有了電腦的幫助，學習者創造了自己的活用課程，利用這課程來練習以及應用所學的內容。透過挑選資訊電腦網路，以及選擇能逐次給予真正詳細、專業內容的路徑，學習和應用內容的教學責任重心，將逐漸從老師的身上轉到學生的身上，或是轉移至教室外的領域，鼓勵學生與其他學生、專家與資源來一同合作進行探索。一旦建立起這些資訊途徑後，他們能夠提供學生更多的機會，可能有下列幾種方式來教學：

一、超越當地圖書館的蒐尋資料

例如：在圖書館資訊室瀏覽標有「早期飛機」的書籍，看一段有關環繞太空的太空站的影片，或利用電子郵件向航太博物館的館長問幾個問題。

二、專心致力於特定當前議題

例如：就《紐約時代》雜誌所編輯的斷食故事來提出一些問題，瀏覽美國科技期刊的目錄，看看基因重組技術的最新進展，或者透過電子郵件與南極站的研究員做溝通交流。

三、進行遠距合作教學

例如：透過電傳視訊與另一學校、其他州或不同國家的學生一同合作，針對彼此對酸雨、開發森林或是全球經濟等問題的關注，分享、交流相關的資料想法。

四、與校外專家各界人士一起學習

　　例如：探討學術理論與工作機會之間的關係，瞭解如何在更高的層次（像：連續性的課程、工作場所或是不同的社區背景）運用到規則與概念等。

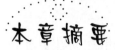

本章摘要

1. 教師正式教學之前，宜做好單元計畫和每課計畫。每課計畫是單元計畫的一部分要素，從整體到部分的觀念來看，一個科目分成幾個單元，單元再細分成幾課，因此，教學單元的內容會是組織完整且定義明確的，但是每課的內容只是單元計畫的一部分，是間接完成單元目標的必須要素。

2. Orlich et al.（1985）指出每課計畫有個基本模式，提供教師去修正適應每個教師每課的準備。Lang, Mcbeath, & Hebert（1995）等人認為教學的每課計畫是必須考量教學和學習要素，以及如何將之組合在一起的複雜程序。Borich（1996）認為單元計畫是起始於對多種目標的認知、學習需求、內容與寫教案方法來計畫，而每課計畫，則需考慮到社會性的資源與專業的重要性和價值。

3. 準備撰寫教學目標應詳細描述：(1) 教師期待學生學習的內容；(2) 幫助學生掌握內容的時間和教具的需求；(3) 期望學生達成的學生成就水準等三個要素。

4. 教學計畫的要素：(1) 目標，可分單元目標與行為目標；(2) 學習者，應瞭解班級和學生的個別差異、關注特殊學生的表現、調整學習者的期待標準；(3) 內容，包括確認內容的範圍、瞭解內容的程序、分析內容的重點、呈現內容的原則、計畫內容善用關鍵字；(4) 組織，可分一般結構組織原則與特殊結構組織原則。

5. 教學計畫的目標可分為「單元目標」和「行為目標」。單元是指一個完整的學習經驗，學科性質不同即有不同的單元設計，每一單元的目標，一般區分為認知、技能和情意等三方面教學目標；行為目標是依據單元目標所描述可觀察的具體行為，故又稱為具體目標。

6. 教學計畫的類別可分兩種：(1) 垂直單元計畫，指在一學科下發展教學單元的方法，所要教學的內容是經過階層組織的或是有步驟

順序的安排設計；(2) 水平單元計畫，是用來設計跨學科整合知識體的主題式的教學單元，以求某一系統的方法來傳達不同方面知識相結合的關係、模式以及抽象事物。

7. 垂直單元計畫的歷程為：(1) 圖解的教學目標，在撰寫單元教學計畫前需要用圖表解說教學單元；(2) 計畫活動的連貫次序，每課的活動順序可以學生的先備知識和經驗為連貫次序的考量；(3) 準備撰寫單元計畫，最主要目的是讓教學者能掌握教學目標和順序，讓參觀教學者評鑑教學活動的適切性。

8. Robert & Kellough（1996）指出在班級實施統整主題式教學包括四個範圍：(1) 呈現主題內容和其他學科的相關性；(2) 和其他教師協商進行協同教學；(3) 師生共同討論主題教學；(4) 學生展開主題單學習活動。

9. 「跨學科教學單元」強調不同領域學科知識的擴充，透過圖解的描繪可顯出內容如何在其他內容之下安排，不同的學科領域怎樣使用相同的主旨，單一的主旨如何貫串不同的內容領域，或是一研究的範圍怎樣融入於另一研究範圍。

10. 圖解跨學科教學單元，可以書面式呈現教案的要項：(1) 單元主要目的；(2) 行為目標；(3) 內容；(4) 程序與活動；(5) 教具與資源；(6) 評量方式等六點。

11. 面對學習者的個別差異情形，為使教學活動能適應學習者的需要，可以考慮採用下列方法：(1) 任務能力分組；(2) 學習角落；(3) 複習與事後瀏覽教材；(4) 教學遊戲與模擬；(5) 編序教學；(6) 導生教學；(7) 電腦輔助教學；(8) 互動式的影碟與光碟片；(9) 光纖光學／電信科技。

12. 雷射科技與電信科技的結合被稱為「活用課程」，這有下列幾種教學方式：(1) 超越當地圖書館的蒐尋資料；(2) 專心致力於特定當前議題；(3) 進行遠距合作教學；(4) 與校外專家各界人士一起學習。

研習功課

▶ 理論問題作業

1. 何謂教學計畫？
2. 試述教學計畫需包含哪些要素，並析論之。
3. 何謂「垂直單元計畫」與「水平單元計畫」？並比較兩者的差異。
4. 試述垂直單元計畫的歷程。
5. 試說明圖解跨學科教學單元的原則。
6. 請從十二年國教 108 課綱的觀點來論述水平單元計畫的優缺點。
7. 請論述對於適應個別差異學生的適性教學活動設計，可以採行哪些方法放到教案中？

▶ 實作設計作業

1. 試選一國中教材單元，列出該課的單元目標和行為目標。
2. 請以一課高中或國中地理科教材為主題，創作一份「垂直單元計畫階層圖」。
3. 請從十二年國教 108 課綱的理念，自選一主題，設計一份「跨學科教學單元計畫」的教案。
4. 請以適性教學計畫中的教學活動設計，任選一個方法作出一份教學計畫書。

第
5
章

斯肯納教學原理與設計

　　行為主義心理學為當代科學心理學的主流之一，在心理學各派理論中，號稱第一勢力。在所有行為主義心理學家當中，斯肯納（B. F. Skinner）的操作制約影響學校教學深遠，尤其是增強原理在班級經營、教學技術和自學輔導教學方法的應用，均是根據操作制約學習理論發展的實務設計。

···· 第一節　行為主義心理學著名的制約實驗 ····

　　行為主義心理學是由美國心理學家華森（J. B. Watson）於1913 年所創立，從 1920-1950 年代，整個心理學界幾乎是行為主義的天下。行為主義強調心理學是一門科學，因此，巴夫洛夫（I. Pavlov）、桑代克（E. L. Thorndike）、斯肯納等人的實驗研究，強調實驗結果可以解釋：外在環境刺激的變化和外顯行為反應的聯結，與增強制約作用之間有密切關係。

壹、狗唾液分泌實驗～古典制約

　　蘇俄籍的科學家巴夫洛夫（1849-1936），於 1883 年獲聖彼得堡大學醫學博士，1904 年因擔任軍醫學院教授，致力於消化腺的研究貢獻，獲得諾貝爾獎（張春興，民 78），著名的古典制約（classical conditioning）實驗，即由他的醫學背景對狗唾液腺開刀，觀察唾液分泌的實驗歷程中，瞭解到狗的生理反射動作，是可以由鈴聲制約而產生反應的。三期四階段實驗過程如表 5-1。

一、實驗歷程

　　如表 5-1，可以知道巴夫洛夫的狗實驗歷程分為三期四階段。

表 5-1　巴夫洛夫狗實驗歷程一覽表

實驗期別	實驗階段	實驗過程
第一期	第一階段	UCS → UCR （食物）→（唾液分泌）
	第二階段	CS → X （鈴聲）→（無唾液分泌，但引起注意）
第二期	第三階段	CS + UCS → UCR （鈴聲＋食物）→（唾液分泌） 鈴聲和食物相伴隨出現，多次練習 S → R 的連結
第三期	第四階段	CS → CR （鈴聲）→（唾液分泌）

二、實驗結果

巴夫洛夫的狗實驗結果，發現以下有關制約行為結果，如表 5-2。

三、教學應用

從巴夫洛夫的狗實驗結果，發現增強、消弱、類化、辨別、自發恢復和二層制約作用等有關制約行為歷程，實可應用在班級教學情境中，尤其是二層制約作用，可訓練學生從具體到抽象的學習，轉變應用為高層（higher-order）的制約作用。例如：

看「山」的圖片→讀「ㄕㄢ」的音→畫出山形 〰〰 →知道山是高高的、有大樹、有野獸→瞭解山是美麗的、綠色的、可怕的等等概念發展。

教師運用古典制約原理，指導學生識字教學的高層制約學習歷程，可以建構其字、音、義的概念發展。結合刺激、反應和制約所構

成的連續作用，實可幫助學生瞭解事實到抽象教學內容。

表 5-2　巴夫洛夫狗實驗制約行為結果一覽表

制約行為	意　義	制約方程式
增強 （reinforcement）	藉著非制約刺激的出現，制約刺激和非制約反應之間的聯結更強化。	$UCS+CS \rightarrow CR$ $CS \rightarrow CR$
消弱 （extinction）	非制約刺激不再出現，制約反應將變弱，最後完全消失。	$* \cdots UCS \cdots +CS \rightarrow CR$ $CS \cdots \rightarrow *..CR \cdots \rightarrow \cdots$
類化 （generalization）	制約刺激已能單獨引起制約反應後，與制約刺激類似的刺激，不須經過制約練習，亦能引起制約反應。	$CS \rightarrow CR$ $CS_1 \rightarrow CR$ （CS_1 例如：鐘聲）
辨別 （discrimination）	完成制約學習後，個體能表現選擇類似的制約刺激反應。	$CS_1 \rightarrow CR$ （鐘聲→分泌唾液） $CS_2 \rightarrow X \cdots CR$ （琴聲→無分泌唾液）
自發恢復 （spontaneous recovery）	已形成制約作用的反應，雖久不再練習、反應，但過一段時間後再單獨出現制約刺激，卻仍會自發恢復過去被制約的反應行為。	$CS \rightarrow CR$ 再度恢復制約反應作用
二層制約作用 （secondary conditioning）	指制約作用的擴大或延伸歷程。原有的制約刺激，可當作非制約刺激之用，使之與另一制約刺激相伴出現，從而建立另一個古典制約學習。	$CS \rightarrow CR$（鈴聲→唾液） $UCS+CS_1 \rightarrow CR$ （鈴聲＋手勢→唾液） $UCS+CS_2 \rightarrow CR$ （手勢＋唱歌→唾液） $CS_2 \rightarrow CR$（唱歌→唾液）
說明：S:stimulus　C:conditioned　UC: unconditioned　R:response 　　　S: 刺激　CS: 制約刺激　UCS: 非制約刺激　CS_1: 第一類似制約刺激 　　　R: 反應　CR: 制約反應　UCR: 非制約反應　C: 制約		

貳、迷籠貓實驗～嘗試錯誤練習

　　美國籍的心理學家桑代克（1874-1949），在巴夫洛夫建立古典制約學習理論的同時，設計迷籠（Puzzle box）的實驗，目的在於觀察貓如何突破開門的困難，解決逃出迷籠獲食的問題。桑代克選擇以貓為實驗對象，貓剛開始是嘗試錯誤，最後是從多種亂撞亂跳錯誤反應中，選擇一種踩踏板正確反應，與特定刺激情境（開門獲食）連結行為反應，從整個迷籠貓中的刺激反應歷程，使得該實驗又稱之為嘗試錯誤練習。

一、實驗過程

㈠起始階段

　　貓的反應有點盲目，動作急促而混亂，偶而踩到迷籠控制門機關的踏板，門打開，牠得以獲食。

㈡重複練習

　　為了能逃離迷籠獲食，貓踩對踏板的機率提高，急促而混亂的動作因為練習次數的增加而減少。

㈢最後階段

　　一進迷籠即可踩對踏板，外出取食。

二、實驗結果

　　桑代克由於迷籠貓的實驗，發現了可以應用在學習的三個原則：

㈠效果律（law of effect）

　　貓要踩到踏板，才有可能打開籠門取食，因此，當踩到踏板的

「反應」，獲得開籠門取食的「增強效果」後，貓才有可能繼續不斷踩踏板的反應，亦即有反應、有效果的聯繫，行為才有可能持續。

㈡練習律（law of exercise）

貓要越快打開迷籠的門，一定要練習多次才能正確迅速的開門，亦即踩踏板（S）和開門得食反應（R）的連結，必須靠練習才可能完成。

㈢準備律（law of readiness）

是指對個體反應行為的心理準備狀態。當個體反應行為處於積極想獲得開門（R）的狀態，那麼其去踩踏板（S）的動機較強，刺激反應之間的連結亦較強，反之，貓的心理準備不夠，則逃出去的可能性則大減。

三、教學原則

桑代克迷籠貓的實驗在教學上的應用，提供教師教學時應特別注意：1. 學生的學習成就的肯定，多肯定增強，少強烈批評。2. 多提供練習，尤其是練習時，正確行為的引導暗示，錯誤行為的校正回饋。3. 重視學生的學習心向，並善用引起動機，給予充分的學習信心、任務和成就心理準備。

參、小老鼠實驗～操作制約

斯肯納（1904-1990）是美國最著名的心理學家。在 1975 年的一項調查顯示，他也是美國最著名的科學家（Fancher, 1979）。1988 年的美國心理學協會（APA）年會，也指出斯肯納的影響不僅在心理學方面，其他如生理學和神經學的研究方法、教育的理論和實際，甚至每天的生活事件都受到其理論的影響（Salzinger, 1988）。對斯

肯納而言，不是可觀察的或測量的行為都是不必要的。他曾在《超越自由與命運》一書中，指出：「我們不必去發現所謂的人格、心靈狀態、感受、特質、計畫、目的、意向等，換言之，自主性人類的必要條件是真正能對行為採取科學分析」（Skinner, 1971, 13）。要瞭解斯肯納有關於行為的規則，應先瞭解斯肯納小老鼠實驗的設計與結果。

一、實驗設計

㈠斯肯納箱（Skinner box）構造

斯肯納箱是斯肯納為了研究小老鼠制約行為所設計的實驗工具，主要的構造包括：壓桿、食盤、食物、發生器、燈等。

㈡反應行為

指小老鼠為了食物，能用腳去壓桿，作出正確的壓桿行為，這種需要學習的反應行為。

㈢增強物

指小老鼠正確壓桿後，即有牠最喜歡吃的食物（例如：花生米）可吃，食物是增強小老鼠正確反應的獎勵，亦即增強物。

㈣增強時控

亦即增強的時機與增強行為的配合。例如：要培養小老鼠正確壓桿反應，是立即增強或延宕時間增強，需妥加設計。

㈤增強情境

亦即每一個操作行為的形成，必須具備辨別刺激、增強刺激與反應等三個要素。例如：小老鼠要能正確壓桿取食的反應，則與槓桿

（辨別刺激）、食物（增強刺激）的情境相配合。

二、實驗結果

㈠增強（reinforcement）

　　斯肯納研究小老鼠的制約學習，透過食物的給予，作爲其正確反應出現時的獎賞之用。當小老鼠表現正確行爲，即給予滿足之食物作爲獎賞，這種由於正增強物的出現對小老鼠反應所產生的強化作用，稱爲正增強（positive reinforcement）；當小老鼠表現錯誤行爲，剝奪其所欲取用食物（或電擊）作爲懲罰，這種剝奪小老鼠喜愛的刺激物或給予嫌惡的刺激物，使與小老鼠反應產生強化的作用，稱爲負增強（negative reinforcement）。

㈡與古典制約相同的反應行為

　　例如：類化、辨別、消弱與自發恢復等反應。當增強設計的時機與反應行爲之配合，會讓小老鼠產生上述反應，例如：壓板時紅燈亮才有食物出現，有時綠燈亮偶而也會有食物出現，小老鼠只要看到燈亮即壓桿，這種行爲即是「類化」；而能區分出綠燈出現食物是偶然的，只會針對紅燈亮才表現壓桿動作，這種行爲即是「辨別」。而小老鼠一直壓桿都未獲得食物，以至於操作壓桿動作逐漸減少，最後終於消失壓桿動作，此爲「消弱」；但過了一陣子，雖未獲得食物增強，但卻出現壓桿動作，即爲「自發恢復」，自發恢復如都未再獲得食物，則將再度出現消弱現象，最後小老鼠甚至意興闌珊地消失壓桿行爲。

㈢二層制約學習

　　是指原制約刺激（CS），經制約練習達到取代非制約刺激（UCS）作用之後，即可將該制約刺激當作非制約刺激來用，與另一

新的制約刺激配合，建立高一層次的制約學習。例如：小老鼠壓桿取食已經形成制約學習之後，可由發聲器傳出一種聲音（CS），並繼續與食物（UCS）相伴多次後，聲音將成為壓桿取食的增強物，小老鼠的壓桿行為已經被聲音所制約，此一制約即是二層制約學習。

㈣行為塑造（shaping）

亦即將連續複雜動作分解成幾個小動作，依序訓練分解動作，適時給予增強物，實施制約學習訓練，最後再貫串整個動作反應，養成正確行為的塑造過程。例如：要小老鼠能在閃紅燈又響一長聲時才能有壓桿反應，則必須先訓練小老鼠正確壓桿，接著能辨別閃燈意義、響聲的長短，才可能塑造正確壓桿行為。

三、教學原則

㈠積極反應原則

斯肯納視學生為主動學習的個體，因此教師在教學情境、媒體和增強設計，對學生而言，必須是可以自己動腦思考、動手操作去學習，且會獲得不斷的增強學習作用。

㈡小步驟原則

學習是循序漸進的歷程，因此教師應該把教材從簡單到複雜，劃分為若干小的步驟，小步驟和小步驟之間有順序性，讓學生在一連貫的學習中獲得完整的知識。

㈢即時增強原則

操作制約重視每個刺激反應之後下一個學習的連結，為使下一個學習可以順利產生反應，教師在前一個學習結束時，應即時增強，強化下一個學習的動力。

㈣個別進度原則

　　操作制約學習視個體反應給予正負增強，因此學生按照自己的速度和能力進行學習的結果，易產生個別差異而有個別進度。

　　誠如斯肯納在晚年批評美國教育所言：「停止對所有學生的進步採行相同的速度，讓他們自行移動他們的腳步」（Skinner, 1984, 951）。假如我們能因應學生的個別差異，設計學生個別所需要的教材結構、反應方式、增強作用，不是一陳不變的外在控制獎勵，相信學生會有跟自己比賽求自我成長，而不是被迫於外在形式跟別人競賽，忘了自我學習的目的與意義。

……… 第二節　制約學習在教學技術的應用 ………

　　斯肯納以客觀嚴謹的科學態度和實驗方法，建立操作制約的行為理論，更據此行為理論基礎建立一套行為科技，期望改造人類社會文化。操作制約學習在教學技術的應用，主要是在代幣和行為改變技術的設計。

壹、代幣制的設計

　　代幣制（token economy）是個體表現良好行為時，以累積卡片、籌碼換取實物或活動的歷程。代幣制是以操作制約增強原理為基礎，設計「累積」個體表現正確行為給予正增強的代幣，或不當行為給予負增強的代幣，強化刺激與反應行為的連結過程。

一、代幣的評估方法

㈠晤談法

利用時間和學生晤談，瞭解他們所喜歡的代幣活動或物品的兌換內容和方式。

㈡觀察法

教師平時即進行觀察瞭解學生生活和學習中，所喜愛的代幣物品與兌換方式。

㈢顯露法

教師將要採行的代幣物品或活動方式，在上課時即顯露出來讓學生參與，教師觀察學生的反應傾向是喜愛接受或厭惡不喜歡，藉以評估代幣實施的可行性。

㈣清單法

教師列出將採行的代幣內容和兌換方式於一張清單上，讓學生勾選其最喜歡的代幣，作為教師製作代幣的參考。

㈤問卷法

教師設計好問卷的量表格式，將代幣內容與量點評分從一點到五點（喜歡到不喜歡）讓學生勾選，作為設計代幣的評估方法。

二、代幣的製作原則

㈠經濟原則

代幣的製作以省時、省力、不費錢為原則。例如：許多老師以同一張集字卡集「優」和「獎」若干點，或完全的「字串」、「拼

圖」，作爲代幣的籌碼或卡片，這種簡單的代幣即符合經濟原則，如圖 5-1。

集卡方式：

1. 集滿 G.O.O.D.四張字卡可換 G 卡一張，集滿 G.R.E.A.T.卡可換 E 卡一張，集滿 E.X.C.E.L.L.E.N.T.卡，可得一本教師簽名心情手冊。
2. 集滿 G.O.O.D.四張可換一枝筆，集滿 G.R.E.A.T.五張可任選座位一次，集滿 E.X.C.E.L.L.E.N.T 九張可加二分。

圖 5-1　經濟原則的代幣卡

㈡環保原則

　　以符合「再使用」、「珍惜資源」爲環保原則。例如：教師採行小組競賽的方式，給予各小組代幣卡，代幣卡可以設計魔鬼膠帶貼代幣卡，隨時可以貼上或摘下，作爲各組獎勵給予或懲罰取回代幣卡之制約，亦可以將薄片吸鐵貼上卡通人物後，依圖形剪下直接貼在黑板上，作爲獎勵學生的代幣，這是學生可在平時生活再利用的資源，如圖 5-2。

㈢認知原則

　　讓學生對於代幣卡具有再思考、理解或推理、判斷的機會。例如：除了配合教學內容讓學生認識各種交通工具外，亦可在卡片背面作簡介，或給予認知性的試題回去再想想作答，作爲自我突破的方式。如圖 5-3。

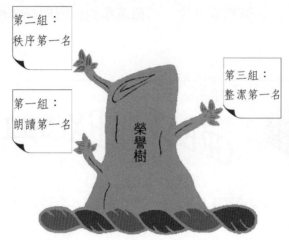

圖 5-2 環保原則的代幣卡

（正面）　　　　　　　　　　　　　（背面）

圖 5-3 認知原則的代幣卡

㈣流行原則

　　瞭解學生流行的脈動，可能是影劇明星偶像，小丸子、柯南等卡通人物，流行小說人名等，代幣可依照流行系列依次製作有照片的代幣卡，作為連續制約增強物，如圖 5-4。

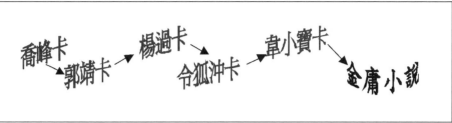

圖 5-4　流行原則的代幣卡

(五)系列原則

是以完整人、事、地、物、情境等系列設計代幣卡，例如：水果系列卡、地理系列卡、動物系列卡、建築系列卡、太陽系列卡等。

三、代幣制設計實例

茲以國文〈小小說選～打電話〉的代幣制設計實例，說明代幣在教學技術上的運用。

(一)教學單元

小小說選～打電話。

(二)出處

高中國文第一冊第十五課〈小小說選～打電話〉。

(三)教學重點

深究課文大意。

(四)設計者

沈翠蓮、陳泓達。

四、教學設計

㈠增強物主題

小丸子的家。

㈡製作原則

認知原則、流行原則、系列原則，說明如下：

1. 〈打電話〉這一篇文章主要是在描述現代小孩缺乏父母的關懷。而有看過小丸子卡通的人都知道，小丸子有一個非常溫馨的家。因此，藉由製作以「小丸子的家」為主題的增強物，希望全天下的小孩子能有一個溫馨的家庭，更希望為人父母在忙碌之餘，能騰出時間陪陪孩子談心。

2. 代幣卡片分為：A、B、C、D 四種卡片（圖 5-5），由卡片換電話卡為獎勵。

圖 5-5-A　　　　圖 5-5-B　　　　圖 5-5-C　　　　圖 5-5-D

圖 5-5　小丸子代幣卡

五、兌換方式

㈠制約考試行為的點數計算

評量成績	80-85 分	86-90 分	91-95 分	96-99 分	100 分
點　　數	1	2	3	4	5

㈡點數兌換

1. 集滿 5 點，換 A 卡一張。
2. 集滿 3 張 A 卡，換 B 卡一張。
3. 集滿 2 張 B 卡，換 C 卡一張。
4. 集滿 2 張 C 卡，換 D 卡一張。
5. 每張 D 卡，皆可兌換 100 元小丸子電話卡一張。

㈢為獎勵程度稍差（每次評量成績皆在 75 分以下）但是卻很努力用功之同學，凡評量成績進步 3 分者，給予 1 點，兌換點數方式如上；若成績退步 5 分者，倒扣點數 1 點，扣點 10 點者，放學後留下來自修，或請老師指導，直到成績進步為止。

貳、行為改變技術

行為改變技術是增強原理在班級經營或課業學習的應用，主要是以改變不當行為或培養良好行為為目的，設計適當情境控制和增強制約，來促進行為的變化。

一、行為改變技術的程序

㈠找出所要改變的目標行為（target behavior）

教師必須確定學生明確的目標行為範圍，才能逐步細分成若干步驟，使學生完成目標行為。目標行為和終點行為的陳述，有如單元目標和具體目標的陳述，目標行為是較抽象、長程的行為；終點行為是較具體可觀察的行為。

例如：「能培養良好的讀書習慣」是目標行為，終點行為即是根據目標行為所訂定的具體行為。

㈡訂定終點行為（terminal behavior）

　　即訂定預期學生表現的行為標準，例如：訂出「每天能練習數學作業一小時」的終點行為，是把「能培養良好的讀書習慣」的目標行為，化為可具體計量觀察的行為。

㈢測定行為改變前的基準線（baseline）

　　行為基準線是指行為改變前的行為表現頻率、反應強弱、持續時間、多寡及變化情況。因為要培養良好的終點行為之前，要先瞭解行為表現到底多麼不好，所以才有必要實施行為改變技術。例如：「平均每天練習數學十分鐘」，由於這樣的基準線敘述，才知道學習者的讀書習慣不佳，相對的可能數學成績也不理想，所以需要培養良好的讀書習慣，提升數學的學習成就。

㈣形成管理行為計畫

　　包括：情境設計、增強種類和時間決定。例如：希望個案每天練習數學作業一小時，在情境設計上可以安排陪讀或家教，調整回家作息時間，每天晚上的七點到八點為數學時間，假日多讓個案有數學應用表現情境等；增強物的種類，可以使用代幣制的卡片兌換實物或活動的方式；時間的決定，可和個案共同討論，先為期三週或六週，看他是否可以逐步養成良好行為。

㈤逐步塑造（shaping）

　　即針對正確行為給予增強，不當行為給予消弱行為。透過一小步驟一小步驟的逐步塑造其正確行為，在此階段可以請家長協助觀察記錄，每天練習數學的表現時間和時間內的練習情況，如果做到就給予正增強，如果未做到則給予負增強或懲罰。每天上學，教師可以詢問或小考前一晚上在家練習數學作業習題內容，以瞭解其練習時間內的

表現行為是否專心認真。

㈥評量效果

最後依據觀察記錄表，畫出行為表現實況曲線圖，瞭解個案行為是否有所改變？情境設計、增強物運用、時間控制、逐步塑造等是否可行？哪一部分需做修正？是否需要其他策略介入協助個案？

二、行為改變技術的運用原則

運用行為改變技術應注意下列原則（陳榮華，民 70）：

㈠要確切驗明行為結果：採行有效的增強物，須視個案條件而定。

㈡把握行為反應的自動性：能觀察個案行為改變的方向和程度。

㈢訂定適切的成就標準：依據訓練方案的目的和個案程度來訂定。

㈣保持變因的恆常性：讓訓練情境環境單純化。

㈤增強或懲罰要適時。

㈥增強物要因人因時而異。

㈦增強次數要因時制宜。

㈧訓練要按部就班，逐步漸進。

㈨老師和個案訂定明確、公平有信用的契約。

……… 第三節　制約學習在教學方法的應用 ……

制約學習在教學方法的應用，主要包括在編序教學、電腦輔助教學、個人化系統教學等三方面。這三種教學方法都是學生自學方法。

壹、編序教學（programmed teaching）

編序教學是一種自我學習的教學型態，使用習題簿、教科書或

電子設計（例如：電腦）去教導學習者，以及幫助他們達成一種表現的特別成就（Brewer, 1997）。在 1960 年末期到 1970 年早期，編序教學在學術圈相當流行，學者熱衷在直線式、分支式編序的相關效能討論，以及編序教學和其他形式教學效能的比較。透過大量文獻的探討，獲致下列成果（Hanna, 1971; Cruthirds & Hanna, 1996）：編序教學和一般傳統教學比較相關效能並無顯著差異；編序教學出奇意外地比傳統教學表現較多效能；學習者和一般教學一樣喜歡編序教學。由此可見，在教學媒體與課程設計日益進步的今天，實施編序教學有其可行性。

一、編輯教材的程序

教師將教材由簡單到複雜，分成幾個主題向度，再依主題設計層層結構緊密的問題，指導學生依照編序的卡片、教學機、教學題本、電腦逐題作答，整個編序教學編輯教材的程序，應依循下列途徑：

㈠界定範圍

界定教材範圍大小是編序教學第一步驟，清楚範圍才能依據教材中的幾個主題，來設計層層相關的問題完成教學目標。

例如：國文各課主題有：作者、題解、難詞、大意、內容深究等幾個主題向度。在作者部分可以「單元目標」化作「行為目標」來界定作者編序內容範圍，如果以「瞭解本課作者」為單元目標，那麼「能說出歐陽修的生平」、「能說出歐陽修的代表著作」、「能說出歐陽修的寫作特色」即是行為目標，編序教材即可以歐陽修的生平、著作和寫作特色為編序題目的依據。

㈡蒐集資料

亦即蒐集和範圍有關的資料。例如：要編序白居易〈長恨歌〉的內容大意題目，即須蒐集有關唐朝歷史背景資料。

㈢設計題目

　　一般而言，設計編序題目所採用的形式有選擇題、填充題、簡答題。問答題因評分標準不易界定，所以較少採用。例如：設計填充題形式的編序題目。

㈣**編輯題目**

　　編輯題目可以將教材按直線、分支、綜合等三種方式編輯。Brewer（1997）指出這三種編輯題目要點如下：

1. **直線編輯**（linear programs）：直線式編輯是以所有學生進度按照連續性單元作答為原則，每個學生根據題目反應、核對答案，繼續做下去到下一個進度，以此程序編輯題目到所有單元結束。
2. **分支編輯**（branching programs）：分支式編輯題目是根據學生作答對錯情形作為編輯原則，學生由作答以前單元題目的反應，決定其分支再作答的方向。正確做對即可以跳過一些題目，直接進入下一個主題，或給予較深或創意性較高的題目。如果做錯則引導學生去作答導正錯誤的題目，或者回到前一單元基礎能力的作答。
3. **綜合編輯**（combination programs）：綜合式兼融直線式和分支式兩種的特點，綜合式可提供直線式供所有學生作答，而當有學生需要校正時，再設計分支式題目回答。

㈤**設計增強**

　　增強可以使學生作答題目與反應之間的連結更為強化。設計正負增強可以是直接增強，亦可以是間接增強。直接增強是在每題作答完後，立即給學生增強物增強，間接增強是在學生作答告一段落後，以積分多少為增強依據。

二、編序教學過程

　　編序教學是學生個別化學習的一種教學方式，因此每一個引導學生反應的步驟要非常明確，以免學生作答時缺乏明確的引導，而無所依循。

㈠提示教材

1. 單元教材提示：是在整個單元的編序問題，即做系統化的提示單，讓學生在教材明確指引之後，清楚問題的關鍵點，依照關鍵點一一作答編序問題，例如：美術有關「封面設計的學習」，可以文字或圖畫列出提示單，如表 5-3。

表 5-3　編序教學單元教材提示單

封面設計類別	封面設計形式	封面設計要點
依表達方式	文字式	指以文字為主要封面表現形式
	繪圖式	除文字外，底紋布滿裝飾圖案
	攝影式	直接以攝影作品為封面設計
依技法分類	剪接式	將圖片拼湊構成封面的主題
	手繪式	以手繪方式來傳達封面旨趣
	版畫式	以版畫方式表現
	剪貼式	以剪影、彩色紙剪貼等方式組成封面
	實物式	以實物平貼封面再攝影製版
	噴刷式	以噴色、刷色等有意或偶然效果構成封面
依題材分類	兒童類	畫出兒童喜愛的插圖設計
	小說類	畫出與背景相襯的主角特色
	散文類	畫出感性的文體意義
	科學類	設計求真的畫面
	藝術類	表現藝術的特殊感受
	其　他	

2. 問題性質提示：即在每一個問題呈現之後，呈現與提示問題相關
   的問題讓學生作答，數學、英語可以用公式提示，理化可以用實
   驗圖解提示，地理可以地圖呈現。表 5-4 是以國中地理〈水系〉的
   各河流水系特徵設計提示單。

表 5-4　水系編序教學問題性質提示單

範例	平行狀水系→大部分河流都呈現平行排列狀，如下左圖。 心狀水系→各支流共同流入中央低地狀，如下右圖。

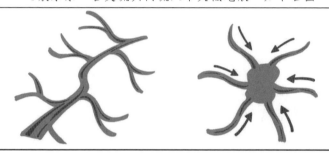

㈡學生作答

　　學生可以依據教學機、電腦、卡片、編序簿本作答，給學生作答
可以配合評量需求，做限定時間或非限定時間的設計，限定時間的作
法是依據編序題目的多寡安排時間，統一繳交作業；非限定時間是只
要學生做完題目即可離開，繳交作業時間有先後差異。

㈢核對正誤

　　學生作答完後，可以讓學生自行按照答案核對正誤計算成績，亦
可以交由電腦、教學機或教師做一貫作業，評定成績。

㈣增強

　　學生核對正誤後，教師應依據所得成果給予正負增強，獎勵成績

優異或進步的學生，懲罰成績不理想或退步過多的學生，增強方式可採代幣制來兌換精神、物質的物品或活動增強。

三、編序教學的實例

㈠教學單元

國中國文〈世說新語選〉。

㈡教學目標

學會難詞意義和完整句子的翻譯。

㈢設計者

沈翠蓮、楊雛鳳。

㈣提示單

如表 5-5。

表 5-5　〈世說新語選〉編序教學提示單

提示單
這是〈世說新語選〉的文言字詞解釋，希望你能學會翻譯文言文為白話文。
1.陶公：即陶侃　2.魚粱：一種用土石橫截水流，留下缺口，用來捕魚的裝置
3.少：年輕　4.作：擔任　5.吏：管理事物的政府官員　6.嘗：曾經
7.坩：盛食物的陶土器，即甕子　8.鮓：魚乾　9.餉：贈送

㈤作業單和回饋單

卡片式，正面為作業單，反面為回饋單，如表 5-6。

表 5-6　〈世說新語選〉編序教學作業單和回饋單

範例　魚梁：一種用土石橫截水流，留下缺口，用來捕魚的裝置　〈第一張正面〉
　　　　吏：管理事物的政府官員
　　　　√魚梁吏：<u>管理魚梁的小官</u>
問題　坩：盛食物的陶土器，即甕子　　鮓：魚乾
　　　　√坩鮓：＿＿＿＿＿＿

解答　√坩鮓：<u>甕子裡的魚乾</u>　　　　　　　　　　〈第一張背面〉
獎勵　答對送一張小魚卡

範例　陶公：即陶侃　　少：年輕　　　　　　　　　〈第二張正面〉
　　　　√陶公少時：陶侃年輕時
問題　作：擔任　魚梁吏：管理魚梁的小官
　　　　√作魚梁吏：＿＿＿＿＿＿

解答　擔任管理魚梁的小官　　　　　　　　　　　　〈第二張背面〉
獎勵　答對送一張小官卡

範例　坩鮓：甕子裡的魚乾　　餉：贈送　　　　　　〈第三張正面〉
　　　　√以坩鮓餉母：<u>把一甕魚乾送給母親</u>
問題　嘗：曾經　以坩鮓餉：把一甕魚乾送給母親
　　　　√嘗以坩鮓餉母：＿＿＿＿＿＿＿＿＿＿

解答 嘗以坩鮓餉母：<u>曾經把一甕魚送給母親</u> 〈第三張背面〉

獎勵 答對送一張拍手卡

範例 陶公少時：陶侃年輕時 〈第四張正面〉

作魚梁吏：擔任管理魚梁的小官

√陶公年少時，作魚梁吏：<u>陶侃年輕時，擔任管理魚梁的小官</u>

問題 陶公少時，作魚梁吏：陶侃年輕時，擔任管理魚梁的小官

嘗以坩鮓餉母：曾經把一甕魚乾送給母親

√陶公少時，作魚梁吏，嘗以坩鮓餉母：＿＿＿＿＿＿

解答 陶公少時，作魚梁吏，嘗以坩鮓餉母 〈第四張背面〉

陶侃年輕時，擔任魚梁的小官，曾經把一甕的魚乾送給母親

獎勵 答對送好棒卡一張

(六)增強

1. 集小魚卡、小官卡各一張，可加國文平時成績 2 分。

2. 集小魚卡、小官卡、拍手卡各一張，可加國文平時成績 3 分。

3. 集小魚卡、小官卡、拍手卡、好棒卡各一張，可加國文平時成績 5 分。

四、編序教學的評價

　　想要運用編序教學的教師，應清楚考慮到下列優缺點和運用技巧的限制（Brewer, 1997）：

㈠優點

1. 編序教學是可由學生自我控速（self-paced）的教學型態，學生是學習的主角，可以掌握較高品質的學習。
2. 對於學生學習準備度而言，教學形式是有組織和順序性。
3. 學生可以在一種正式或非正式環境獨立學習。
4. 因為經過事前精心設計，所以錯誤比例較低。
5. 學生可以透過提示單，瞭解比原有課程更清楚的學習方案。
6. 回饋是立即的。

㈡缺點

1. 編序教材必須有適當的準備和測試，且要設計適應現今課程的高品質教材有些許限制。
2. 一些學生會發現格式都是重複性的單元設計形式，甚至對教材可能會覺得無聊。
3. 學生完成作業進度不一，所以可能導致學習進度和連續性訓練的問題。
4. 較無法應用到技能性的訓練。

㈢限制

1. **成效難定**：好或壞的編序教學設計難以評斷成效。
2. **教材難編**：編序教學設計從計畫、測試到修正問題必須考慮到教材順序與連貫性，教師對於熟悉學生學習心理、運用教學媒體，和安排教材學習的連續性等問題，需具備相當專業能力。

3. 經費困難：編序教學要用到教材、教學機、電腦等教學設備，所需費用極高。

貳、電腦輔助教學

電腦輔助教學（computer-assisted instruction，簡稱 CAI）是編序教學的一種應用。其意義、軟體設計原則、教學課程設計型態和教學媒體設計要點如下：

一、意義

凡是由電腦作為教學媒體，傳遞給學生在認知上具有個人化、互動性及引導性的教學內容，給予學生在知識、理解、應用、分析、綜合、評鑑上有學習、啟發性的影響，此即為電腦輔助教學。

二、CAI 軟體設計原則

㈠確立教學目標

訂出單元目標與行為目標，有助於學生在電腦作答時完成教學目標。

㈡確定教學對象

明白教學對象的學習「起點行為」，瞭解有關年齡、年級、認知發展、自學能力等「一般特徵」，以及檢視學習者的認知策略、心智能力、學習式態、語言表達、學習情緒等「學習風格」，以奠定電腦語言能被學習者接受的程度。

㈢創造交談性的學習環境

即在各電腦與主機間交談環境的操作設計。

㈣強調個別化教學

個別化教學尊重每個學生的表現能力、性向特質、尊嚴、學習機會與興趣，遇有學生學習困難時，亦可透過電腦做適當的問題解決。

㈤引起學習者的注意力

學習者面對電腦時，因學習專注力不同而有個別差異，爲避免學習者分心，在呈現每一題問題時，可以好奇、好勝等內在動機或設置增強物等方式，引起學習者的注意力。

㈥提供適當的回饋

學生作答對錯，應有一回饋系統獲知作答正確結果，並做校正。

㈦評估學習成效

在電腦軟體可設計閱卷評分成果一覽表。

㈧重視 CAI 畫面設計

畫面的設計可採用多元背景，供學生選擇，但宜把握畫面問題的明晰，避免過度複雜的畫面，模糊問題要點。

㈨軟體設計以教學設計爲原則。

三、教學課程設計型態

電腦輔助教學可分爲教學式、練習式、遊戲式、模擬式、測驗式及問題解決式等六種（黃美珠，民 86）。依照不同的教學目的、題目設計、學生需求，而有不同的設計型態。教學式是將教學內容一一呈現在螢幕上，亦可配合音效將教師特別強調指導之處做特別處理；練習式純粹由電腦出實際問題，讓學生來練習，例如：電腦打字、英

文拼字等；遊戲式則注重學生與電腦競賽的高低；模擬式是將實況或實物呈現在電腦螢幕上，讓學生做現場情境對策的提供（林寶山，民77）；測驗式則注重學習內容的測驗；問題解決式是由電腦提出問題情境，請學生在電腦上蒐集資料、應用資料、驗證假設的教學過程。

四、教學媒體設計要點

電腦輔助教學可以提供個人化教學，使學生選擇適合自己的學習模式，激發學習興趣，並且可以藉著反覆練習以達精熟學習，是一般傳統教學所無法提供的功能。尤其電腦輔助教學所設計的文字、圖形、動畫、聲音、影像特殊處理等，對於引起學生注意且記憶有較佳反應，然而實施時應兼顧視覺、聽覺和觸覺的整體教學設計，避免忽略教學目標而偏於聲光效果。

電腦輔助教學媒體設計在知覺設計上，宜注意下列要點（李宗薇，民80）：

㈠吸引注意力

媒體在新奇與熟悉、複雜與單純、不確定與確定間，要取得平衡，吸引學生的注意力。

㈡知覺媒體處理

媒體在明亮、色彩、質感、形式、大小和線條等要素，要妥善處理，使學生產生有利影響。

㈢知覺圖像和文字

媒體如山岳、立體物、樹葉形狀等，以視覺處理效果較佳；有時間概念，以聽覺處理效果較佳；有數字訊息則可合併視覺和聽覺處理。

㈣知覺容量和組織

1.知覺容量在一瞬間以不超過七項物件為佳。2.媒體可依外型、功能、數量、方向、變化和結構來區分相似或不同。3.可加線條、箭頭強調重點。

電腦輔助教學是編序教學的一種方式，它是一種結合電腦科技、教學管理和教育心理等三大學科的新興教學方法。現階段的應用以多媒體為主，雖然，電腦輔助教學在硬體設施、軟體設計、學校經費與設備、教師心理等仍多困境，但在網際網路發達的今天，如能開發軟體、充實學校設備、校際資源共享，即可給予學生最直接便利有效的學習。

參、個人化系統教學

個人化系統教學與個別教學、個別化教學名詞接近但意義不同。「個別教學」指教師和學生採一對一的教學，「個別化教學」是指因應學生在能力、興趣、性向、學習成就等個別差異，由一位教師面對幾位學生，進行學習輔導或補救教學的活動。「個人化系統教學」（personalized system of instruction，簡稱PSI）是指由美國學者凱勒（F. S. Keller）、謝爾曼（G. Sherman）、艾茲（R. Azzi）、波李（C. M. Bori）等人所倡導的系統教學法。

一、理論基礎

㈠教師系統設計

凱勒等人認為教師是學生學習的經理，應將教學工作做系統安排，讓學生依循系統化的步驟，完成教學目標。因此，受到行為主義心理學的增強設計與編序教學的理念影響，凱勒將「教學目標」、「學生特質」、「教學進度」、「教學評量」做妥適的系統化設計，

以期學生能完成教師精心的系統設計。

㈡學生學習主權

　　個人化系統教學設計重視學生身心特質與學習成果。學生依據教師系統教學設計的教材內容，自行控制學習進程，作答結束後接受學習評量，評量結果決定下次進程的起點，學生根據自身的學習特質決定教學成果，因此，學生掌握學習的主權。

二、教學流程

　　凱勒教學模式的基本架構，主要包括下列七種基本成分：1. 熟練標準。2. 學生自定學習進度。3. 單元考試和複習考試。4. 立即回饋。5. 助理制度。6. 書面資料。7. 講述和展示（林寶山，民 77）。依據此基本架構，教學流程如下（林進材，民 88；Keller & Sherman, 1974）：

㈠建立具體而明確的教學目標。

㈡將教學內容編製成各大單元教材，再將大單元教材分成細小單元，每單元均有具體行為目標作為教學活動設計依據。

㈢教師教學開始先進行講述教學活動，提示有效學習方法，引發學習動機。

㈣教師提供教材供學生獨自進行學習，學習地點和情境由學生決定。

㈤學生自我學習之後，自認為可以達到預定的水準時，可請求教師給予學習評量活動。

㈥學生接受評量後，助理立即予以評分，通過評量則決定下一單元的學習，未通過評量則立即予以校正，並請繼續進行自學準備下一回合的評量，直至通過該階段評量，才可以進行下一單元的學習。

㈦學期結束時，全體學生需參加總結性評量。

　　凱勒個別化教學提供教師在教學前，充分準備適合學生的學習教材，並讓學生按照自我表現成效，決定學習進度，但就國內師資、課程、升學等教育制度規定，此套學習計畫較適合學生在資源教室進行補救教學，於一般大班教學可行性較低。

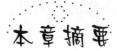

本章摘要

1. 行為主義心理學為當代科學心理學的主流之一，由美國心理學家華森（J. B. Watson）於 1913 年所創立，行為主義心理學在研究方法上重實驗、觀察；在研究題材上只重視可觀察的外顯行為，以巴夫洛夫（I. Pavlov）的古典制約理論、桑代克（E. L. Thorndike）的嘗試錯誤練習、斯肯納（B. F. Skinner）的操作制約理論等三人為代表。

2. 類化：指制約刺激（CS）已能單獨引起制約反應（CR）後，與制約刺激類似的刺激（S_1），不須經過制約練習，亦能引起制約反應。辨別：完成制約學習後，個體能表現選擇類似的制約刺激（CS_1）反應。

3. 消弱：制約刺激已能單獨引起制約反應時，如不再相伴非制約刺激與制約刺激的連結，已建立的制約反應將逐漸減弱，甚至不再反應。

4. 自發恢復：已形成制約作用的反應，雖久不再練習、反應，但過一段時間後再單獨出現制約刺激，卻仍會自發恢復過去被制約的反應行為。

5. 桑代克設計迷籠貓的實驗，該實驗又稱為「嘗試錯誤練習」，進而發現可應用在學習上的三個原則：(1) 效果律；(2) 練習律；(3) 準備律。

6. 行為塑造：指將連續複雜動作分解成幾個小動作，依序訓練分解動作，適時給予增強物，實施制約學習訓練，最後貫串整個動作反應，養成正確行為的塑造過程。

7. 古典制約學習受下列因素影響：(1) 刺激強度與特異性；(2) 制約刺激順序；(3) 制約刺激時差；(4) 制約練習次數。

8. 制約學習在教學技術的應用，主要是在獎懲、代幣制、行為改變技術等三方面。獎懲的增強原理即指個體表現正確行為給予獎勵，不當行為給予懲罰，強化刺激與反應行為的連結過程。代幣制是個體表現良好行為時，以累積卡片、籌碼換取實物或活動的歷程。行為改變技術是增強原理在班級經營或課業學習的應用。

9. 制約學習在教學方法應用，主要包括在編序教學、電腦輔助教學、個人化系統教學三方面。這三種教學方法都是採行學生個別學習方式。

10. 編序教學是一種自我學習的教學型態，使用習題簿、教科書，或電子設計去教導學習者，以及幫助他們達成一種表現的特別成就。

11. 編序教學編輯教材的程序有五：(1) 界定範圍；(2) 蒐集資料；(3) 設計題目；(4) 編輯題目；(5) 設計增強。教學的過程有四：(1) 提示教材；(2) 學生作答；(3) 核對正誤；(4) 增強。

12. 凡是由電腦作為教學媒體，傳遞給學生在認知上具有個人化、互動性及引導性的教學內容，給予學生在知識、理解、應用、分析、綜合、評鑑上有學習、啟發性的影響，此即為電腦輔助教學（CAI）。

13. 電腦輔助教學媒體設計在知覺設計宜注意下列要點：(1) 吸引學生注意力。(2) 知覺媒體處理。(3) 知覺圖像和文字。(4) 知覺容量和組織等設計要點。

14. 個人化系統教學是由美國學者凱勒（F. S. Keller）、謝爾曼（G. Sherman）、艾茲（R. Azzi）、波李（C. M. Bori）等人所倡導的系統教學法，即將「教學目標」、「學生特質」、「教學」、「教學評量」做妥適的系統化設計，以期學生能完成教師精心的系統設計。

15. 凱勒教學模式的基本架構，主要包括下列七種基本成分：(1) 熟練標準；(2) 學生自定學習進度；(3) 單元考試和複習考試；(4) 立即回饋；(5) 助理制度；(6) 書面資料；(7) 講述和展示。

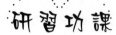

研習功課

▶ 理論問題作業

1. 試比較古典制約與操作制約之相同點及相異點。
2. 試說明代幣制在教學技術的應用方法，並論述其優缺點。
3. 試論述代幣的製作原則，並提出你的看法。
4. 請探討編序教學的優缺點和運用技巧的限制。
5. 試述編序教學的程序。
6. 試論述電腦輔助教學的軟體設計原則，並發表你的看法。
7. 試探討電腦輔助教學的課程設計型態對教學的影響。
8. 請說明個人化系統教學的教學流程。

▶ 實作設計作業

1. 請依古典制約的歷程，舉例說明在教學和生活上的制約應用。
2. 請設計並說明二層制約學習的實例。
3. 請你依照「代幣制」的教學技術，設計一份班級經營的企劃書。
4. 請你依照行為改變技術程序，設計一份改正不寫功課的孩子的行為改變技術方案。
5. 請你依照編序教學原則和程序，以國中教材設計一份提示單和五題卡片式的編序問題和增強設計。
6. 請你自選一主題，並使用 PowerPoint 設計一份電腦輔助教學的教材。
7. 請你自選一國中或高中的科目為主題，並根據凱勒的教學理論，規劃一份教學設計的教案。

第 6 章

蓋聶教學原理與設計

蓋聶（R. M. Gagné）是美國學習與操作研究領域中的權威，大學就讀耶魯大學主修心理學，研究所階段到布朗大學繼續心理學研究，受到兩位師長影響其兼具行為主義和認知心理學的心理學觀點，第一位是心理系主任 W. S. Hunter 教授，Hunter 是行為主義學者，研究符號學習行為聯結的序列關聯性，其研究卻受到認知領域研究的學者所接受應用；第二位是蓋聶的導師 C. H. Graham 教授，專研視覺機制學習應用，蓋聶與之合作研究有關在各種刺激條件下的操作制約反應等研究，建立起他早期結合行為和認知主義觀點的學習論。

學校畢業後，蓋聶任教於美國普林斯頓、加州大學柏克萊分校、佛羅里達州立大學等諸多名校教授，並擔任軍事單位主管和教育研究學會主席，在當時重視提出問題解決和智慧學習策略，提供不少實質貢獻，有名的著作例如：《教學設計原則》（Principles of Instructional Design）（Gagné, Briggs, & Wager, 1992），指出教學事件的重要歷程；《學習條件》（The Conditions of Learning）一書更被多國翻譯，在 1985 年該書名改為《學習條件及教學理論》（The Conditions of Learning and Theory of Instruction）（Gagné, 1985），主要闡釋其學習和教學理論。

┄┄┄ 第一節　蓋聶與認知教學的關聯性 ┄┄┄

蓋聶是兼具行為主義和認知心理學的學者，最有名的見解是提出「學習成果」（learning outcomes）、「學習階層」（hierarchy of learning）、「教學設計」（instructional design）和「教學事件」（instructional events）。這些學習和教學的主要論點是：學習者在學習和記憶過程中，涉及不同的大腦結構和訊息轉換歷程，這些構成不同性質的「學習階段」，每個學習階段要發揮應有的功能，有賴「教學事件」的配合（張新仁，民 81）。因此，學習首要條件是瞭

解學習者訊息處理能力，以便設計學習階層和教學事件。

壹、瞭解訊息處理能力

一、訊息處理模式

　　形成訊息處理理論基礎的學習和記憶模式，假定人類大腦裡有許多結構，而這些結構產生許多相對應的過程（Greeno & Bjork, 1973）。從圖 6-1「訊息處理理論採用的學習和記憶模式」，可以發現訊息處理的方格子是每個結構或功能，箭頭表示訊息轉換，從環境刺激、神經傳達和組織反應三者的驅動系統來看，對學習有重要影響的在於短期記憶的儲存、長期記憶的儲存和控制歷程三者。

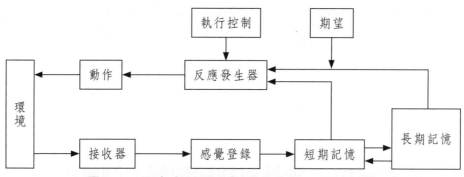

圖 6-1　訊息處理理論採用的學習和記憶模式

資料來源：Gagné, R. M., Briggs, L. J. & Wager, W. W., 1988, p. 10.

二、短期記憶的儲存

　　短期記憶是指經過轉換的訊息能維持二十秒左右的記憶，當教師以訓練聽覺和語言表達的複誦方式來指導學生記憶，學生在複誦時將記憶的單字、數字和事項短暫儲存在記憶庫中，但受到新資料的輸入滿檔，短期記憶則易遺忘。所謂走馬看花、隨看隨忘、驚鴻一瞥即是

短期記憶，學生心不在焉地看黑板、看電視牆廣告或商店名稱，都屬
於短期記憶，短期記憶是長期記憶的基礎。

三、長期記憶的儲存

　　長期記憶是趁短期記憶未消失前繼續練習得來的。從短期記憶到
長期記憶歷程，如果學習者學會某些知覺特徵轉換成概念或有意義的
編碼（encoding）形式或練習複述，則有可能進入長期記憶，例如：
5616616 的電話號碼採語意編碼為「我樂一樂樂一樂」，則可從短期
記憶變成長期記憶；雲南地形採「概念圖編碼」指出石灰林地形、山
高谷深、南北縱列和壩子，學生在訊息處理上則可進入長期記憶，如
圖 6-2「雲南地形概念圖」，學校教學知識都屬於長期記憶。

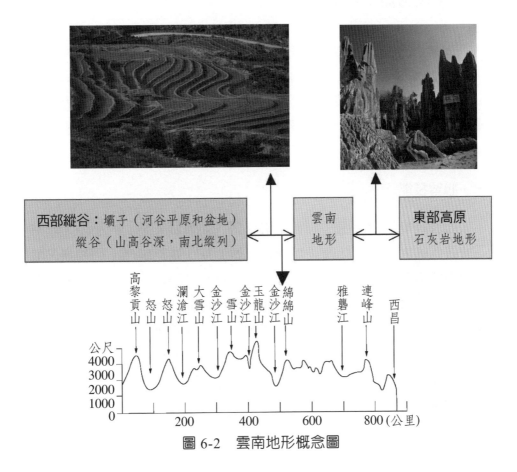

圖 6-2　雲南地形概念圖

四、控制歷程

透過「執行控制」和「期望」的運作組織，促使學習者越能有效完成內在的學習歷程。「執行控制」是引導學習者的注意力、決定如何進行編碼、如何檢索提取，或如何組織反應系列；「期望」是指學習者想要達到自己或他人所定學習目標的一種特殊動機（張新仁，民81）。執行控制和期望兩組相互關聯的過程，在任何訊息處理解釋人類學習和記憶上都扮演重要角色，這些過程使學習者成為「學習如何去學習」的人，教師應熟知學習者完成訊息處理記憶新知的執行控制和期望歷程，做好教學活動設計讓學生自己能完成學習。

貳、完成認知學習成果

蓋聶認為完成認知學習成果包括：心智技能（intellectual skills）、認知策略（cognitive strategies）、語文訊息（verbal information）、動作技能（motor skills）和態度（attitude）等五種成果（Gagné,1985）。這五種學習成果是個人成為社會人與環境互動的必要能力。

一、心智技能

心智技能是指運用「心智」來學習「如何做某事」的能力，具有心智技能的人，顯然具備「知道如何做」或「知道程序」的知識。心智能力的表現對象包括：日常生活基本符號（語言、文字、圖形、數字等）的認識，或是應用專門學習所獲得符號的轉換和遷移能力，以使個體能在環境中運用符號來解決困難問題。例如：小明會把 I love you. → Father loves Mother. 的句子改寫，表示其「心智技能」已經具備「知道轉換主詞、動詞、受詞用多種不同的符號（單字）」的程序性知識。

　　心智技能的培養，須經過五個訓練層次，每個訓練都是學習所必須獲得的重要成果。蓋聶把簡單到複雜的心智能力訓練分成辨別（discrimination）、具體概念（concrete concept）、定義概念（defined concept）、原則（rule）、高層次原則（higher-order rule）等五種心智技能（Gagné, 1985），每種能力的意義和實例，如圖 6-3「蓋聶心智技能學習成果之意義和實例」。

```
┌─────────────────────────────────────────────────────┐
│ 高層次原則：能運用簡單和複雜原則來解題                    │
│ 例如：求解梯形面積＝？                                  │
└─────────────────────────────────────────────────────┘
                          ▲
┌─────────────────────────────────────────────────────┐
│ 原則：能表示概念和概念之間形成的特定關係                  │
│ 例如：$a^2 + b^2 = c^2$                               │
└─────────────────────────────────────────────────────┘
                          ▲
┌─────────────────────────────────────────────────────┐
│ 定義概念：能論證或使用敘述定義把概念的例子分類            │
│ 例如：直角三角形有一個角是直角 90°                       │
└─────────────────────────────────────────────────────┘
                          ▲
┌─────────────────────────────────────────────────────┐
│ 具體概念：能用一個名稱或符號表達同一屬性事物              │
│ 例如：三角形是三個角和三個邊所圍成的幾何圖形              │
└─────────────────────────────────────────────────────┘
                          ▲
┌─────────────────────────────────────────────────────┐
│ 辨別：能區分顏色、形狀、大小、聲音、結構的特徵            │
│ 例如：直線≠虛線，mb≠nd，喵喵≠汪汪，☽≠☀               │
└─────────────────────────────────────────────────────┘
```

圖 6-3　蓋聶心智技能學習成果之意義和實例

二、認知策略

　　認知策略包括：注意、編碼、記憶、回憶和思考等策略。由於心智技能不斷提供學習者與環境互動解決問題的能力，同時也讓學習者獲得更多有技巧的策略，使他們在啟動、調節學習、保留和使用他們自己的技巧，得以自我管理行為、控制行為歷程，因此學習者思考的獨創性表現，取決於其認知策略是否能有效、適時的應用。

例如：表 6-1「太魯閣河流侵蝕作用之認知策略一覽表」，是學生能應用注意、編碼、記憶、回憶和思考等策略的學習結果。

表 6-1　太魯閣河流侵蝕作用之認知策略一覽表

問題	太魯閣峽谷地形是屬於河流侵蝕作用的哪一期？ 1. 幼年期　2. 壯年期　3. 老年期　4. 終身期
解答	1. 幼年期 ∵河流作用依上、中、下游的不同，產生並造就不同的地理景觀。 ∴太魯閣的峽谷地形，或湍急河流的 V 型谷地區，就是產生於上游的地區，我們常稱為幼年期的地形。接著→上游流至平原之後，河流坡度趨向平緩的狀態，組成物質多為細粒的砂粒，直到出海口並流向汪洋大海，才叫做中年期、老年期。
認知策略	1. 注意：呈現上游太魯閣國家公園河流地形，如圖 6-4 2. 編碼：從圖 6-4 可知：上游→兩山之間的 V 型山谷→侵蝕強 3. 記憶：上游：侵蝕強→瀑布急流到處→像幼年期無知破壞力強 　　　　　V.S. 中下游→侵蝕力弱→平原河口都是→像中老年無力感 4. 回憶：太魯閣→上游→幼年期

圖 6-4　上游太魯閣國家公園河流地形圖

三、語文訊息（知識）

　　語文訊息即語文知識，理論上，它是以符合語文規則的命題結構加以儲存（Anderson, 1985; Gagné, 1985），有人稱之為陳述性知

識。換言之，學生能用書寫或口語方式來表達陳述所瞭解的知識，即擁有語言訊息的學習成果。簡言之，能陳述語文知識即擁有語文訊息。

知識通常指的是大量事實和一般原理構成的有意義訊息。學習者在學習歷程中，會從不同領域的訊息所形成的複雜知識，來認知外在世界意義，透過陳述知識的事實、概念和有意義的知識結構，來表現語文訊息處理的能力。一般而言，學習成果應該是能將所學的知識表現出來，才能算是獲得知識，試想：一個學生說他理解教學知識內容卻無法寫、畫、說、操作、實驗等具體行為的表現，那麼冥想階段的學習成果無法被承認獲得語文知識，原因在於很難獲取科學驗證。所以學習的成果是學生要能用語言、文字陳述所獲取的知識。

Gagné, Briggs, & Gagné（1988）在《教學設計原理》一書第五章〈學習的多樣種類〉（varieties of learning）指出，語文訊息的學習包括：標籤的學習（learning labels）、事實的學習（learning facts）、有組織知識的學習（learning organized knowledge）三者，熟練三者知識的應用才能表現完整的語文知識。

「標籤的學習」是指學生對於一個或一類物體，能表現出不斷「命名」的語言反應能力，這種短短的語文連鎖能力表現，是最基礎的語文訊息基礎；「事實的學習」是指學生能強調出兩種以上有名稱的事物其間之關係，這種兩種事實關係的學習，需要學生的選擇有意義知識的能力表現，才能「言之有物」連結事實，不會「風馬牛不相關」難掛勾事實內容；「有組織知識的學習」是指學生可以把記憶的知識，形成一個便於檢索的知識結構，我們常見談一個事件，不僅能深入分析事實的真相、關係，並且能適時「引經據典」、「圖文並茂」、「笑料滿堂」、「問題反思」等前導組體的運用，使得語文知識豐富完整呈現，這表示學生已經具備語文訊息的學習成果，特別是有組織知識的學習。

以學生能說出溫帶地中海型氣候的「語文知識」學習成果為例：
1. **標籤學習表現**：地中海地區是最典型的「溫帶地中海型氣候」，

表示已學會命名。

2. **事實學習表現**：會指出典型地中海田園景觀，是橄欖樹、果樹、牧草地圍繞著村落，這些植物是應本區夏乾冬雨的氣候型態，表示已學會溫帶地中海型氣候與植物、氣候的關係。

3. **有組織知識的學習表現**：會將溫帶地中海型氣候的特徵、雨量氣溫、全球分布地區、圖片（影片）說明、旅遊經驗、希臘神話等整個知識結構，完整的串連起來，精彩陳述知識內容，表示有組織知識的能力。

四、動作技能

　　動作技能又稱知覺動作技能（perceptual-motor skill）或心理動作技能（psychomotor skill），是指一種可以經由學習獲得的能力，它支配著人體運動在速度、精確性、力度完美、平衡等方面的表現。例如：引線穿針孔的動作技能包括：1. 穩穩地抓牢針。2. 將線穿過針孔。3. 當線穿過針孔後，握住線頭。據此可知，透過練習和熟練每一個程序，可以促進動作技巧的完美表現。

　　動作技能是需要學習方法來訓練的，以下方法可以增進動作技能學習：1. 採用行為主義心理學的觀點～練習增強，培養正確良好的動作技能；2. 分解動作技能，讓學生知道整體和部分之間的相關性和連結性；3. 善用輔助媒體工具（例如：圖片、模型、錄影動作等），讓學生思考動作技能的精確表現；4. 善用譬喻，簡易明白的語詞指導動作的表現要點。

五、態度

　　態度是指影響人對他人、事物、事情採取行動的複雜的心理狀態，態度是由感情和行為產生的結果。

　　態度雖然是一種內在心理狀態，但是可由觀察學生的行為歷程而得知其態度表現，在數學解題過程中，可以看出學生做答的選擇態

度，常常有的學生每題都做但思考不深入，所以每題都錯一些；有的認真思考做完一題再做下一題，很可能時間就因而浪費許多，分數不高；有的挑有把握的題目先做，所以得分較高。

　　態度是需要學習培養的，主要方法是利用「態度表現－增強—態度修正—再增強」的後設認知增強原理；和楷模學習的判斷好行為和壞行為，提供學生選擇良好正確的學習態度。

第二節　教學內容分析

　　Gagné, Briggs, & Wager（1992）指出教學內容分析是教師對於教學目標所要達成的終點行為，以及培養學生由起點行為轉化為終點能力所需要的從屬知識、技能和相互關係進行詳細分析的歷程。教學內容分析的目的是：1. 確定學習內容的範圍與深度，即「教什麼」內容給學生學習。2. 揭示學習內容各項知識和技能的相互關係，做好教學順序的安排，即「如何教」，學生才能有效學習內容。

壹、教學內容的分析策略

　　基本上，良好的教材本身應具有清晰的內在結構，其內容細節如被組織成有連貫系統的知識，則教材易於被學生理解和記憶，概念構圖法（concept mapping）和框架法（frames）是促進學生認知學習的教學策略（李咏吟，民 87）。亦可透過各種圖畫、表解、圖表、海報和漫畫等視覺媒體設計來分析教材內容，促進學習（張玉燕，民 83）。Gagné, Briggs, & Wager（1992）亦指出教學內容可以歸類分析、圖解分析、階層分析、訊息處理分析、綜合分析等策略處理。以下綜合說明教師可以常用來進行教學內容分析的策略（李咏吟，民 87；余民寧，民 86；張玉燕，民 83；張霄亭、朱則剛合著，民 87；

Gagné, Briggs, & Wager, 1992; West, Farmer, & Wolff, 1991）。

一、蜘蛛網式（spider maps）構圖分析

　　蜘蛛圖是以主概念為中心，其他次要概念環繞在旁成為一個網狀概念圖。此構圖適合教學內容有眾多「因素」組合成為一個「名詞」的內容分析。其構圖格式如圖 6-5。

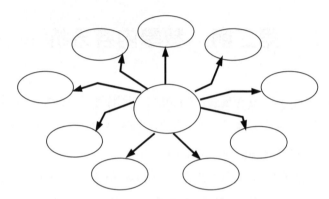

圖 6-5　蜘蛛網式構圖格式

　　當然，蜘蛛網式構圖格式可以再加以變形，變成太陽圖、烽火輪等構圖格式，橢圓形也可以變成其他圖形。

二、鎖鏈式（linkage maps）構圖分析

　　鎖鏈式構圖是以概念和概念之間有連結作用，來表示前面概念引導後面概念的步驟的連鎖反應圖。此構圖適合「動作技能」或表達「先後程序關係」的內容分析。其構圖格式如圖 6-6。

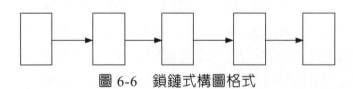

圖 6-6　鎖鏈式構圖格式

　　鎖鏈式構圖格式可以再加以變形，變成骨牌圖、階梯圖等構圖格式，長方形也可以視內容性質變成其他圖形。

三、階層構圖分析

　　階層構圖主要是一個逆向分析的過程，把教學內容的主從關係區分出來，使學習者在學習內容的認知能清楚瞭解到：階層圖中的連結線代表上位階的概念「包含」下位階的概念。此構圖適合「概念主從分類」或表達「同一位階概念關係」的內容分析。其構圖格式如圖6-7。

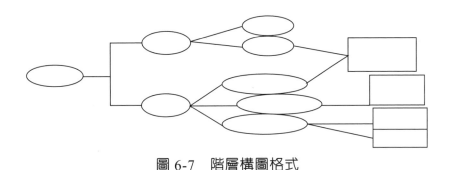

圖 6-7　階層構圖格式

四、圖表（graphs）構圖分析

　　圖表構圖主要是在表達一個訊息給觀眾，通常包括語言和象徵性的視覺線索，善用圖表可以增進教學效果，常用的圖表包括：圖畫、表解、圖表、海報、漫畫等。此構圖適合「簡化複雜概念」或表達「矩陣關係」的內容分析。其構圖格式如表 6-2。

表 6-2　圖表構圖分析格式

比較種類	谷　灣	峽　灣
作用力		
形狀		

比較種類	台　灣	峽　灣
地形		
港灣		

五、電腦動畫分析

　　電腦目前已成為學生學習和生活的一部分，教學內容透過電腦影音動畫的設計，可以提升學生解決問題的能力和高層次的思考技巧。以電腦動畫分析教學內容是指教師能運用電腦動畫來設計教學式、模擬式、遊戲式、練習式和測驗式的教學內容，以電腦來輔助教學的進行。無論是個別教學或作為班級教學進行中的一部分，電腦動畫分析教學內容必須融合畫面、文字、動畫設定等要素。例如：國文的〈花木蘭〉、〈愚公移山〉，地理的〈西藏自治區〉和美術的〈西洋畫派〉等等教學內容，都可以用電腦動畫分析教學內容。

貳、教學內容分析的實例設計

　　教師要「教什麼」內容分析，需要檢驗教學目標與內容是否一致，考慮教學內容如何引導學習成果的完成。進行「如何教」內容分析，需要把握教學程序，和認識學生訊息處理教學內容的能力。要進行教學內容分析要把握：1.概念圖的設計；2.連結線的動向安排；3.文字、圖畫的分布；4.畫面認知性處理等。

　　以下茲以國文科〈兒時記趣〉和地理科〈雲南省的氣候和植物〉兩課教學內容，運用上述的教學內容分析策略，呈現設計實例。

實例一：〈兒時記趣〉教學內容分析

(一)〈兒時記趣〉的題解：如圖 6-8

圖 6-8　〈兒時記趣〉的題解一覽表

(二)〈兒時記趣〉文法修辭和例句：表 6-3

表 6-3　〈兒時記趣〉文法修辭和例句一覽表

課本文句	修辭技巧
夏蚊成雷	誇飾、譬喻
徐噴以煙	倒裝（以煙徐噴）
忽有龐然大物，拔山倒樹而來	誇飾
以叢草為林，蟲蟻為獸；以土礫凸者為丘，凹者為壑	排比
使之沖煙飛鳴，作青雲白鶴觀；果如鶴唳雲端	譬喻
則或千或百，果然鶴也	誇飾
青雲白鶴、拔山倒樹	對偶
「鞭」數十	轉品

㈢〈兒時記趣〉課文解析：如圖 6-9

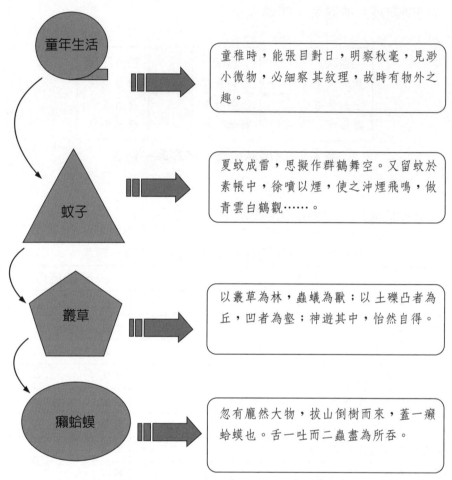

童年生活

> 童稚時，能張目對日，明察秋毫，見渺小微物，必細察其紋理，故時有物外之趣。

蚊子

> 夏蚊成雷，思擬作群鶴舞空。又留蚊於素帳中，徐噴以煙，使之沖煙飛鳴，做青雲白鶴觀……。

叢草

> 以叢草為林，蟲蟻為獸；以土礫凸者為丘，凹者為壑；神遊其中，怡然自得。

癩蛤蟆

> 忽有龐然大物，拔山倒樹而來，蓋一癩蛤蟆也。舌一吐而二蟲盡為所吞。

圖 6-9　〈兒時記趣〉課文解析圖

㈣〈兒時記趣〉內容深究：如圖 6-10

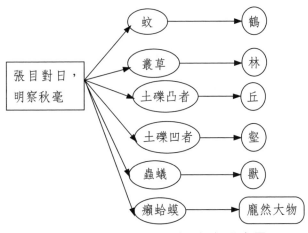

圖 6-10　〈兒時記趣〉內容深究圖

㈤〈兒時記趣〉全文段落大意：如表 6-4

表 6-4　〈兒時記趣〉全文段落大意一覽表

課文段落	重點摘錄			
第一段	童稚時，能張目對日，明察秋毫。見渺小微物，必細察其紋理。		故時有物外之趣	
第二段	夏蚊成雷	私擬作群鶴舞空	心之所向，則或千或百，果然鶴也	為之怡然稱快
		又留蚊於素帳中，徐噴以煙	使之沖煙飛鳴，作青雲白鶴觀，果如鶴立雲端	
第三段	又常於土牆凹凸處，花臺小草叢雜處，蹲其身，使與臺齊	定神細視	以叢草為林	神遊其中，怡然自得
			蟲蟻為獸	
			以土礫凸者為丘	
			凹者為壑	
第四段	見二蟲鬥草間，忽有龐然大物，拔山倒樹而來	呀然驚恐	神定，捉蛤蟆，鞭數十，驅之別院	

實例二：〈雲南省的氣候和植物〉教學內容分析

㈠雲南省的氣候型態：如圖6-11

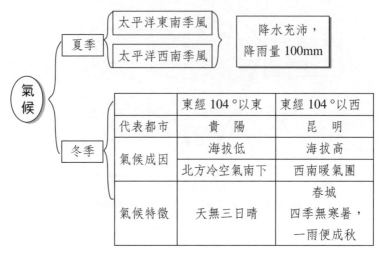

圖6-11　雲南省的氣候型態

㈡雲南省的植被垂直分布圖：如圖6-12

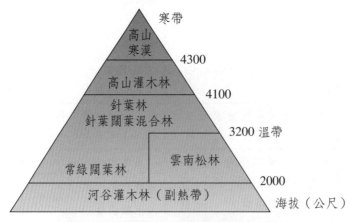

圖6-12　雲南省的植被垂直分布圖

㈢雲南省的花花世界：如表 6-5

表 6-5　雲南省的八大名花一覽表

山茶	杜鵑	木蘭	報春花	百合	蘭花	龍膽	綠絨蒿
為雲南省昆明市之市花	英國皇家植物園自雲南培育	最古老的高級生物	早春至盛夏，叢叢片片開放	雲南大理的百合，出類拔萃	[葉瘦如韭，花白似玉]大理素心蘭	龍膽名貴珍奇，顏色為少見之鮮藍色	雪山綠絨蒿姿色更勝一籌

參、教學內容分析的重要性

一、提供教師系統方法處理訊息

　　教師教什麼內容給學生獲得知識，需要以系統和科學方法來選擇和組織知識內容。教師在分析教學內容，透過概念圖譜將事實觀念摘要整理出來內容，這種利用圖畫、符號、數字和文字提供簡明的資訊，以描繪各種關係或解釋過程的教學內容，有助於學生學習心像的形成。因此，教學內容分析提供教師以系統方法來處理學習內容，使得教學不再是陳舊老套的內容傳授。

二、提供學生思考組織學習成果

　　學生是經常需要記憶、分析、判斷、想像的認知個體，如果教師能將教學內容轉化為學生可以接受訊息的形式，例如：圖表、文字、流程圖，使學生的心智技能、認知策略、語文知識、動作技能和態度，得以在教師教學內容分析圖譜中，建立思考組織學習成果的模式。

三、建立學科教學圖譜檔案資料

認知圖譜使得教學內容變成知識結構體的有意義連結，每一個圖譜代表每一小部分的教學內容分析，更是老師多元智慧創作的成果。教學內容需要縱向連貫的深入分析教學內容，也需要橫向連接有意義的概念，教學內容的分析，可以建立學科教學圖譜檔案資料。

四、轉化複雜知識為有意義學習

教師根據教學內容分析成為教學圖譜，是學生概念構圖（concept map）的來源。所謂的概念構圖是教學前後各給予受試者一組概念，然後要求受試者將這些概念運用適當的連結語把它們連結起來，以成為一幅概念圖，教師並從中偵測出學生的知識結構及其錯誤（余民寧，民 86）。教師是學生知識的開發者和協助者，教學內容分析的任務自然相當重要，有助於轉化複雜知識為有意義學習。

·············　第三節　　學習階層原理與設計　·············

蓋聶（1985）認為學習應有階層性，階層意味著順序，學習的先備能力如果充足，則下一個學習階層自然有學習基礎。因此，如果要達成學習預期的終點行為，就必須先完成其起點行為。換言之，學習階層是一個累積學習的過程，學習者由簡到繁地學習大量具體的規則，這些具體的智能技巧可向更高層次的學習中遷移，為進一步組織高層次規則打下基礎，因而有助於培養解決問題的能力（張祖忻、朱純、胡頌華，民 84）。

壹、學習階層的步驟

一、符號學習（signal learning）

此即為巴夫洛夫（Pavlov）所提出的非自主學習，通常是由反射性情緒反應（驚嚇、恐懼、憤怒、高興等）所引發的學習。透過符號學習的時近性（contiguity）和重複（repetition），可以使刺激反應間的學習更為增強。學習階層最基本的起點行為，是學生可以感受到外在世界的各種符號（語言、文字、聲音、動作等）存在而有所反應。

例如：我們看到闖紅燈車禍，感到害怕而停止通行；看到 GMP 食品標誌，感到清潔衛生而購買食品；看到笑臉標誌，感到快樂而喜歡微笑；聽到鬼叫聲，感到害怕而遠離現場；摸到軟軟會動的生物，覺得可怕而想吐；看到蘋果卡寫著 Apple，覺得熟悉等等，這些都是透過符號學習進行最基礎的學習。

二、刺激反應學習（stimulus-response learning）

即斯肯納（Skinner）的操作制約學習，學習已經進入自主反應，學習者對特殊的刺激作出某種特殊反應。要刺激反應學習階層能順利進行學習，必須瞭解學習者本身的條件是否得到所要的增強滿足，並透過時近性原則和重複刺激情境，鼓勵學習者表現反應行為。

例如：當王小明看到蘋果卡片，主動隨老師正確念出 Apple 時，老師即時讚美王小明說：「你實在太棒了！念得好聽又正確，送你一張蘋果卡。」相信這個讚美和有老師簽名積分的蘋果卡，有助於王小明努力學英文的反應行為。

三、反應連鎖（chaining）

連鎖是將一組個別的「起始刺激和接著多項反應」（S → Rs）依照順序聯繫在一起，換言之，反應連鎖是一個多重反應連鎖（S → R_1 → R_2 → R_3...）。反應連鎖又稱爲動作技能學習，因爲有些機械式的刺激→多項反應經由嘗試錯誤或簡單練習，即可完成反應連鎖的學習，但多數進入此一階段的學習必須具備以下條件：1.學會個別環節的刺激反應學習；2.能遵循操作制約學習每一個環節的程序；3.能知覺外界訊息；4.重複事件順序多練習；5.反應連鎖必須有增強作用。掌握這五個要點，如此才能順利完成反應連鎖學習。

例如：電腦開機的反應連鎖學習，包括正確坐姿→開電源→插入USB→移動滑鼠到檔案→點選舊檔案→呈現檔案畫面→開始作業等七項反應連鎖歷程。每個反應連鎖（動作技能）必須把握上述五個要件才能順利完成此一學習階層。

四、語文連結學習（verbal association learning）

教育上鼓勵學生能創造語文連結能力。學生能對所學習的事實或知識，表現一連串的語言文字反應，稱之爲語文連結學習。學生要能進行語文連結學習必須瞭解：語文形式、語文連結和語文順序三者，才能順利進行語文連結學習。

㈠語文形式

即能對物體或事件命名，語文形式必須透過觀察、聆聽等操作過程，加上內在刺激產生自發性反應所「命名」的物體或事件名稱，即完成語文形式的學習，例如：命名「眞愛」的語文形式歷程如下：

S懷孕母親爲救孩子，捐部分肝臟給孩子換肝的事件→R觀察或聆聽～s思考愛的眞諦→R「眞愛」

小寫的s代表觀察或聆聽事件而內化，屬於內在刺激中介歷程。

㈡語文連結

即多重反應連鎖的語文表現。例如：對於「眞愛」的故事事實能加以語文說明，眞愛是母親無私地奉獻給孩子他所需要的表現。

㈢語文順序

即對於語文連鎖的各個長句子，能排列出其順序，而使語文內容成爲有意義的陳述。例如：對於「眞愛」故事能選擇重要性順序且完整的陳述事實，包括：故事描述、評論、感想和啟示等順序。

五、辨別學習（discrimination learning）

辨別學習是指學習者在多重刺激的情境下，能對不同的刺激給予不同反應的歷程，而辨別學習之所以能夠成立，在於差別增強作用。亦即能夠在一組相似的刺激中辨別各種刺激所屬的反應。

例如：能從十種植物中辨認被子植物的特徵差異，說出被子植物的正確屬性，即擁有辨別學習階層的知識能力。

六、概念學習（conceptual learning）

概念學習是一個抽象化或符號化的歷程；把一類具有共同屬性的事物，將之抽象化，納入一個統攝性的觀念之內，或用一個概括性的文字或符號表示之。從行爲論觀點是以類化與辨別的交互作用來解釋概念學習；認知論者則以理解或假設驗證的思考歷程來解釋（張春興，民 78）。所以，能進行概念學習通常是已能理解正例和反例的差異，進行定義專有名詞。

例如：學生能理解「平行線」是兩條永遠不會相交的直線，這是概念學習。因爲學生已經瞭解平行線和「垂直線」、「歪斜線」不一樣的概念。

七、原則學習 (rule learning)

原則學習是指兩個以上概念的連鎖學習，即數個概念有關係有意義的組合，組合後用語言陳述出來，就成為可以學習的原則，通常學生是先學概念，再學原則，許多公式、定理都是原則學習的結果。蓋聶（1985）指出教師指導學生原則學習要注意：1. 以語言期待學生回應和繼續探索的指導策略。2. 提供學生發現的語言線索。3. 即時增強。

例如：學生能理解若兩平行線被一截線所截，則其同位角相等。亦表示學生知道「同位角相等」是一個原則，包括：「直線」、「角度」、「兩平行線」、「截線」、「同位角」等，是同位角相等的重要概念。

八、問題解決學習 (problem solving learning)

語文訊息的領域和原則的學習提供問題解決的空間，使得我們可以解決問題。就某方面意義來說，問題解決的活動是原則學習和基模學習兩者自然的延伸，學習者所儲備的語文知識，引導學習者解決問題，這些語文知識使問題的詮釋化成為可能（Gagné, 1985）。

由於不同學科，性質不同，所以問題解決策略也不盡相同，一般而言，問題解決需要統整前述七項學習階層所擁有的心智技能（例如：轉換程序、情境標示、快速記憶、計畫未來作法）為基礎，以目標分段作業內容的認知策略，以及有組織問題訊息的基模，才較容易解決問題。例如：學生知道底、高、三角形公式，即可以計算三角形面積是多少。

貳、學習階層的實例設計

實例一：數學〈生活中的立體圖形〉

圓錐

圓柱

圖 6-13　圓錐和圓柱符號學習

㈠符號學習

讓學生重複觀察兩個圖形，對形狀、顏色不同感到好奇。

㈡刺激反應學習

1. 教師提問：冰淇淋筒和禮堂柱子，哪個像圓錐？哪個像圓柱？
2. 學生正確回答：冰淇淋筒像圓錐，柱子像圓柱。
3. 增強：發給立體模型卡一張。

㈢反應連鎖學習

1. 學生能回答或畫出生活中的立體圖形。
2. 圓錐→冰淇淋筒→小丑帽→金牛角……。
3. 圓柱→柱子→鉛筆→垃圾桶……。
4. 增強：依照正確回答次數，發給立體模型卡數張。

㈣語文連結

學生能正確回答：
1. 由一個圓形底面，和一個側面所圍成的立體圖形，可以稱之為圓錐體，像冰淇淋筒、小丑帽、金牛角都是。

2. 由兩個等圓的底面，和一個側面所圍成的立體圖形，可以稱之爲圓柱體，像柱子、垃圾桶、圓凳等等都是。
3. 教師增強：發給立體模型卡二張，蒐集三張卡片可換立體模型一個。

㈤辨別學習

1. 學生能夠比較指出圓錐和圓柱體的差異。
2. 列出特徵差異之比較：如表 6-6。

表 6-6　圓錐和圓柱的辨別學習差異表

類別	底面	頂點	側面
圓錐	一個圓形	一個頂點	展開成一扇形
圓柱	兩個等圓形	無	展開成一長方形

3. 增強：答對一個特徵得一張卡，集五章卡片換扇子一把。

㈥概念學習

1. 學生能指出：圓錐和圓柱都是一種立體圖形。
2. 學生能畫出：圓錐和圓柱的透視圖和展開圖。
3. 學生能比較圓錐體的透視圖和展開圖：如圖 6-14。

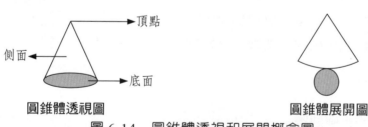

頂點

側面

底面

圓錐體透視圖　　　　　　　　　　圓錐體展開圖
圖 6-14　圓錐體透視和展開概念圖

4. 能比較圓柱體的透視圖和展開圖：如圖 6-15。

圓柱體透視圖　　　　　　**圓柱體展開圖**

圖 6-15　圓柱體透視和展開概念圖

5. 增強：得十張卡片，加數學分數二分。

(七)原則學習

1. 圓錐體側面展開成弧形，∴圓錐側面長＝弧長＝底圓周長＝扇形長

2. 圓柱體側面展開成一個長方形，∴圓柱側面長＝長方形長＝底圓周長

3. 增強：得十五張卡片，加數學平時分數五分。

(八)問題解決

1. 已知：圓柱體的半徑為 5 公分，側面寬為 10 公分，試問：圓柱體的側面積等於多少？

2. 解答：

5cm

$$圓周長 = 2\pi r = 2 \times 5\pi = 10\pi$$

$$側面積 = 長方形長 \times 寬 = 圓周長 \times 寬$$

$$= 10\pi \times 10 = 100\pi = 100 \times 3.14 \doteqdot 314cm^2$$

Ans：圓柱體的側面積是 $314cm^2$

3. 增強：作業單題目全答對，可以擔任數學小老師一星期。

實例二：英語文法〈人稱和物稱關係代名詞〉

㈠符號學習

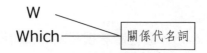

㈡刺激反應學習

1. 教師提供刺激：Who→人稱關係代名詞/Which→物稱關係代名詞。
2. 說明增強方式：答對有 GOOD 卡的 G 卡，集滿 GOOD，可換 GREAT 卡的 G 卡；集滿 GREAT，可換 EXCELLENT 卡的 E 卡；集滿 EXCELLENT，可換英文歌曲 CD 一張。
3. 學生主動回答：Who→人稱關係代名詞/Which→物稱關係代名詞。
4. 學生答對問題，教師口頭讚美並給予增強卡片。

㈢反應連鎖學習

1. You → I → They →都是代表人稱的主詞。
2. the pen → books → the video game →都是指物或事件。
3. 學生答對問題，教師口頭讚美並給予增強卡片。

㈣語文連結學習

1. 學生會用語言陳述用法
   (1) You → I → They →都是代表人稱，可用 who 當人稱關係代名詞，who 當人稱關係代名詞是用來形容人的關係代名詞。
   (2) the pen → books → the video game →都用指物或事件，可用 which 代表形容物或事件，which 用來當物稱關係代名詞，用

來形容物或事的關係代名詞。

2. 學生答對問題，教師口頭讚美並給予增強卡片。

(五)辨別學習

1. 請學生辨別哪些句子是人稱和物稱關係代名詞？
   (1) It is **the girl** *who* won the race.
   (2) It is **the pen** *which* I lost last night.
   (3) He is **the worker** *who* was fired by his boss.
   (4) Little Tommy wants to buy **the video game** *which* is expensive.

2. 學生正確回答：(1) 和 (3) 是人稱關係代名詞。(2) 和 (4) 是物稱關係代名詞。

3. 學生答對問題，教師口頭讚美並給予增強卡片。

(六)**概念學習**

1. 請學生能以「名詞解釋」關係代名詞的共同屬性。

2. 人稱關係代名詞～ who：是用來補充形容一個人的關係代名詞。

3. 物稱關係代名詞～ which：是用來補充形容一件事或物的關係代名詞。

4. 學生答對問題，教師口頭讚美並給予增強卡片。

(七)原則學習

1. 請學生回答出「關係代名詞」、「意義」和「作用」之間的規則。

2. 學生回答：who / which 都是關係代名詞，是主詞的代名詞，作為子句來形容主詞。

3. 學生答對問題，教師口頭讚美並給予增強卡片。

(八)問題解決

1. 請學生填入人稱或物稱關係代名詞。

(1) The girl _____ is singing is my sister.

(2) Those boys _____ are playing volleyball are my good friends.

(3) The cat _____ is running is mine.

(4) These dogs _____ are around me are my father's pets.

2. 學生能正確回答：(1) who　(2) who　(3) which　(4) which。

3. 學生答對問題，教師口頭讚美並給予增強卡片。

············ **第四節　教學事件原理與設計** ············

　　蓋聶認為教學是由一系列提供給學習者的外顯事件所組成的，並據此外顯事件順序，設計用以輔助學習者內在學習的歷程（Gagné, 1977, 1985）。教學事件（instructional event）可說是教師根據學生學習內在歷程所設計的外在教學步驟，簡言之，即設計教學活動步驟來幫助學習歷程的事件。

　　蓋聶和他在佛羅里達州立大學的同事合著的《教學設計原理》，從 1974、1979、1988 到 1992 年，均有專章對於教學事件歷程深入說明每個步驟。另外，在他寫的《學習條件及教學理論》第十五章〈設計適合學習的教學〉，也提出教學順序（Gagné, 1985）。兩本書在教學事件的論點差異，在於《教學設計原理》書中的教學事件主張應先「引發表現和回饋」再「學習保留和遷移」的教學順序，《學習條件及教學理論》書中，則主張先「學習保留和遷移」再「引發表現和回饋」，茲以 1992 年第四版所主張的教學事件，說明教學活動注意要點。

壹、教學事件的歷程

一、引起注意

即引起和控制學習者注意的教學活動。缺乏注意力的學生，很少會專心聽課。

(一)基本常用方式

基本常用的方式有：1. 突然改變刺激，如電影、電視畫面迅速切換和出現閃爍的指示符號、教師突然提高音量等；2. 引起學習者興趣，如提出學習者感興趣的問題、電視畫面描述一個異常現象等；3. 用肢體語言（手勢、表情等）引起學生注意（張祖忻、朱純、胡頌華，民 84）。

(二)舉例說明

舉出實例說明：1. 顯而易見的矛盾：你認為希臘帝國為何在其最強盛的時候崩垮了呢？2. 真實生活裡外觀的矛盾：為何一些低等的動物比人類長命？3. 一開始好像合理的事物：為何每次一定要有一些事物落後，才有一些其他事物先進呢（Borich, 1996）？

(三)看得見的開場白（openers）

透過圖表、照片、插圖、模型和影片等視覺媒體，再加上簡短的口頭解說，看得見的開場白，使學生一開始就接觸到內容實例，也是引起注意的好方法。

二、告知學習者目標

即告訴學生在課程結束所應預期獲得的行為結果。告知學生教學目標時，應著重在表達學會後可以運用心智能力處理關鍵問題，且能

組織思考活化學習，假使學習者事先並不知道自己所要執行的預期行為，他們將無法把自己的注意力集中在那些行為上。告知學習者目標要注意：

㈠依據學生字彙和語言程度，妥善用詞，清楚表達學習目標。

㈡表明學會目標後，可獲致的作用。

㈢簡潔列出目標後，在黑板寫出或投影呈現目標重點。

㈣配合前導組織架構圖呈現教材結構，說明學習目標。

三、刺激對已學得先備知識的回憶

學習不是存在於孤立的狀態，所以一定要取回必要的相關先備知識，以及可以隨時立即運用到的相關知識。這需要以下一些方法：

㈠複習、摘要、再次說明，或是提示先前課程中所獲得的重要關鍵的概念，以備現有課程所需行為複雜層次的知識。

㈡運用心像圖（mental image），搜尋意識中形成的圖形蘊義，由圖形蘊義再搜尋詳細內容，喚起過去學習過的舊經驗。

四、呈現刺激材料

即向學習者呈現教材。一個理想的教學設計核心部分，是在刺激材料時非全盤一字不漏的呈現，而是能提供學生訊息處理的教材，讓學生能有選擇性的知覺，來思考所呈現刺激教材的認知意義。呈現刺激材料宜把握下列要點（Borich,1996; Gagné, Briggs, & Wager,1992）：

㈠刺激材料形式

包括：書面資料和語言溝通的刺激形式，以提供學生閱讀資料和回答問題的機會。

㈡刺激材料內容

能考慮到學習者的年齡、先備知識、認知能力等因素來設計內容。

㈢刺激材料特徵

可以斜體字、黑體字、劃底線、變化色彩等特徵，提供訊息處理的知覺刺激。

㈣刺激內容的確實性

盡可能時常去除與授課內容不相關的層面，以連結到教學內容重點上，如果有需要提及內容不相關的層面，宜舉例對照正確內容做說明。

㈤刺激內容的選擇性

即一開始上課就點出課文關鍵層面，以作為幫助學生選擇性複習和保留重點的依據。教師可在黑板寫下關鍵字或口頭強調。

㈥刺激內容的多樣性

教學形式的多樣性（如：視覺的、口頭的、觸覺的），可配合教學活動（大型的集體演講、問答、小組討論）來刺激學生的思維與興趣。從視覺主宰的教學轉換為口頭支配的教學（或同時利用兩者），以及將學習劃分為數個教學活動（如：接續問答而來的說明）都是很重要的，多樣化的刺激內容可以積極持續維持學生的專注力，使學生較能記住或察覺刺激內容，積極投入學習歷程中。

五、提供學習輔導

學習輔導（learning guidance）是指教師提供語意編碼作用，協

助學生對於學習材料能長期儲存的歷程。提供學習輔導的方法如下
（Gagné, Briggs, & Wager, 1988）：

㈠提示性的學習指引

即教師提供有意義的組織結構，透過提示或暗示的語言線索，
爲學習者提供思路，啟發學習者去尋求答案脈絡，發展認知結構和記
憶。

㈡提供圖表或圖解等意象解釋

教學圖譜是將複雜的學習內容簡化爲文字、圖畫、數字、程式
或表格的一種學習方式，這種提供圖表或圖解等意象解釋，最容易使
學習者把握學習內容的關係、階層、交叉連結和關鍵點的訊息處理輔
導。

六、引發表現

即導引出希望學生表現行爲的歷程。Rosenshine & Stevens
（1986）提出引導學生表現行爲方式如下：

㈠事前準備許多的口頭問題。

㈡就主要的重點、輔助式要點以及教學的過程來問一些簡潔扼要的
問題。

㈢除了自願的學生之外，點一些沒有舉手的學生。

㈣要求學生以自己的話對規則或過程做摘要。

㈤當你在巡視時，讓所有的學生寫下他們的答案。

㈥讓全部學生寫下自己的答案，並且與隔壁同學對答案（這通常適
合較大的學生）。

㈦在演說或討論（尤其是與較大的學生）快結束時，在黑板上寫下
主要的重點，然後讓學生分組來相互扼要說明主要的重點。

七、提供回饋

即提供學習者即時知道行為表現結果的對與錯。但這並不表示我們一定要用「對」、「錯」、「正確」、「不正確」、「不好」等強烈批評語詞，來作為告知學習者的回饋用語，可由教師觀察行為時的點頭、微笑或口頭表示來作為回饋，或非批判性不是處罰意味的語詞，例如：「那是不錯的嘗試，但不是我現在所要的答案」、「繼續想一下」。或提示學生再回憶過去所獲得的概念或規則，自我省思回饋，回饋主要作用在於促進「增強」學生的內在學習歷程。

正確回應的方法包括：從習題簿大聲念出正確的答案、發給學生有正確答案的講義，或是影印出練習題的解答本。也可以利用簡報來安排引導的活動，之後記錄自願提供的答案，如果學生在座位上默不做聲時，你可以在班上走動，以點頭和微笑來表示出學生的表現是正確的，或者鼓勵學生更正錯誤的答案。

例如：「在〈兒時記趣〉這一課當中，作者以敏銳的觀察力及豐富的想像力，在平凡無奇的事物中獲得許多物外之趣，作者的物外之趣建立在哪一種感官上？」正確答案應該是「4，視覺」，學生做答「1，聽覺」答錯了。老師正確的回饋如下：「想想看：視覺和聽覺有什麼差別？課文中有哪些觀察力的表現？作者對於癩蛤蟆、叢草蟲蟻、土礫丘壑是怎麼發現的？老師相信你會回答。你作答完，老師會發下有答案的講義，加油！」透過語言指導比較差異、觀察校正、信心鼓勵和公布答案，這才是有效的回饋。

八、評估表現

對學習者的學習行為表現給予評估，主要在於增強和恢復記憶或學習成果，評估表現可以透過下列方式來進行評估：

㈠形成性測驗

教學歷程中即時提問,檢查上課學習瞭解程度。

㈡總結性測驗

教學結束時,完整作業單的測驗,評估學生完整概念的獲得。如果未達預定教學要求,可再給補充活動學習或複習教材重考一次等。

此外,評估測驗應注意信、效度問題,測驗作業方式、測驗學習成果和測驗設計等問題。一般來說,像研究報告、家庭作業、學生作品集在學習的初期階段評估表現是較不利的,因為這樣會侷限住學生的探究行為,無法直接回應問題,可以作為延伸性作業。

九、促進保留與遷移

促進保留與遷移旨在促進檢索和類化的內部過程,使學習者牢固掌握所學的內容,培養應用所學知識與技巧解決新問題的能力(張祖忻、朱純、胡頌華,民 84)。因此,應注意擴充思考的作業,以學習記憶內容為基礎,發揮檢索資料和類化的創意思考能力,作出延伸主題的作業。教師可以根據學習內容,設計問題解決型或創新型的作業,但原則上,應具有保留和遷移原有學習內容的作用。

貳、教學事件實例設計 ㈠

一、教學單元

地理《認識台灣地理篇》第三章〈海岸與島嶼〉。

二、設計者

沈翠蓮、林依德、陳彥瑋、王慶哲、楊智傑、王建文、林文正。

三、教學事件步驟

㈠引起注意

　　藉由問題或情境，使學生將所學得的知識或經驗呈現出來，教師可由學生的表現來校正並回饋課程內容。如圖 6-16，利用圖引起學生注意。

鼻頭角的海崖及海蝕平台　　　　　宜蘭縣南澳的烏石鼻海岬

圖 6-16　海岸與島嶼引起注意圖

　　上圖為二張海岸地形照片（可用更多張，視時間和教學的需要），當學生學完海岸種類之後，將學生按居住地區或旅遊經驗分組，再提供各組學生相關地區的海岸圖片（必須配合學生經驗），並鼓勵他們發表自己的經驗、感受、想法，使之與課程內容配合，此處與「引起動機」不同之處，主要在於這些圖片說明的重點並非引起學生興趣，而是課程內容的複習和遷移，藉此活動可以判斷出學生對課程內容的熟練度和活用的程度。

㈡告知學習者學習目標

　　本課主要重點有：1. 海岸的種類和分布。2. 海域的利用。3. 台灣的離島。4. 金門與馬祖。

㈢喚起舊經驗

1.喚起學生們已經學過有關珊瑚、火山及板塊的相關知識。
2.台灣附近的島嶼可區分為:火山島、珊瑚礁島。如圖 6-17。

澎湖風景(火山島)

小琉球之花瓶岩(珊瑚礁島)

圖 6-17　火山島和珊瑚礁島舊經驗圖

㈣呈現刺激

　　提供台灣四周海岸的圖片(見 6-18 圖),使學生瞭解各地海岸的不同,藉由學生對各地海岸的認識,老師就可以引導學生進入課文後面的章節(海岸的利用、台灣的離島)。

　　例如 1:當講述到台灣西部海岸時,一定會講到潟湖海岸,一提到潟湖,我們就免不了要提到「高雄港」,港口與經濟活動有關,我們就可以刺激學生去瞭解一些有關海岸的經濟活動,藉此再將學生引導至下一單元:海域的利用(經濟海域的概念)。

　　例如 2:當我們講到南部海岸時,一定會提到「南部海岸,以珊瑚礁地形為主」,此時我們就可藉由圖 6-18「龍坑珊瑚礁台地及裙礁經驗圖」,問學生台灣附近有哪些「珊瑚礁島」,來刺激同學瞭解台灣的珊瑚礁島,並以此引導學生進入「台灣的離島」這一單元。

墾丁東海岸龍坑珊瑚礁台地及裙礁

圖 6-18　龍坑珊瑚礁台地及裙礁經驗圖

㈤**提供學習輔導**

1. 台灣海岸的比較：台灣東部與北部及南部海岸，共同特徵就是山
   地或丘陵逼近海岸，屬於岩岸地形；至於西部海岸則與平原相連，
   為典型的沙岸。如表 6-7。

表 6-7　台灣海岸學習輔導一覽表

台灣的海岸	東岸	西岸	南岸	北岸
海岸特徵	岩岸 海水深	沙岸 海水淺	珊瑚礁地形為主	岬角與海灣相間，多曲折

2. 台灣離島的比較：如表 6-8。

表 6-8　台灣離島學習輔導一覽表

台灣離島的類型	火山島	珊瑚礁島
成因	岩漿噴出覆蓋之後，冷卻而成（露出海面）	由海底珊瑚礁露出水面所形成
例子	澎湖群島、綠島、蘭嶼、釣魚台列島	琉球嶼、東沙島、太平島

㈥引發表現

1. 詢問學生問題，引導學生回答。

2. 例如：下列何者為珊瑚礁島？(A)蘭嶼 (B)綠島 (C)琉球 (D)釣魚台。

㈦提供回饋、評估表現

1. 答：(C)，由上表得知：琉球為台灣離島之一，且由海底珊瑚礁露出水面，所形成的珊瑚礁島。

2. 並介紹同學有關火山島的重點：岩漿噴出覆蓋之後，冷卻而成（露出海面）的島嶼。

㈧增進保留與遷移

1. 以各地旅遊勝地的海岸地形為例，再喚起同學從前旅遊的記憶，以跟課本內容相符合，增強同學記憶。

2. 請同學分組蒐集海岸圖片，如圖 6-19。再上台介紹跟課本內海岸地形符合的照片，或是分享其以前旅遊的回憶，例如：去過宜蘭南澳，那裡屬於岩岸，海水很深。

宜蘭縣南澳的烏石鼻海岬

圖 6-19　海岸與島嶼增進保留與遷移圖

四、教學注意要點

㈠配合學習成果和經驗分享

　　教師需要掌握「告知學習者學習目標的區別性教學技術」（心智技能、認知策略、語文知識、態度、動作技能等方面），並配合學生狀況，使全班同學皆能參與分享海岸旅遊經驗的活動。

㈡提供學習輔導和訊息處理策略

　　教師需要掌握「提供學習輔導的區別性教學技術」（心智技能、認知策略、語文知識、態度、動作技能等方面），使學生能正確瞭解海岸類型比較表。

㈢提供教學媒體和情境

　　教師需適度安排情境，以引導學習者注意。例如：提供學生欣賞海岸的圖片或影片。

㈣鼓勵參觀旅遊具體經驗對照抽象概念

　　教學事件的目的是要刺激和輔助內在的學習歷程，並鼓勵學生多去旅遊台灣各處海岸，驗證所學。

參、教學事件實例設計㈡

一、教學單元

國中國文第五冊第九課〈愚公移山〉。

二、設計者

沈翠蓮、劉閣薇。

三、教學事件步驟

㈠引起注意

如圖 6-20「愚公移山連環注意圖」。

（圖 6-20-1）　　　　　　　（圖 6-20-2）

（圖 6-20-3）　　　　　　　（圖 6-20-4）

圖 6-20　愚公移山連環注意圖

　　秀出「愚公移山」的簡報或影片，讓學生得以對課文有圖像性的記憶存在，使得教學更為活潑。

㈡告知學習者學習目標

　　瞭解愚公移山背後象徵的精神和堅持。

㈢喚起舊經驗

1. 用〈精衛填海〉、〈桃花源〉等故事來引導學生思考，而這類故事的主題就是──努力。
2. 精衛鳥努力地銜枝土來填海，企圖證明大海是可以被填平的；桃花源中的人們，努力建造一個與世隔絕的世外桃源，冀望過著與世無爭的生活。
3. 而愚公努力地移山，是為了能讓所有人暢行無阻，並且秉持著「子子孫孫、代代相傳」的理念，深信人定勝天，再高大的山終有被剷平的一天。

㈣呈現刺激

　　「愚公移山」的主角，為什麼不叫「于公」、「魚公」或「虞公」？而叫做「愚公」？是因為他想要移山的這件事情很愚笨嗎？還是因為他有大智若愚的特質？他知道人定勝天，再高大的山終究還是會被他的子子孫孫所剷平的！

㈤提供學習輔導

　　如表 6-9「愚公移山故事比較學習輔導一覽表」。

表 6-9　愚公移山故事比較學習輔導一覽表

項目＼故事	愚公移山	精衛填海	桃花源記	周處除三害
主角	愚公、智叟	精衛鳥、大海	桃花源中的居民、漁夫	周處、鄉民、瞎眼老伯
目標	為使居民來往更為便利，想以一家之力來剷平太行、王屋二座山。	為想對大海證明，以自己微薄之力仍能將其填平。	為避難而另闢一新天地，想過著與世無爭的生活。	為讓自己成為受尊重的人，努力除掉了猛虎、惡蛟，以及改造自己成為彬彬有禮的人。
象徵精神	1. 愚公：不屈不撓的毅力、擇善固執的執著。 2. 智叟：一般人的化身，有著自以為是的小聰明。	1. 精衛鳥：永不放棄的毅力、越挫越勇。 2. 大海：代表著極度自負，輕忽「積沙成塔、滴水穿石」的功力。	1. 居民：追求恬靜生活的執著和努力。 2. 漁夫：代表世俗之人，無法久享桃花源恬靜無爭的美好生活。	1. 周處：敢於改進自我缺點的勇氣，以獲得鄉人的尊重。 2. 鄉人：一般人對頑劣之人的看法，希望周處能在除二害中一同死去。 3. 瞎眼老伯：因為瞎了才能當著周處的面說出周處是三害之最大害，諷刺鄉人不敢說真心話的膽小。
相同點	1. 同為寓言故事。 2. 主題同為「努力」，主人翁為了心中的目標而努力不已，不屈不撓的持之以恆，值得我們效法。 3. 皆強調人為的努力，即使是面對不可能的挑戰。			

1. 故事比較。

2. 真實事件印證法：提供真實的學習輔導事件。

(1) 史懷哲博士深入非洲蠻荒，為別人的孩子治病。

(2) 德蕾莎修女致力為窮人服務，並成立一間垂死之家收容這世界最貧窮的人。

(3) 門諾、馬偕、基督教醫院……，都是許多外籍神父致力於救人而成立的。

(4) 慈濟的賑災活動遍及世界，其影響力甚深，加拿大政府還以慈濟編入教學教材，而許多台商在動亂國家都因為是台灣人而獲救，尤以黑人國家為最。

㈥引發表現

分幾方面進行，如表 6-10 所示。

表 6-10　愚公移山隨堂評量表

國文　　　　座號：　　　　姓名：　　　　得分：
一、選擇題：
1.(　) 愚公移山的故事給我們什麼啟示？　(1) 有志者事竟成　(2) 不屈不撓　(3) 努力不懈　(4) 以上皆是。
2.(　) 愚公移山作者用「愚」字是象徵著何種意味？　(1) 知其不可為而為之的愚行　(2) 不計代價的苦幹傻勁　(3) 只知蠻幹，不知度德量力的態度　(4) 深謀遠慮，奉獻社會的明智行為。
3.(　) 作者把兩個老人命名為愚公和智叟，在修辭技巧上屬於　(1) 誇飾　(2) 比擬　(3) 反襯　(4) 譬喻。
4.(　) (甲) 愚公移山 (乙) 五柳先生傳 (丙) 差不多先生傳 (丁) 文天祥從容就義，以上屬「寓言」的是　(1) 甲乙　(2) 丙丁　(3) 甲丙　(4) 乙丁。
5.(　) 找出和愚公移山精神相似的故事　(1) 倉頡造字　(2) 盤古開天　(3) 守株待兔　(4) 精衛填海。

㈦訊息回饋、評估表現

1. 隨堂測驗考完立刻訂正，以收即時性的成效。
2. 隨堂測驗對三題以下者蓋一個加油章；對四題者蓋一個差一點章；
   五題全對者給一個愚公移山貼紙。如圖 6-21。

圖 6-21　愚公移山增強貼紙

㈧增進保留與遷移

1. 請學生回家蒐集各種版本的「愚公移山」，用表格比較其大同小
   異，下次上課時繳交，經批閱後挑出較完整的和同學分享。
2. 要同學回家蒐集類似像愚公移山的故事最少一則，無論古今中
   外，下次上課時讓同學發表。

四、教學注意要點

　　對於隨堂考全對，並且回家認真地蒐集作業，還有在課堂上踴躍
發言的學生，給予一張愚公移山精緻小圖卡，或卡通版的愚公移山圖
卡吸鐵。如圖 6-22。

圖 6-22　愚公移山增強圖卡吸鐵

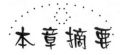

本章摘要

1. 訊息處理模式包括：環境、接受器、感覺登錄、短期記憶、長期記憶、執行控制、期望、反應發生器、動作等要素，以方格子、箭頭運作其歷程。

2. 學習者在學習和記憶過程中，涉及不同的大腦結構和訊息轉換歷程，這些構成不同性質的「學習階段」，每個學習階段要發揮應有的功能，有賴教學事件的配合。因此，學習首要條件是瞭解學習者訊息處理能力，以便設計學習階層和教學事件。

3. 從短期記憶到長期記憶歷程，如果學習者學會某些知覺特徵轉換成概念或有意義的編碼形式或練習複述，則有可能進入長期記憶。

4. 透過執行控制和期望可以促進學習者越有效能地完成內在學習歷程。執行控制是引導學習者注意力、決定如何編碼、檢索提取和組織反應；期望是指要達到目的的特殊動機。

5. 蓋聶認為完成認知學習成果包括：心智技能、認知策略、語文訊息、動作技能和態度等五種成果。這五種學習成果是個人成為社會人與環境互動的必要能力。

6. 蓋聶把簡單到複雜的心智能力訓練分成：辨別、具體概念、定義概念、原則、高層次原則等五種心智技能。

7. 認知策略包括：注意、編碼、記憶、回憶和思考等策略。由於心智技能不斷提供學習者與環境互動解決問題的能力，同時也讓學習者獲得更多有技巧的策略，使他們在啟動、調節學習、保留和使用他們自己的技巧，得以自我管理行為、控制行為歷程，因此學習者思考的獨創性表現取決於其認知策略是否能有效、適時的應用。

8. 語文訊息的學習包括：標籤的學習、事實的學習，和有組織知識

的學習。標籤的學習是指學生對於一個或一類物體，能表現出不斷「命名」的語言反應能力。事實的學習是指學生能強調出兩種以上有名稱的事物其間之關係。有組織知識的學習是指學生可以把記憶的知識形成一個便於檢索的知識結構。

9. 動作技能是指心理動作技能，是經由學習所獲得的能力，可透過練習增強、分解動作、教學媒體和譬喻來訓練。

10. 教學內容分析是教師對於教學目標所要達成的終點行為，以及培養學生由起點行為轉化為終點能力所需要的從屬知識、技能和相互關係進行詳細分析的歷程。

11. 教學內容分析策略包括：蜘蛛網式、鎖鏈式、階層、圖表等構圖分析，以及電腦動畫分析。教學內容分析重要性包括：(1) 提供教師系統方法處理訊息。(2) 提供學生思考組織學習成果。(3) 建立學科教學圖譜檔案資料。(4) 轉化複雜知識為有意義學習。

12. 學習階層是一個累積學習的過程，學習者由簡到繁地學習大量具體的規則，這些具體的智能技巧可向更高層次的學習中遷移，為進一步組織高層次規則打下基礎，因而有助於培養解決問題的能力。

13. 學習階層包括八大階層：(1) 符號學習。(2) 刺激反應學習。(3) 反應連鎖學習。(4) 語文連結學習。(5) 辨別學習。(6) 概念學習。(7) 原則學習。(8) 問題解決學習。

14. 教學是由一系列外顯提供給學習者的事件所組成的，並據此外顯事件順序，設計用以輔助學習者內在學習的歷程。教學事件可說是教師根據學生學習內在歷程所設計的外在教學步驟，簡言之，教學事件即設計教學活動步驟來幫助學習歷程的事件。

15. 教學事件歷程包括：(1) 引起注意。(2) 告知學習目標。(3) 刺激先備知識的回憶。(4) 呈現刺激材料。(5) 提供學習輔導。(6) 引發表現。(7) 提供回饋。(8) 評估表現。(9) 促進保留與遷移。

研習功課

▶ 理論問題作業

1. 試說明蓋聶與認知教學有何關聯性？
2. 試說明教學內容的分析之重要性與可採用的策略。
3. 蓋聶認為完成認知學習成果包括：心智技能、認知策略、語文訊息、動作技能和態度等五種成果。請分別舉例說明此五種學習成果的意義。
4. 請舉例說明教學內容的分析策略有哪些？
5. 請說明教學內容分析的重要性。
6. 請說明蓋聶學習階層的步驟和每個步驟的意義。
7. 請說明蓋聶教學事件的步驟和每個步驟的意義。

▶ 實作設計作業

1. 請就國中課本中任一教材內容，設計一個能增進長期記憶的概念圖。
2. 請就國中課本中任一教材內容，設計一個心智技能的五種訓練層次的實例。
3. 請就國中課本中任一教材內容，設計一個運用注意、編碼、記憶、回憶等認知策略的實例。
4. 請就國中課本中任一教材內容，以本章所提到的教學內容分析策略，設計完整一課的教學內容分析圖譜。
5. 請就國中課本中任一教材內容，設計一份學習階層八大階層的實例。
6. 請就國中課本中任一教材內容，設計一個運用教學事件歷程的實例。

第 7 章

奧斯貝教學原理與設計

奧斯貝（D. P. Ausubel）是美國著名的教育心理學家，1943 年獲得布蘭迪斯大學醫學博士學位，1950 年獲得哥倫比亞大學發展心理學博士學位。兼具發展心理學家和精神科醫生雙重角色，奧斯貝從 1950-1978 年任教於伊利諾大學和紐約市立大學，退休後便自辦診所擔任精神科開業醫生。

奧斯貝在教育心理學的代表作《教育心理學～一種認知觀點》（Educational psychology: A cognitive view）（Ausubel, Novak, & Hanesian, 1978），曾被多國語言翻譯出版。其教育心理學論點在教學原理的主張包括：在教學目的上推展「有意義的學習」（meaningful learning）、教學策略上採行「前導組體」（advance organizers），並運用前導組體在「解釋教學法」（expository instruction）上，期望教學、學習和教材結構的設計，能使學生更有意義學習。

第一節　有意義學習

奧斯貝從認知心理學觀點認為：「我們無意貶低發現學習，但我們相信學生獲得學科的知識，主要是通過適當設計解釋教學和教學材料，而進行的有意義接受式學習」（Ausubel, Novak, & Hanesian, 1978）。有意義學習是接受式的學習，是指學生能有意義連結認知學習的新舊基模，而獲取新知的學習歷程。

壹、有意義學習的條件

有意義學習必須具備先備知識、學習材料和學習心向三方面條件（余民寧，民 86；Ausubel, 1968; Mayer, 1987），學習者才能進行有意義學習。

一、先備知識（prior knowledge）

奧斯貝認為如果要把教育心理學的所有內容簡約成一條原理，他指出影響學生學習的首要因素是其先備知識。教育心理學者的任務是釐清學生學習新知識前的先備知識，教學設計配合先備知識，才能產生有意義學習（Ausubel, 1968）。先備知識是學習者所必備的相關知識或概念，換言之，學習者已具備新知識學習的概念架構，教師教學時，學習者才容易舉一反三，進入學習情境。

二、學習材料（learning material）

學習者如果能在先備知識的支持下，獲得學習材料有實質性意義相同的連結，那麼連結架構的知識將是有意義學習。例如：國文教師教學〈不驚田水冷霜霜〉這一單元的學習材料時，對於住在鄉間的學生而言，已經見過巡田水、蓑衣等農人的事件或事物，那麼對於文中希望學生能感受到作者父母在冬天的夜燈下，拿剪刀剪去腳底厚厚的繭，那種辛勞付出的心情，由於學生分享先備知識，學生才能體會農人「誰知盤中飧，粒粒皆辛苦」的辛勞付出。

本質上，學習材料的意義，除了配合學生的先備知識所產生的外，更重要的是學習材料是否具備以有意義的方式，連結其知識結構的潛力。學生能由學習材料和現有資訊提供圖片、文字闡述過去農人的辛苦，那麼知識的轉化一樣可以使學生瞭解從事不同職業父母親的辛勞。

三、學習心向（meaningful learning set）

心向是心理的傾向，由長期學習而得到的經驗累積，可以縮短個人的思考歷程，具有學習心向的人會做好學習準備，主動搜尋新知識和個人既有概念結構間的連結，使新舊知識產生有意義的認知。

貳、有意義學習的類型

有意義學習可以分爲：接受式學習和發現式學習兩種。

一、接受式學習

學習內容經由教師邏輯組織後，以定論呈現最後形式，有系統的提供給學習者學習，稱爲接受式學習，是目前學校教學主要形式。換言之，假使教師能把學習內容的形式、數量、清晰、圖文、順序、組織等，統整成一個學生可以接受的學習材料，學生即能產生有意義的學習。

二、發現式學習

發現式學習是指學習者獨自獲得各種訊息，然後將他們與已有的知識相關聯，納入現有的認知結構中的學習方式（林寶山，民77）。奧斯貝同意處於具體操作期的學生，是需要以發現式教學法來操作具體事物，獲取具體經驗，激發其內在動機和增進學習遷移，但是智能發展到了形式操作期，則應該應用接受式學習，使新舊知識內化成認知結構的一部分。

整體而言，有意義學習有別於機械性的刺激反應學習，它重視學生能主動探索教材內的關係，讓教材能與新舊基模相連。有意義學習，也可以說是主動的、深層的學習，學習者主動將新學習的概念連結到他原有認知結構中既存的概念上，以統整成爲一個更龐大的認知結構。相對的，機械式的學習只是被動的、膚淺的累積學習。奧斯貝較偏好以教師爲中心的接受式學習方式，因爲有組織結構的教材，較容易在師生互動中引發舊基模和新基模的銜接，而獲取新知。

參、學習探認知同化論

　　同化（assimilation）是指個體以既有的基模或認知結構爲基礎，去吸收新經驗的歷程，同化學習即以舊經驗爲基礎吸收新經驗的學習方式。

　　個體獲取新知的管道，主要依靠基模對外在訊息的接受。基模像認知的街區，是一個複雜相互連結的網路概念，有些基模容易找出訊息的提示組織，而能化複雜爲簡單，就能把舊基模結構和新基模結構連結，很快找到街區出路，抵達目標（West, Famer, & Wolff, 1991）。換言之，假若每人存放在基模的先備經驗，能把認知網路中的關係節點（例如：新概念、新事件）吸收、合理化，表示他已能進行有意義學習行爲而獲取新知。

　　例如：要讓學生瞭解 $Y=X^2$ 和 $Y=-X^2$ 兩個二次函數是以 Y 軸爲對稱軸。學生舊基模爲「能在方格紙上正確描出這些點」，新基模爲「$Y=X^2$ 和 $Y=-X^2$，點畫越多會呈現一平滑曲線，且曲線有一最低點（0, 0），平滑曲線對稱性」，連結新舊基模的主要關係節點在於：「描出很多點連結成曲線」、「找出最低點」、「發現曲線開口和方向並嘗試對摺」。假若教師能安排這些概念變成學習歷程，學生可從原有的小基模增大、調整和再組織變成大的學習基模，新知識的學習就能透過合併或引證的方式，進入已存有的基模。

　　像這樣以既有認知基模結構，本質並未改變，融入新的認知基模結構歷程，類似皮亞傑的同化論。事實上，同化後的新基模，會因爲先前存在的不利或有利的基模，而阻礙或增強新的學習。因此有時必須修改舊基模以適應新知，或再組織新基模以解讀舊基模，但是教學新知識基本上都是採用同化論觀點。

肆、學習認知系統圖

　　奧斯貝研究有意義語文學習、先備知識結構的階層性，以及人們如何組織知識（Ausubel, 1963）。他認為學習者對於任何學科皆有組織、穩定、澄清知識的能力，這種組織能力稱為「認知結構」。認知結構可決定一個人學習資訊與發現其間關係的能力。假使新的學習材料和先前知識的認知結構相關，自然能產生有意義學習。因此，正式教育的基本功能在於將知識結構化，並且清楚而明確地呈現知識，經由學習材料的注意→學習者認知系統對新舊知識記憶的內外聯結→學習表現行為才可能產生。整個學習認知系統圖，如圖 7-1。

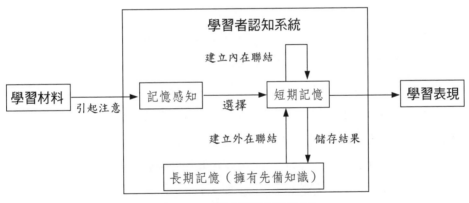

圖 7-1　學習認知系統圖

資料來源：Mayer, R. E., 1993, p. 260.

　　奧斯貝堅信：「教育學是一門教導如何有意義而有效率地呈現教材的藝術與科學。」（Ausubel, 1963, 81）。因此，老師宜應用有意義的形式，呈現主要概念、原則，來教導新知識，並設法使新知識和學習者的先備知識與認知結構產生關聯，同時使學習者有學習的心向，才容易接受新知識。

第二節　前導組體教學策略

奧斯貝認為教材組織必須先有意義，然後才能產生有意義學習；要使教材組織有意義，必須善用前導組體（Ausubel, et al., 1978）。前導組體和心向都是用來協助學生使用先備知識，但前導組體對於未來學習內容的認知關係較密切，前導組體可以協助教師說明新概念和已學過相關概念的異同處。

壹、前導組體的意義

前導組體是指在學習之前所呈現的訊息，可以使學習者組織及解釋新來的訊息（Mayer, 1987）。換言之，前導組體是在講解課程之前給予學生的觀念或概念，其用意在於提供認知結構，將新的學習能包含進入既存的相關概念（Lefrancois, 1997）。

前導組體是教師預覽並組織新教材時，銜接新舊知識的有組織材料，它可以是一個故事、笑話、模型，一張漫畫、投影片、圖片等。例如：講解〈愛蓮說〉一文中的「出淤泥而不染」、「濯清漣而不妖」等難詞，「蓮花生態投影片」即是很好的前導組體。

所以，前導組體像是認知性地圖，作為學生學習的橋梁；像是提供觀念構成的鷹架，使新教材和已經存在於學生腦中的抽象概念得以堅固結合和保留，前導組體可以幫助學生進行有意義學習。

貳、前導組體在課程、教學和學習的應用

奧斯貝熱衷於探討：(1) 知識（課程內容）是如何組織的？(2) 學生心靈運作是如何處理新訊息（學習）？(3) 當老師呈現新材料給學生時（教學），是如何運用有關課程和學習的觀念？以下說明他對於

前導組體在課程、教學和學習三方面應用所提出的重要原則（Joyce, Weil, & Showers, 1992）。

一、課程

知識可以被分爲各種領域設計爲課程的學習，當課程內或課程間的結構是有組織的概念結合，那麼學生將學到整體有意義的知識，而非零碎、互不相關的知識。

奧斯貝提出前導組體的「漸進分化」（progressive differentiation）和「統整協調」（integrative reconciliation）原則，作爲教師安排良好的前導組體，讓學生能穩定獲得課程內的概念。

㈠漸進分化

漸進分化是指教師對課程內容先提出最普遍性概念，再逐漸提出細節或特殊部分；或者是先介紹學習者高層次概念或大原則，然後再介紹細節（李咏吟，民 87）。換言之，即由簡單到困難、大原則到小細節的區分歷程。

例如：國中美術〈國畫的形式特質〉課程目標是讓學生瞭解國畫的各種形式，以及各形式中的分類、作用和特色。教師利用課程漸進分化原則的設計前導組體，如圖 7-2〈國畫的形式〉漸進分化樹狀圖，讓學生把新舊經驗的普遍概念、次要概念、細節概念做一簡明連結，瞭解國畫的形式包括：款題、印章、裝裱三種形式，以及三種形式中所包括的不同類別。

㈡統整協調

統整協調是指新觀念應該有意識地與先前學到的內容連結起來。換言之，課程內的一些單元或知識的相關概念之差異性能被明確指出，以協助學習者把矛盾差異之概念、名詞、定義做清楚的辨識，統整課程知識的相關性。

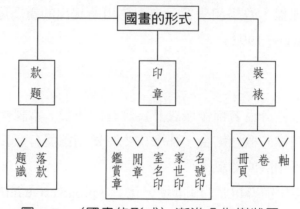

圖 7-2　〈國畫的形式〉漸進分化樹狀圖

二、教學

前導組體是學生轉化認知結構和保持增強新知識的主要手段。教師教學時應運用學習者所熟知概念、術語、命題、類推等作爲前導組體，可以有效統合解釋或比較新知識和學生認知結構的銜接。

前導組體在教學運用，包括：解釋性前導組體（expository organizers）和比較性前導組體（comparative organizers）兩種。

㈠解釋性前導組體

即教師提供學生熟悉的環境或知識，作爲解釋新學習內容的依據。解釋性前導組體可以爲不熟悉教材，提供觀念的架構。

例如：要讓學生認識「氣候會隨高度呈現垂直變化，一般而言，同緯度地區，高度越高、氣溫越低，每升高一百公尺，氣溫則下降約0.6 度左右。」教師可以「一山有四季、十里不同天」這個諺語作爲前導組體，解釋高山的天氣瞬息萬變，氣候隨山勢而改變。或是以詩人墨客常說的「高處不勝寒」這個詩句作爲前導組體，說明本義是描寫高山上寒冷情況，衍生意是觸景生情的感歎詞。

㈡比較性前導組體

　　主要是爲了使新概念和認知結構中現存的基本概念能統整起來，或釐清新舊概念避免學生產生混淆，所設計的有組織性材料。通常「類推」是作爲比較性前導組體的重要依據，透過類推，學生比較容易統整，避免混淆。類推應注意到兩個因素：第一是學生對於類似因素的熟悉程度，即學生連結新舊概念的能力，如果舊概念不清楚就無法連結新概念的學習認知；第二是類推和教材之間的重疊程度。

　　例如：同上述「同緯度地區，高度高、溫度低」，可以「古代皇帝溽夏北上避暑，嚴冬南下避寒」的南北對照作爲比較性前導組體，可見如果避暑山莊同樣建在平地上：緯度越高、氣溫越低；相對地，如果避暑山莊同樣建在山上，可見相同緯度：高度越高，氣溫越低。

三、學習

　　奧斯貝認爲學生如何處理新訊息獲得新知，前導組體扮演極重要角色。他認爲要讓學生學習訊息處理的能力，教師應注意到「教材結構」和「認知結構」應有很好的交接點（linkage），如果教材結構和現存認知結構缺乏連結，那麼信息和觀念就可能得不到同化和保存，學生也就不知老師所云新知爲何，學習自然有落差，甚至無法學習。

㈠教材結構

　　教材結構需要教師運用知性地圖（intellectual map）來串連教材內容的重要概念，成爲大概念和部分概念之間有意義的結構，如果教材內容獲得具體又關鍵的組合圖譜，能顯示出教材結構的意義，對學生而言，能意識到教材結構即表示其訊息處理能力在學習狀態中。

　　換言之，學生學習新知是來自教師能妥善運用知性地圖來處理教材。圖 7-3「西藏自治區生活的教材結構圖」可以透過放映有關西藏

自治區的電影，讓學生對於藏民在食、衣、住、行、信仰的問題，透過不同訊息（衣飾、膜拜儀式、贈品、飲食等）傳遞，探究這五方面的行為和活動所展現的高原生活意義。

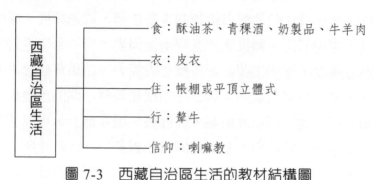

西藏自治區生活
├── 食：酥油茶、青稞酒、奶製品、牛羊肉
├── 衣：皮衣
├── 住：帳棚或平頂立體式
├── 行：犛牛
└── 信仰：喇嘛教

圖 7-3　西藏自治區生活的教材結構圖

(二)認知結構

　　認知結構是指學習者對於訊息處理、認知的組織能力。學生的認知結構清晰、穩定，對於所習得新知的概念，比較容易、正確地組織到認知結構的連接點上。對新概念的相似性、差異性、關聯性、重要性和影響力會自然不斷地調適，潛在有意義的概念保留到儲存資料庫，和現存結構無關的概念則暫時保留或去除無關的連接。例如：圖7-4「西藏自治區生活的認知結構圖」，以圓圈內區分食、衣、住、行、信仰為五等分為「現存的認知結構」，以圓圈斜影外的長方形為「潛在的有意義概念」，以大括號表示「和現存結構無關的概念」，學生在這一課新知概念的連接點，是要學習到西藏人民在「信仰」和「行」方面的特色。教師透過組織系列知識來教學，相信學生對於喇嘛教和犛牛的認知會更清楚。

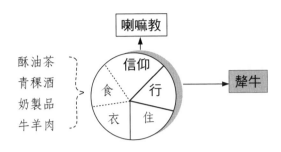

現存的認知結構： ○
潛在的有意義概念： □
和現存結構無關的概念： }

圖 7-4　西藏自治區生活的認知結構圖

參、前導組體的設計原則

前導組體具有銜接和創新認知結構的作用，設計前導組體宜考慮到與新舊知識的相似、差異、關聯、延伸性質。

一、相似性

前導組體依靠相似性的存在，較易引導學生從先備經驗中瞭解新知，尤其是圖片、模型、投影片、照片等實物是很好的前導組體。

例如：國中數學〈平面上的直角座標〉，想要達成「會標出座標平面上任一點位置」教學目標，圖 7-5「大象在哪裡？」是相似性的前導組體設計，當學生找到大象在中心點的右上方時，再對照到座標方格的 P（2，4），學生自然能理解座標意義。

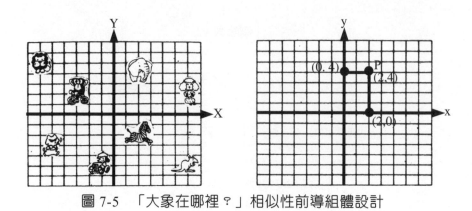

圖 7-5 「大象在哪裡?」相似性前導組體設計

二、差異性

差異性主要是要讓學生能深入理解新知的相反或矛盾現象,使學生能從對照比較中,發現抽象的知識原理。

例如:要學生理解〈沙漠風成地形〉,可以呈現圖 7-6「沙漠風成地形圖片」,和表 7-1「沙漠風成地形差異一覽表」,讓學生瞭解沙漠風成地形特徵、成因和分布地區的差異。

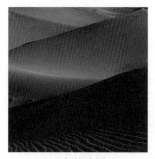

砂質沙漠

礫質沙漠

圖 7-6 沙漠風成地形圖片

表 7-1　沙漠風成地形差異一覽表

沙漠分類	成　　　因	特徵	分布地區
砂質沙漠	被風搬運的岩石碎屑，因風速減弱，或風沙前進遇阻產生堆積，形成沙丘遍布	沙丘	蒙古高原的戈壁
礫質沙漠	布滿岩石碎塊的漠地，經風力吹送，細小物質被吹走，使得地表礫石遍布	礫石	新疆塔克拉馬干沙漠

三、關聯性

　　關聯性是指教材內容的概念或事實彼此的關係，一起相互對照會使認知結構更為清晰穩固地瞭解內容。學生對學習概念的相互關係，可以樹狀圖或系列圖來呈現概念間的關聯性。

　　例如：國中地理〈天氣〉希望學生能指出高低氣壓，表 7-2「高低氣壓之關聯性前導組體」的設計，可以很快瞭解高低氣壓在方向和天氣型態彼此的關係。

表 7-2　高低氣壓之關聯性前導組體

種　　類	旋入／旋出方向	天氣型態	圖　　示
高氣壓	順時鐘方向	晴　　朗	H
低氣壓	逆時鐘方向	陰　　雨	L

四、延伸性

　　延伸性是指學生能列舉、組合、連結並標記到學習遷移的例子上。延伸性的前導組體可以提升學生對於創造新知的興趣和潛能，學

習高層次思考問題解決的能力。

　　例如：國中數學〈生活中的立體圖形〉要學生能運算十角錐有 a 個頂點，b 個邊，c 個面，則 a−b + c = ？表 7-3 是延伸性的前導組體設計。

表 7-3　十角錐之延伸性前導組體

角錐	3	4	5	6	7	8	……	n
頂點	4	5	6	?	8	9	……	n+1
邊	6	8	10	12	?	16	……	2n
面	4	5	6	7	8	?	…….	n+1

想一想：1. 打？地方要填多少？
　　　　2. n 角錐→ n+1 個頂點，2n 個邊，n+1 個頂點

肆、前導組體教學模式

　　前導組體的應用學科是非常寬廣的，Borich（1996）指出下列學科可以口頭或圖表方式設計前導組體，作爲新舊知識的認知結構：

1. 生物學：圖解說明人類骨骼的發展前，先解釋動物骨骼間的相互關係。
2. 數學：介紹直角三角形的概念前，先畫出直角、等邊與等腰的三角形。
3. 美國歷史：敘述主要戰爭前，先討論內戰的導因。
4. 閱讀：介紹隱喻與明喻的概念前，先說明修辭。
5. 英文：教導母音發音前，先聽母音與子音的範本。
6. 化學：在介紹每一個元素前，先解釋元素週期表的源由。

　　前導組體就像是認知地圖，指引學生先備知識和如何開創新學習，有效的前導組體應具備連結和創造認知結構的功能，以下列舉教

師教學實踐應用前導組體模式結構一覽表（Joyce, Weil, & Showers, 1992），如下表 7-4。

表 7-4　組體模式結構一覽表

第一階段： 呈現前導組體	第二階段： 提供學習課業或材料	第三階段： 增強認知結構
ˇ 呈現本課目的 ˇ 呈現組體 　1. 鑑別特徵的意義 　2. 舉例 　3. 提供前後脈絡 　4. 重複 ˇ 喚起學習者知識和經驗 　的關注	ˇ 呈現材料 ˇ 保持關注 ˇ 說明內容的組織 ˇ 說明學習材料的邏輯順 　序	ˇ 運用綜合貫通的原則 ˇ 促進主動的接受學習 ˇ 喚起批判學科知識的取 　向 ˇ 闡明認知結構

資料來源：Joyce, Weil, & Showers, 1992, p.190.

　　總之，前導組體協助學生回憶知識和轉化知識到新的學習，前導組體策略的發展將是銜接「知」和「未知」縫隙的重要橋梁（West, Farmer, & Wolff, 1991），教師使用前導組體應注意到學科的先備知識、學生起點行為、認知結構，和前導組體的相似、差異、關聯和延伸等性質，做出學生最適切的前導組體。

·············· 第三節　解釋教學的教學步驟 ··············

　　解釋教學法是奧斯貝主張能幫助學生有意義學習的教學法。
　　教師透過說明學習目標並建立心向、呈現前導組體和學習材料、擴充並強化學生思考能力的教學歷程，以使學生能獲得有意義學習。除此之外，解釋教學法也強調高度結構化的學習環境，學生互

動性高、教師為積極的呈現者、學生為積極的聆聽者，要建構此環境可採用視聽媒體來協助教學；要發揮教學效能，學生必須專心聽講。Arends（1988）研究指出進行解釋教學設計的步驟如下（Arends, 1988, 261-288）。

壹、教學前的準備工作

確定教學內容是學生獲得新知的主要來源。解釋教學的結構性內容可使學生在學習時更清楚瞭解到教師的教學重點。教師在教學前準備工作應充分考慮到：1.選擇教學目標和教材；2.瞭解學生的先備知識和認知結構；3.選擇適當而具有邏輯性的前導組體和心向導引的程序。

一、確定教學內容

教學內容是學生學習新知主要的引導和擴充來源，教師對於教學內容的範圍、形式要充分瞭解，可以從教科書、教學指引、圖書館參考書籍和網路資訊來蒐集資料，最後才確定教學內容。而在決定教學內容時宜把握住下列原則：

(一)摘要概念

一單元的教學概念通常是複雜多樣貌的，尤其是今日教學強調實施課程統整，教師對於主要概念和相關概念，應該摘要概念整理出主要線路和輔助線路，清楚教學內容的重點。

(二)概念構圖

概念構圖是把摘要教學概念具體化呈現的結果，含有邏輯演繹和歸納整理的作用，有助於教師整理出教學內容的階層性、難易度、順序性和結構性。例如：以高中地理介紹北非的氣候、地形和地質，圖

7-7「北非自然環境概念構圖」，可清楚瞭解北非的氣候、地形和地質的關鍵點。

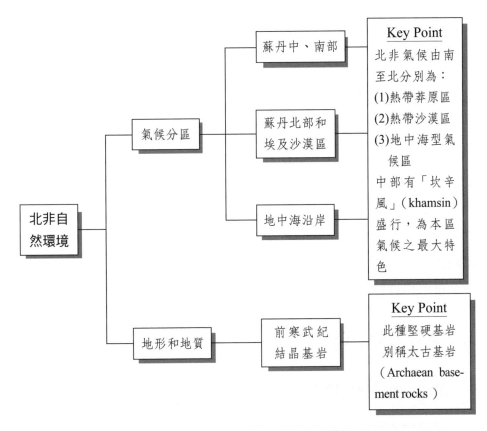

圖 7-7　北非自然環境概念構圖

二、學生的先備知識

學生的先備知識包括：瞭解學生的認知結構和心智發展，認知結構重在把學生已知和未知的認知結構作出區分點，例如：教導正、負數概念，學生「已知」結構是數線的正向和負向概念，「未知」結構是正正得正、負負得正、正負或負正得負，教師宜瞭解這之間的區分點到底學生先備知識是否具備。心智發展重視學生從具體簡單到抽象

複雜的發展層次，教師如能對於抽象複雜概念運用成為學生接受的先備經驗，則不管適用符號或實物解答，都有其意義。

例如：講解正三角形的特徵之一是三個內角都是 60°，教師到底是用量角器量出，或是用數學符號 180° ÷ 3 = 60° 來解答，決定採用何種方式教學須視其心智發展。

三、選擇前導組體

前導組體是學生學習新知和先備知識的橋梁，前導組體呈現比學習材料更高一層次的概念，卻具有引導學習新知的作用，它不同於心向或新知簡介。

例如：要教導學生認識水彩的主要技法包括：渲染、重疊、乾擦、縫合等四種技法，教師可以選擇具有四種技法的畫作作為前導組體設計，再請同學仔細觀察四張範例圖（教師提供）的顏色深淺、水分含量、線條粗細等差異。

貳、正式教學階段

一、說明教學目標並建立心向

㈠說明目標和教學流程

教師說明教學目標可以採用寫在黑板或投影加上口頭說明方式呈現，說明目標同時可以呈現教學流程圖，這樣在一開始教學時，可以讓學生明白學習新教材的重點。

例如：教學認識台灣東西南北海岸的分類特性，和適合發展的經濟活動、教學目標和流程的呈現，如圖 7-8「台灣海岸內容之教學目標和教學流程」。

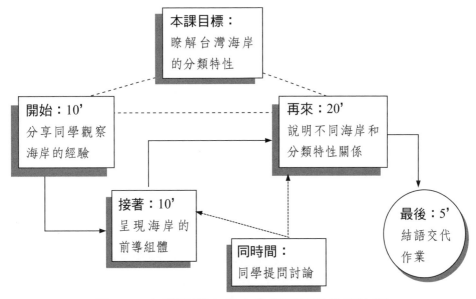

圖 7-8　台灣海岸內容之教學目標和教學流程

（二）建立心向

　　教師運用複習或與有關知識的問題、事件來建立學生學習心向，有助學生心理上的學習動機，也是讓學生專心上課的好方法。例如：說明目標完後，可以用關心的口吻對學生說：「誰有看到台灣南部墾丁被油輪汙染的清除油汙報導或照片？」以建立學生學習心向。

二、呈現前導組體

　　前導組體是一種與學習任務含括的材料不同，卻又比學習任務含括的材料更具包攝性的觀念。因此，前導組體概念的主要特徵在於比學習材料本身更高層次上的抽象性和概括性。呈現前導組體的概念不必是冗長的，但必須是可知覺的（學習者必須意識到它），以使他們能清楚地理解並不斷的與其所組織的材料相聯繫（Joyce, Weil, & Showers, 1992）。

　　前導組體可以黑板、投影機或電腦來呈現，呈現時，教師宜對
於解釋性前導組體和比較性前導組體，進行事實概念有關屬性特徵的
說明敘述，並請同學觀察、記錄、對話和練習，對於抽象概念之間的
聯結，進行歸納或演繹推理的程序性陳述和思考，讓學生能對前導組
體在新舊知識的聯結有基礎的認識。例如：圖 7-6「沙漠風成地形圖
片」即是介紹沙漠地形的前導組體。

三、呈現學習材料

㈠循序漸進

　　教師為使學生易於記憶理解學習材料，在解釋主要概念時，一次
最好只呈現一個概念，而且避免離題，將學習材料以細小步驟劃分組
織後，使學生在教師連續性概念的解釋中掌握前後概念，在教師提供
明確而循序漸進的題材中，有學習基礎不斷增加學習材料，假使內容
很複雜的話，教師宜呈現講解綱要。

㈡具體解釋並提問

　　對於學習材料中複雜的概念，宜提供詳盡而充分的解釋，最好教
師能夠示範教學技能，或是提供學生具體而多樣化的例子來解釋難懂
的概念，而具體明確解釋定義後，宜就該概念提出問題，從形成性評
量中瞭解學生不懂的問題癥結，作為篩選複雜問題的方法。

　　例如：教師解釋國中國文〈運動家的風度〉一課指出運動場上的
君子之爭，所應採取的態度是守規律、公開競爭而求得勝利；不應該
採取的態度是暗箭傷人的舉動、背地裡占小便宜的心理。教師可示範
打籃球搶球的正確動作，和故意違規傷人的動作，並舉出籃球比賽的
實例說明。

㈢解釋關係並舉例

　　解釋關係是指寫出說明原因、結果、方法、目的等的連接詞或介系詞，可協助學生明白各關聯所在並增進瞭解，常用的解釋關係詞如：「但是」、「換句話說」、「這就好比」、「假如……可能」、「公式一和公式二的不同是……」。舉例是產生有意義學習的方法之一。

　　然而，好的例子不易得，以下是資深教師在選擇例子所依循的準則：1. 確認內容的主要特質；2. 切合學生的生活體驗；3. 檢查提出的例子；4. 呈現例子；5. 將例子中的特質作歸類；6. 呈現特例；7. 原則－舉例－原則的技巧。而原則－舉例－原則技巧的運用歷程為：1. 呈現主要原則；2. 提供例子；3. 將原則作摘要並重複說明（Borich, 1996）。

　　例如：圖 7-9「人口金字塔類型教學材料」即是採用解釋關係並舉例的教學材料。

成果	低金字塔型	頂窄寬凹形	彈頭型	酒瓶型
印度／高出生率和死亡率	YES YES			
巴西／出生率高，死亡率降		YES YES		
瑞典／低出生率和死亡率			YES YES	
英國／出生率迅速下降				YES YES

轉　換　系　統

圖 7-9　人口金字塔類型教學材料

㈣口頭提示和轉換

當訊息較多時，可用口頭暗示來協助學習者瞭解重點所在，順利轉換到下一部分的學習內容。口頭暗示也可以幫助學習者瞭解學習材料的架構和概念間的關係。例如：教師從圖 7-9 可以口頭暗示：「印度的高出生和死亡率，形成低金字塔型，人口壽命短、人口集中在底部的小孩，屬於落後國家型；接下來，我們要看已開發國家瑞典的彈頭型有什麼特別的人口現象。」

㈤投入教學熱忱

教師教學熱忱會感染學生的上課參與態度，教師盡可能以幽默、認真的態度，多舉例來解釋概念，相信有助於學生學習成就。

四、檢查理解情形並擴充思考力

㈠檢查理解

教師對於學生學習成果可採用評量方式來檢查理解程度。評量的方法可以口頭、作業或其他方式來檢查，檢視學生回應的方式，可以採行教師評量、學生互評等方式，教師所出的問題宜具體明確。

而對於學生答題反應顯然是背教科書的不清晰、不完全反應，教師可採口頭深入探究（oral probing）和靜寂深入探究（silent probing）方式來檢查學生的理解能力（王文科，民 83），口頭深入探究例如：1. 延伸問題：即要求學生多說一點，老師可用「再說一些！」、「接著呢？」、「再加一些，說詳細點。」、「假使你說的為真，下一個邏輯步驟呢？」。2. 釐清問題：即要求學生說清楚些，老師可用「用你自己的話說說看！」、「請舉例說明你的意思」、「請重說你的答案」。3. 證明問題：即要求學生說出其反應的理由或證據，老師可用「你認為做那件事的理由是什麼？」、「有什麼證據可以提出那個建議呢？」、「有與它相反的證據嗎？」。4. 再發問問

題：即某生提出一個問題答案，鼓勵全班思考，再問另一位同學，請他將前述答案予以延伸、釐清或證明老師可用「你同意或不同意他的理由是什麼？」、「有什麼證據支持他的觀點？」。靜寂式深入探究則採用肢體語言的眼神、點頭等非口語方式，希望學生說下去。

㈡擴充思考力

透過課堂的談話，如問問題、互相討論，是讓學生強化其認知結構，並增加自控思考的能力最有效的方法。如此一來，學生才能整合先備知識與新知識，建構更完整的知識結構，並瞭解其間的複雜關係，亦即教師要準備具有可以快速流暢、變通、想像、獨創、精緻性的題目，使學生在學習遷移中，對學習材料能產生後設認知。

參、教學後的工作～評量

解釋教學經由教學前的前導組體之準備，到教學進行時對於事實性、抽象性教材的解釋、舉例、歸納、推論，到教學後教師宜對於學生所學習內容進行統整性的評量，以獲知學生知識的學習保留情形。一般而言，解釋教學可以就教學中的提問題、示範、特例說明作為評量重點，其次對於每種層次的知識都要施測，適時進行形成性和總結性評量，讓學生瞭解到測驗內容。

·············· 第四節　解釋教學實例設計 ··············

壹、教學單元

一、教學來源

國中國文第六冊第十一課〈世說新語選〉。

二、設計者

沈翠蓮、劉閣薇。

三、教學目標

藉由本課兩則故事，讓學生眞正瞭解「孝」以及「義」的眞諦，從中學習縝密的思考以及待人接物之道。

貳、教學步驟

一、說明教學目標

㈠說明孝和義的學習目標

1. 陶侃以坩鮓（官物）餉母的行爲，陶母的反應？
2. 眞正的孝行是怎麼樣的呢？　　　　　　　　　孝
3. 正確的家庭教育該如何實施？
4. 王朗和華歆對於求救者的要求答應與否？
5. 遇上賊人時，兩人對於求救者的態度爲何？　　義
6. 眞正的義如何定義？
7. 眞正負責任的行爲是怎樣表現？

㈡告知教學流程和時間：如表 7-5 和表 7-6

表 7-5　解釋孝的教學流程和時間一覽表

時間　　目標	講解課文、注釋、文法	簡單介紹陶侃的事蹟	引用相關資料來討論及引申	與時事相對照
分　　鐘	20	10	10	5

表 7-6　解釋義的教學流程和時間一覽表

時間　　目標	講解課文、注釋、文法	簡介華歆和王朗	引用相關資料來討論及引申	要學生寫對本課的心得
分　　鐘	15	5	10	5

二、建立心向

㈠引起動機

　　上課前先說幾則《世說新語》中的故事，例如：〈荀巨伯仗義退賊〉、〈王戎不食路邊李〉、〈周處除三害〉、〈孔文舉小時了了〉等，引起學生上課的動機，並對《世說新語》產生興趣和粗淺的認識。

㈡最近的事件或實物

　　說一些最近的社會消息，如大孝獎得主的故事，還有青少年因為幫朋友出氣而鬥毆甚至互砍的事情，引導學生思考。

三、呈現前導主體

　　如表 7-7。

表 7-7　綜合比較性和解釋性的前導主體

| 孝 | 1. 百善孝為先。
2. 上至光宗耀祖，下至不使父母蒙羞，都屬於孝。
3.「孝」與「悌」常相連為用。 |
| 義 | 1.「禮、義、廉、恥」是國之四維，四維不張，國乃滅亡。
2. 義是正正當當的行為，仰不愧天、俯不怍地。
3.「信」與「義」常相連為用。 |

四、呈現學習材料

(一)課文內容的大要

1. 描述陶侃母親責備兒子拿官家的東西孝敬她，反而徒增她的憂慮。說明了為人必須正直不貪，不可隨便取用公家的財物。透過此事，同時生動呈顯陶母的公私分明、深闇事理。

2. 描述華歆、王朗二人乘船避難時，對於欲搭船同行的人，前後不一的態度。說明了處事應思慮縝密，以免輕諾寡信，為善不卒。

(二)師生的對話

1. 生：「為什麼陶侃以坩鮓孝敬母親的美意，卻換來母親的責備和擔憂呢？」

2. 師：「公私要分明，尤其是有資源（政治、媒體、群眾等資源）的人，更得嚴公私之分，否則會造成公器私用的壞典範，小則使家人蒙羞，大則危及國家福祉，所以做人要公私分明。

3. 生：「陶侃會有此行為，是否代表陶母的家庭教育失敗？」

4. 師：「人的行為不只受家庭教育影響，學校教育和社會教育亦是影響的主因之一，而陶侃此行為或許是受到當時政壇風氣的影響，大家都公私不分；或許是很希望母親能嚐到此美味的魚乾，顧此失彼，是陶侃本身的錯誤，所以不可完全歸結到陶母的家庭

教育失敗。」

5. 生：「救人通常都是出於下意識，而王朗答應讓人一同搭船避難亦是屬於第一時間的反應，有何不妥呢？」

6. 師：「常見的溺水事件中，常有人因下意識的想救人，以至於忘了自己不會游泳，也低估了溺水者見東西便緊抓不放的恐慌，使得自己救人不成反而溺死，這是欠缺考慮的下場；同樣的，王朗只覺得當下多載一人逃難無妨，卻未意識到『救人救到底，送佛送上天』的責任，只顧到眼前，所以就會產生之後想棄他而逃的念頭，這是一種不負責、不成熟的處事態度。」

7. 生：「俗話說：『蓋棺論定』，後人對華歆、王朗的評價即據此而來吧！」

8. 師：「的確，人一生的作為要等到百年之後才能論定，然而能善始善終的人卻是鳳毛麟角，如唐玄宗的開元之治締造比太宗的貞觀之治更隆盛的大唐，但是玄宗天寶年間卻發生安史之亂，是唐由盛轉衰的分水嶺，因此我們可知要評斷人、事、物都要詳其始末，才能得到正確的結論。」

五、檢查理解並擴充思考

㈠教材內的問題

1. 寫出「坩鮓」的注音和解釋。
2. 本課用到的修辭法有哪些？試舉例說明之。
3. 試簡述二則故事之大意和主旨。

㈡擴散性的問題

1.《論語》說：「有酒食，先生饌」，陶侃把官家的坩鮓寄給母親以茲孝敬，有無違背《論語》的說法？試說明之。
2. 聽過了〈荀巨伯仗義退賊〉的故事後，試歸納出荀巨伯和華歆二

人性格的相同處，並爲其作爲評價。

3. 俗話說：「不可見死不救」，王朗一開始的行爲符合此原則，但是爲何後世對他的評價不如華歆？試說明之。

六、評量

(一)評量的題目：如表 7-8

表 7-8 解釋教學孝和義的評量題目

國文平時考 班級： 座號： 姓名： 得分：
一、是非題：
1.（　）陶侃拿官物孝敬母親是正確的行為。
2.（　）華歆贊成王朗捨棄別人而逃亡的行為。
二、選擇題：
1.（　）本課第一則故事的主題是 (1) 孝 (2) 仁 (3) 禮。
2.（　）本課第二則故事的主題是 (1) 義 (2) 愛 (3) 忠。
3.（　）本課出自於 (1) 台灣之子 (2) 世說新語 (3) 世說舊語。

(二)增強的方式：如圖 7-10

1. 對三題以下者，蓋一個加油章。加油

2. 對三題以上、五題以下者，蓋一個差一點章。 差一點

3. 全對者可任選可愛貼紙或 NBA 球員或球隊貼紙一張。

panda　　　　76 人隊 Allen Iverson　　　　暴龍隊 Vince Carter

圖 7-10 解釋教學評量增強貼紙

參、教學注意要點

一、對於積極參與討論的學生，發予世說新語小卡以為鼓勵。如圖
　　7-11。

> 管寧、華歆共園中鋤菜，見地有片金，管揮鋤與瓦
> 石不異，華捉而擲去之。又嘗同席讀書，有乘軒冕
> 過門者，寧讀如故，歆廢書出看。寧割席分坐曰：
> 「子非吾友也。」（德行篇第十一條）

圖 7-11　解釋教學評量增強卡片

二、對於評量成績表現不佳，以及不熱中參與討論的學生，可予以課
　　後輔導或聊天。

三、多多引用時事，或最近相關的消息或書等，鼓勵同學多聯想，以
　　達成遷移的效果，使學生能學以致用。

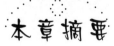

本章摘要

1. 奧斯貝是美國著名的教育心理學家,其主要教學原理觀點是在教學目的上建立學生「有意義學習」,教學策略上採行「前導組體」,並運用前導組體於「解釋教學法」。

2. 奧斯貝從認知心理學觀點認為:要讓學生有效能處理訊息,有意義的編碼以獲取記憶、推理和判斷的檢索能力,教師在教學時應該提供學生有意義學習。有意義學習是指學生認知學習的新舊基模能有意義的連結而獲取新知,包括:有意義的接受式和發現式兩種學習。

3. 有意義的接受式學習,是指教師將教材完整邏輯組織後呈現,指導學生連結到原有認知結構的學習。有意義的發現式學習,是指以學生為主動角色,以既有基模找出教材的邏輯組織結構,獲取新知,教師居於輔助或提示的角色。

4. 奧斯貝認為要產生有意義的學習,他建議老師宜建構兩種情境:(1) 應用有意義的形式,呈現主要概念、原則,來教導新知識;(2) 設法使新知識和學習者的先備知識與認知結構產生關聯。同時使學習者有學習的心向,才容易接受新知識。

5. 奧斯貝認為使用前導組體才能產生有意義的學習。前導組體是教師預覽並組織新教材時,銜接新舊知識的有組織材料,使新教材和已經存在於學生腦中的抽象概念得以堅固結合和保留。

6. 奧斯貝提出前導組體的「漸進分化」和「統整協調」二個原則,「漸進分化」是指教師對課程內容先提出最普遍性概念,再逐漸提出細節或特殊部分,或者是先介紹學習者高層次概念或大原則,然後再介紹細節;「統整協調」是指新觀念應該有意識地與先前學到的內容連結起來。

7. 前導組體在教學上可分為「解釋性前導組體」與「比較性前導組體」。「解釋性前導組體」即教師提供學生熟悉的環境或知識，作為解釋新學習內容的依據；「比較性前導組體」主要是為了使新概念和認知結構中現存的基本概念能統整起來，或釐清新舊概念避免學生產生混淆，所設計的有組織性材料。

8. 奧斯貝認為要讓學生學習訊息處理的能力，教師應注意到「教材結構」和「認知結構」。「教材結構」需要教師運用知性地圖來串連教材內容的重要概念，成為大概念和部分概念之間有意義的結構；「認知結構」是指學習者對於訊息處理、認知的組織能力。

9. 解釋教學法是奧斯貝主張能幫助學生有意義學習的教學法，教師透過說明學習目標並建立心向、呈現前導組體和學習材料、擴充並強化學生思考能力的教學歷程，以使學生能獲得有意義學習。

10. 解釋教學法的教學步驟：(1) 確定教學內容；(2) 學生的先備知識；(3) 選擇前導組體；(4) 說明目標並建立心向；(5) 呈現前導組體；(6) 呈現學習材料；(7) 檢查理解情形並擴充思考力；(8) 評量。

11. 呈現學習材料有五項重點：(1) 循序漸進；(2) 具體解釋並提問；(3) 解釋關係並舉例；(4) 口頭提示和轉換；(5) 投入教學熱忱。

12. 解釋關係是指寫出說明原因、結果、方法、目的等的連接詞或介系詞，可協助學生明白各關聯所在並增進瞭解。

13. 一般而言，解釋教學可以就教學中的提問題、示範、特例說明作為評量重點，其次對於每種層次的知識都要施測，適時進行形成性和總結性評量，讓學生瞭解測驗內容。

研習功課

▶ 理論問題作業

1. 請比較接受式與發現式學習有何不同。
2. 奧斯貝提出「前導組體」的觀念，請你說明對它的看法與教學上的應用價值。
3. 奧斯貝對於前導組體在課程方面所提出的重要原則為何？
4. 奧斯貝對於前導組體在教學方面所提出的觀點為何？試析論之並比較其差異處。
5. 請你論述「教材結構」與「認知結構」之觀點。
6. 請分析前導組體的特色。
7. 試論述解釋教學法的教學步驟。
8. 奧斯貝的解釋教學法在呈現學習材料上應如何實施？

▶ 實作設計作業

1. 請自行選定一國中一科教學單元，並依照漸進分化的原則，分析該單元的教學內容。
2. 請設計一份解釋性前導組體在教學上的實際運用情況。
3. 請設計一份比較性前導組體在教學上的實際運用情況。
4. 請從國中教材中選一單元，設計該單元的教材結構圖與認知結構圖。
5. 請運用「心向」的觀點來設計一份教材內容。
6. 請根據解釋教學法的教學步驟，自選一教材單元，設計一份完整的教學流程。

第 8 章

布魯納教學原理與設計

　　布魯納（J. S. Bruner）是當代著名的教育心理學家，1941 年獲得哈佛大學心理學的哲學博士學位後，即努力貢獻於認知教學領域的研究。布魯納重視發現教學設計，以使學生探索未知之觀念。他認為：「所謂發現，就是調整本質的事實，改變與重組之後，獲得新的事實」（Bruner, 1962, 82-83）。發現教學可以促使學生重組知識，透過直觀分析以獲得新知。

　　此外，布魯納亦認為：「教師不僅是個『傳遞者』，也是學生的『榜樣』。教師若不能瞭解數學的奧祕或神奇，便不能引發學生對數學的內在興趣。教師若不能發揮他的直觀能力，便不能有效引發學生的直觀思考」（Bruner, 1969, 90）。是以，新知的發現雖由學生自己探索，但教師是引導學生發現的觸媒，也是促使學生發現新知的先知和教學設計者。

········ 第一節　布魯納認知教學的理論基礎 ········

　　追溯其對認知教學的關注，可從布魯納 1947 年發表〈價值與需求對知覺組織的影響〉（Value and need as organizing factors in perception）論文，得知個人的心理需求與價值觀念將影響其知覺，個人的知覺經驗又轉而成為日後行動的基礎，因為一枚錢幣對貧富不同的小孩，在知覺的認知是不同的，窮人家的孩子看到地上一塊錢可能眼睛發亮，接著俯身去撿；有錢人家的小孩則可能視而不見，因為一枚錢的價值與需求實在太小了。因此，認知程度不同，個體表現行動自然有差異。

壹、認知發展階段論

　　認知發展是個體和外在環境意義建立關係的基本要件，認知發展

成熟的學生對於外在訊息可以很快地加以處理，變成記憶、理解的重要來源。布魯納認為人的認知發展可以分成動作表徵、影像表徵和符號表徵等三個階段，這三階段的意義如下：

一、動作表徵期（enactive representation stage）

這是認知發展的第一階段，是指零歲到二歲的幼兒對外界意義的理解，是依據身體感官動作與外物的接觸，而獲知人我之間的互動意義，當幼兒用手去摸奶瓶、用嘴巴去吸奶瓶裡的牛奶時，他會由手和口的接觸獲得屬於他喝奶的判斷知識，太燙、太冷、太濃、太淡的牛奶不喝，原因即在於他要以動作告知他不喝的理由。

二、影像表徵期（iconic representation stage）

這是認知發展的第二階段，是指三歲到五歲左右的兒童，能夠運用感官對事物所得的經驗，藉以瞭解其周圍的世界，進而獲取知識。例如：兒童可以由吃蛋糕、唱生日快樂歌、接到卡片和禮物，所得到具體的味覺、聽覺、觸覺等訊息處理後的知覺經驗，來瞭解「生日快樂」所獲得的祝福、關懷意義。

三、符號表徵期（symbolic representation stage）

這是認知發展的第三階段，是指六、七歲在小學接受正式教育以後的兒童，能夠運用抽象符號來吸取知識，或是運用文字、數字、圖形等符號來作為記憶或推理的工具。例如：兒童會以星星的符號☆來作為日夜判斷的表徵符號；或以「天上星星一閃一閃亮晶晶，像是一顆顆小眼睛」，用新詩來表達心中想像；或是以 $\because A>B$ 且 $B>C$ $\therefore A>C$ 解釋為什麼爸爸比哥哥比弟弟大的原理；或是說出「四公里的長度是和四百公尺操場跑十圈一樣」的應用。

在整個認知發展歷程中，布魯納相當重視發展性的互動作用，例如：人際互動、先天傾向和後天經驗的互動、個人和文化的互動

等意義。所以，互動歷程的第一步驟，必須透過文化中有經驗的個體——成人「轉化」其知識、技能和程序到較少經驗的學習者身上（Bornstein & Bruner, 1989）。有經驗的教師應該熟知學生無法解題是處於認知表徵哪一歷程？如圖 8-1「數學方程式認知發展圖解」，處於動作表徵期的學生，應提供他「排成」大方塊板的互動經驗；影像表徵期的學生可以提供他「面積和」的影像互動經驗；符號表徵期的學生可以提供他「重組」數字和方程式的推理經驗，這才有助於數學解題的理解分析歷程。

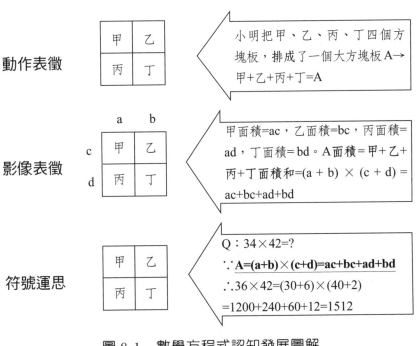

圖 8-1　數學方程式認知發展圖解

貳、教材結構論

布魯納認為瞭解某一學科的「結構」（structure），也就能有意

義的使許多其他事物與該學科發生相關作用，藉著這種相關作用，我們能瞭解該學科。簡言之，學習「結構」就是學習事物如何相互關聯（Bruner, 1969, 7）。學習的成功，在於教師能否配合學生的認知發展，將教材結構清楚轉譯成學生認知能接受的形式，變成學生生活世界有關的模式。「結構」是指組織的「部分」，教材結構即是指教材的部分與部分相連結而成的整體，教材結構想要容易地為學生所接受，結構與結構間就必須是一種有意義的連結。

布魯納在《教育的歷程》（The process of education）第二章，特別專章介紹「結構的重要性」（Bruner, 1969, 17-32）。他認為教師要教授某一學科的基本結構，必須注意下列四個要點：1. 瞭解學科的基本觀念可以促使該科目易於瞭解。2. 提供教材結構形式，促進記憶保留。3. 瞭解基本原則和觀念，幫助產生「學習遷移」。4. 檢視教材基本知識和高深知識的隔閡問題（Bruner, 1969）。所以布魯納主張學科結構或教材結構，應由優秀的學者、科學家和教師共同參與設計，才能深入反映出知識需求的課程結構。以下列舉學科結構和教材結構分析設計的常用方法：

一、段落大意區分法

亦即將全課的大意依照起、承、轉、合的方法，找出各段要旨，這種區分方法，適合運用於語文課程和社會課程。例如：國文〈蟬與螢〉一課全文分成三個部分，一開始先記敘說明蟬，接著抒情螢，最後以蟬與螢並論，議論出自己的見解。圖 8-2「蟬與螢段落大意結構圖」是以段落大意區分大、中、小教材結構，學生很快可理解全課的脈絡。

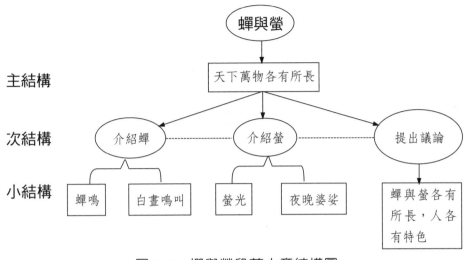

圖 8-2　蟬與螢段落大意結構圖

二、圖譜區分法

　　亦即找出全課的屬性，將屬性之間的關係透過普遍可以理解的圖式來呈現重點，這種區分法適合用於語文、社會、藝術與人文學習領域課程、自然與生活科技領域課程。例如：要講解國文〈聲音鐘〉描寫的各種聲音景致，可用聲音為主軸左右簡要課文大意和蘊義，來區分出教材結構。如圖 8-3「聲音鐘圖譜區分教材結構」。

三、教學目標區分法

　　亦即根據認知、技能和情意教學目標來區分教材結構，但須注意三種教學目標之間應具有連結性，才能將教材結構有意義的區分。例如：國中理化的〈溫與熱〉教材結構區分，即如圖 8-4「溫度與熱教學目標區分教材結構」。

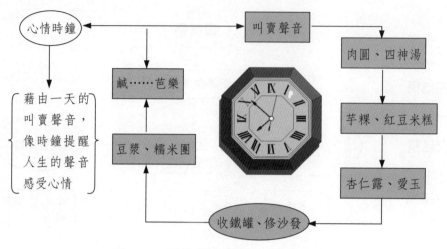

圖 8-3　聲音鐘圖譜區分教材結構

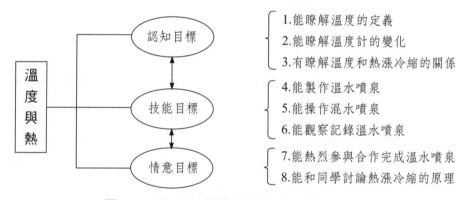

圖 8-4　溫度與熱教學目標區分教材結構

四、統整課程結構區分法

　　為配合一貫課程統整課程結構，教師必須針對學習領域進行教材主題的統整設計。結構圖的設計以「主題」→「配合學習領域」→「學科知識」→「學科小主題」→「教學主題」→「教學內容」等步驟依次進行教材結構圖的分析設計，如圖 8-5「2001 蓮的統整課程結構圖」。

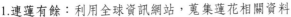

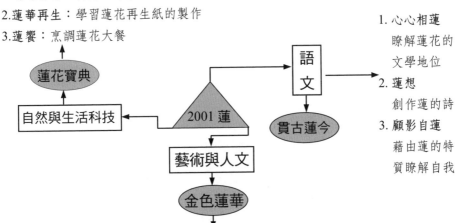

1.連蓮有餘：利用全球資訊網站，蒐集蓮花相關資料
2.蓮華再生：學習蓮花再生紙的製作
3.蓮饗：烹調蓮花大餐

1. 心心相蓮
　 瞭解蓮花的
　 文學地位
2. 蓮想
　 創作蓮的詩
3. 顧影自蓮
　 藉由蓮的特
　 質瞭解自我

1.蓮響：歌曲教唱採蓮謠，欣賞夏季美麗景觀
2.觀蓮：植物園賞蓮花
3.倪秀蓮：版畫教學及影片欣賞

圖 8-5　2001 蓮的統整課程結構圖
資料來源：邱愛鈴等，民 90，頁 6。

參、學習技能論

　　布魯納針對學生學習技能，非常重視以操作探究、對照比較、尋找矛盾等技能，涵養學生「發現」知識的真相。所以，指導學生「直觀」和「分析思考」是相當重要的，不同於形式的瞭解。

一、直觀思考（intuitive thinking）

㈠直觀思考的意義

　　直觀思考是基於對知識領域和結構的熟練，以幫助思考者探取飛躍和捷徑的方式解答問題，而不是像分析的方式（例如：歸納或演繹）需要較長的時間來反覆檢驗證明。直觀思考是指直接的理解或認知，是指個人對於一個問題或情境的結構和意義的瞭解，不需要依賴

個人分析、證明的方法來解決問題（Bruner, 1969）。因此，直觀思考是一個暫時性結構的推測解答歷程，這個歷程的思考來自於結構的認知。

(二)直觀思考的特徵

直觀思考具有下列三個特徵（陳峰津，民 71）：1. 不確定時地之感知：在不確定的地方發生全體的感知，可以對於事物全貌先做粗約認識，對構造產生特色直接認識。2. 多數是影像之型態：即掌握影像表徵的型態特色直接判斷。3. 非語言的過程：直觀思考是深層知覺的過程，缺乏語言媒介的直接過程，是一種飛躍式或閃電式的思考。

所以，直觀思考在教學上強調知識結構和連貫的重要性，教師要把握教材結構之重點，整理教材提供學生直觀思考，鼓勵學生有信心地對於教材進行猜想推理。

二、分析思考（analytic thinking）

分析思考是論理的陳述系統思考方法，傳統的演繹、證明、歸納方法都是屬於分析思考的方法。當直觀思考獲致前所未有的問題解決方法，最好再經由分析的歸納證明，以確立知識的邏輯合理基礎，獲得問題解決的正確性、合理性和可行性。

例如：要讓學生瞭解〈蟬與螢〉這一課，教師可提供蟬與螢的圖片和資料供學生觀察蟬與螢的外型、發聲、發光、繁殖，由直接觀察、測量、描述和比較蟬與螢的差異，再經由分析假設、驗證事實的做中學驗證事實，如表 8-1「認識蟬與螢的特徵一覽表」，即是融合直觀和分析思考的發現學習技能。

整體而言，在觀察、分析、比較、假設、驗證等歷程中，教師如能給予學生機會、作業、討論、澄清、理解的事件處理的直觀和分析經驗，那麼經由學生主動參與事件的處理，才能建構屬於自己所擁有的真實世界的模型。

表 8-1　認識蟬與螢的特徵一覽表

蟬與螢	特　徵
蟬	1. 外型：(1) 頭寬而短，複眼相當發達。(2) 三個明顯單眼，觸角尖細。(3) 口器堅硬。(4) 中胸特別發達，像國劇臉譜。 2. 發聲：(1) 雄蟬才會發聲，發聲器位於腹腔，由兩片大型音箱蓋組成。(2) 音箱蓋可保護發音器，發出抑揚鳴聲。 3. 繁殖：交配後，雌蟬產卵，數日雌雄蟬均死。
螢	1. 生長：是一群鞘軟的甲蟲，經卵→幼蟲→蛹→成蟲等階段。 2. 發光：(1) 螢火蟲的光並無伴隨熱，故稱「冷光」。(2) 發光是為了誘集、解戒、照明、偽裝等目的。(3) 每種螢火蟲發光時間和頻率均不同，只有同種才能互辨、交配。 3. 外型：雌螢較雄螢體積大。

肆、教學論點

　　發現教學法是提供學生從教材情境探索中，發現知識真相的教學法。

　　布魯納從他的教學理論中發現，學習是有跳躍性的可能，因為學生的認知發展是可以透過系統表徵不同的動作、影像和符號階段，來獲取知識的記憶、推理、想像和判斷的可能。

　　布魯納教學理論有四個主要特徵：1.教學理論應該詳細陳述提供學習者有效的學習經驗。2.教學理論應該逐項指出較容易為學習者掌握知識本質的方式。3.教學理論宜列舉呈現教材最有效的順序。4.教學理論應該詳細陳述教學過程中獎懲的運用方式（Bruner, 1971）。歸納布魯納倡導發現教學法的教學原則如下：

一、最佳經驗配合內在動機

教師進行發現教學時，應先瞭解學生學習的最佳經驗，最佳經驗是指學生學習需求的取向或問題解決的目的，內在動機是指學生的好奇、好勝、認同、互動和成就感等持續學習的動力。當教師想讓學生發現（−5, 3）是屬於第二象限時，可以先從學生「尋寶圖」、「跳格子」的問題解決目的，來設計發現教學的最佳經驗「尋找（−5, 3）的寶物在第二個遊戲區，第二個遊戲區的數學名字叫做『第二象限』」，激發學生的好勝心和成就感等內在動機。

二、教材結構配合認知結構

教材結構可以是小的「題材」結構，也可以是大的「學科」結構（邵瑞珍譯，民 62），無論大小結構，最重要的是能使結構與結構之間有很好的關聯性，此關聯性能配合動作、影像和符號的認知表徵結構，以促使學生的發現能和真實世界的意象、訊息相結合。以「題材結構」為例，要讓學生發現「白髮三千丈」的明喻用法，可以將「白髮」、「三千」、「丈」等結構的結合，配合影像圖片或文字詮釋，讓學生從觀察比較中發現其蘊意，所以教材結構配合認知結構，是使學生從發現矛盾進行統一教學歷程中，發現屬於自己的知識。

三、教材轉譯配合呈現順序

布魯納在課程設計最有名的主張是「螺旋課程」，即課程內容逐漸由簡入深、由廣縮小，層層上升像螺旋般的形狀。在發現教學歷程的設計如同螺旋課程理念，教材轉譯是指將教材轉變成學生可認知的動作、影像、符號表徵結構，呈現順序是指教材呈現的時間、邏輯、對象等順序。透過教材轉譯成學生可接受的知識基礎，再層層加深到新知的理解上。例如：要教學生發現「n 邊形內角和＝（n−2）×180°」，在教材轉譯配合呈現順序的教學原則，可以有下列順序：

　　第一、呈現三角形、四邊形、五邊形、六邊形的圖形，提問：「這些多邊形分別有幾個內角？如何知道內角和？我們要一個個內角去量再加嗎？」

　　第二、請同學嘗試畫出四邊形可以畫出幾個三角形？提問：「其他多邊形分別可以畫出幾個三角形？」如下圖 8-6「多邊形內角和求解圖示」。

圖 8-6　多邊形內角和求解圖示

　　第三、請學生歸納回答：

1. 三角形是一個三角形。　　　　2.四邊形是（4－2）個三角形。
3. 五邊形是（5－2）個三角形。　4.六邊形是（6－2）個三角形。
5. n 邊形是（n－2）個三角形。　6.n 邊形內角和＝（n－2）×180°

　　第四、提問：「十二邊形的內角和等於多少？」

四、學習策略配合增強制約

　　一般而言，學生發現學習策略有直觀思考和分析思考等策略。直觀思考，簡言之是一種「靈感」，亦即對客觀事物的細部尚未分明的情況下，對整個事物內隱的覺知，發現有時是一瞬間掌握某種訊息的抽離，有些視覺、聽覺、觸覺或嗅覺較敏感的人，直觀思考之後頗能見微知著，像科幻卡通影片中的柯南即是先有直觀思考再有分析思考的人。

　　而分析思考通常透過操作探究、對照比較和尋找矛盾等歷程的分析，才能將發現新知的「確定條件縮小範圍」、「複雜關係還原簡單關係」、「利用類推」、「著眼於相似關係」等技法（鍾啟全、黃志

成合編,民88),應用於發現教學。而這些學習策略如能配合增強制約學生的內外在動機,讓學生從驚奇中發現事理的奧祕,從疑惑中發現問題的癥結,相信好奇與成就感會使學習變成一種快樂。

第二節 發現教學的設計方法

發現教學(heuristic instruction or discovery instruction)是教師能提供學生去發現的情境或結構,讓學生能從情境或結構中去直觀和分析思考發現新知的歷程。以下列舉幾個發現教學的設計方法。

壹、遊戲方法

布魯納從動作表徵、影像表徵和符號表徵的認知發展主張,認為人類的認知成長是從孩童時期的習慣性行動,經由想像有關形象的自由行動,到轉化行動和行動到語言表達(Bruner et al., 1967)。認知發展很重要的是讓學生能在直觀思考中,發現各種可能的問題解決途徑,當學生能從遊戲中產生「有效能的驚奇」(effective surprise),那麼在創造性活動中要突破問題癥結越有其可能性。

遊戲中的快樂氣氛可以引發學生的追求勝利、成就的動力,學生在遊戲中最能發揮潛能,運用感官和思考去解決遊戲中的問題。要讓學生進入發現新知的情境中,可以採用「拼圖」、「綠野仙蹤」、「魔術方塊」、「猜猜我是誰」等遊戲方法,引導學生發現教學新知。

例如:高雄美術館曾展覽「西洋美術中的兒童形象」,呈現十三世紀到十八世紀兒童在遊戲、工作、讀書等著名畫家的畫作,接著設計遊戲的方法,考驗觀眾對於不同時期的畫作,有再認知發現奧祕的能力。因此,美術館針對幼兒園、國小、國中到高中等不同對象學生

來設計「藝術角遊戲活動」，讓觀眾能進一步發現藝術教育的色彩、線條、主題、畫風轉變、抽象意涵等內容。

在「藝術角遊戲活動」中，首先利用「拼圖」遊戲，讓幼兒園孩子「認識西洋美術中兒童形象的色彩」，遊戲區設計九個立體活動看版（魔術方塊），每一面都有一幅畫作，一個魔術方塊共有六面，九塊共有五十四幅畫作，魔術方塊縱橫之間可以讓兒童任意轉每一個立體活動看版，只要他認爲畫面色彩和諧很喜歡即可。當兒童完成排列九個畫面時，可以認識到自己直觀思考的畫面。這種遊戲設計符合布魯納的動作表徵和影像表徵的認知發展。

其次，讓小學生玩「綠野仙蹤」遊戲，利用左右掛著的二十個複製畫，例如：〈抱貓的小孩童〉、〈小學老師〉、〈哭泣的小男孩〉、〈該回家了〉、〈餵食時刻〉、〈三個舞蹈的小天使〉、〈早晨的散步〉等名畫，插入合於中間寫有「暖暖的太陽」、「快樂時光」、「風兒輕輕吹」、「回憶」、「小淘氣」、「愛」等六個形容詞主題相符的插框中，這個遊戲沒有標準答案，可以自己安靜思考也可以邀請人來討論，看看相同的形容詞會產生哪些不同的想法，透過遊戲來判斷、認識西洋美術中兒童形象的意涵。這種遊戲設計符合影像表徵期的認知發展。

最後，讓中學生玩「猜猜我是誰」遊戲，把十三到十八世紀各時期代表畫家、畫風、畫作等重要特徵以文字說明於旁，讓中學生從轉魔術方塊中，認識西洋美術中兒童形象的特徵，把所知的畫作採行語言和他人分享。這種遊戲設計符合符號表徵期的認知發展。

整體而言，設計這三種不同對象的「藝術角遊戲活動」，結合了教材轉譯、認知發展、學習策略、內在增強等發現教學原則，讓深奧的西洋美術在不知不覺中，已經融入現代人的眞實世界了。

貳、實驗法

布魯納相當強調直觀思考和分析思考的學習策略，認為發現是不可能「無緣無故」產生，「靈感」必須經過感覺和知覺統合訊息處理後，才可能發現事實真相或公式定理。所以，儘管他推崇直觀思考，但仍肯定直觀思考完後需分析思考的驗證，才能真正完整的發現知識（Bruner, 1969）。實驗法即從按部就班的步驟中，去驗證「為什麼」和「如何做」的演繹推理和歸納分析思考。

例如：國中理化科的〈酸與鹼〉單元，要讓學生瞭解「濃硫酸和稀硫酸的脫水性質差異」，無法只憑教師講解即知科學現象，所以透過整個實驗設計，以學生為主的操作對照、比較矛盾歷程，適當控制變因，才能化抽象為簡單明確的公式定理。

一、實驗設計

(一)器材

教師準備濃硫酸和稀硫酸各一份溶液，並準備二小塊甘蔗和二張白紙。

(二)操作

教師示範將濃硫酸和稀硫酸分別倒入二小塊甘蔗，結果發現：「濃硫酸會使甘蔗變成黑色的炭；稀硫酸不會。」請學生實驗將濃硫酸和稀硫酸分別倒在二張白紙上，作觀察記錄比較。

二、實驗歸納和推論

(一)師生對話：教師請學生回答：濃硫酸和稀硫酸的脫水現象有何差異？學生能回答：濃硫酸有使甘蔗、白紙產生脫水現象，稀硫酸則沒有脫水性質。

㈡歸納：脫水現象。

㈢推論：濃硫酸的脫水性很強，會使物品炭化。沸點很高，溶於水
　　會產生大量的熱，具有相當的腐蝕性和危險性，使用時要非常小
　　心。

參、看圖說話法

　　布魯納認為科學心理學需要好奇每天處理有關說和做的事物，尤
其需要運用語言解說讓行為合法化（Bruner, 1990），簡言之，行動
的意義是需要語言表達。

　　從影像表徵到符號表徵的教學是最難讓學生理解的。當學生能從
圖畫、照片、電影、課文、故事等教材中，以自己的語言或文字正確
表達符號意義，這表示他已經具備符號認知能力。

　　例如：高中國文〈濠梁之辯〉一課，論及莊子與惠施在濠梁上
辯論誰才知道水中魚之樂，只有教師語譯全課文，是很難理會寓言之
「弦外之音」，教師可用連環漫畫中的人物對話來詮釋義理，最後以
圖 8-7「動物的戀愛物語」，蜘蛛背炸彈飛向張開大嘴的鱷魚，由學
生直觀思考後，相信十位同學註釋直觀圖片的意義、現象和寓意，都
不相同，學生對於「濠梁之辯」莊子與惠施「水中之魚之樂」，寓言
之義理，相信在直觀影像後，較能體會弦外之音的寓言之託。

圖 8-7　動物的戀愛物語

肆、情境模擬

　　情境模擬是將問題化為實際情境,加以模擬各種可能的解決問題策略。可以採行書面式的情境模擬和多媒體的情境模擬。由於多媒體影音設備需要軟體程式、課程情境分析、繪畫編輯等設計人才難求,以及所需經費龐大,學校難以充實設備,因此,國內學校目前多以書面式的情境設計為主,以下以教學〈熱對物質的影響〉,可模擬情境設計如下:

　　情境一:相見歡

有一天,住在北極的小明與好朋友雪男史諾、乒乓球波波、蛋蛋矮個相約到溫泉洗 SPA。

　　情境二:波波被聖誕老公公車撞到⋯⋯

在路過艾斯路時,波波不小心滑倒,剛好聖誕老公公的馴鹿車駛過,結果波波的臉上就被撞的凹陷一塊。

情境三：波波遇溫泉熱復原了 VS. 史諾不見了

雪男史諾抱起波波，急忙奔往溫泉，
不小心跌入溫泉中，史諾不見了，波
波卻奇蹟般的復原了。

情境四：矮個跳入溫泉池變成硬硬的蛋

為了要救史諾，矮個脫衣服跳入池
中，卻變成硬硬的蛋蛋……。

　　經過上面四種情境設計，再引導學生討論「物質受熱的變化」，
學生從情境模擬討論中歸納現象可以發現：雪受熱變成水、蛋受熱變
成硬硬的熟蛋、乒乓球波波受熱可以恢復原狀。接著推論出：氣體、
液體、固體等三種物質會因為冷熱溫度不同，產生變化現象。

………… 第三節　發現教學法的教學步驟 …………

　　發現教學法是讓學生最後發現教學新知，而不是直接告知答
案。誠如 Strike（1975）指出發現四種狀態：知道結果（knowing
that）、知道技巧（knowing how）、發現結果（discovering that）、
發現技巧（discovering how），學生是由發現解決策略、活用組織、
努力求解等歷程重組新知。整個發現教學歷程如下。

壹、引起動機

一、提出相關問題的正例和反例

　　發現教學法開始引起學生動機,可以使用正例和反例的舉例方式,引起學生的學習誘因和好奇,指導學生對探索教材內容的注意。正例是指能包含所舉例子的所有特徵;反例是指反向、不含所有屬性特徵的例子(Gunter, Estes, & Schwab, 1995)。學生由於正例和反例的特徵差異,容易由比較分析中發現事實性的不同,進入新概念的學習。此外,教師也可由最近發生事件來舉出正例和反例,使學生對於抽象概念的學習能有接近的具體經驗。例如:講解「曲流地形」可舉出「秀姑巒溪」為正例,舉出「基隆河」為反例。

二、語言轉譯成學生的真實世界

　　舉出正例和反例之後,應該就正例和反例的特徵,作出引導性的詮釋問題,指導學生發現特徵事實的探究方法。例如:王小華你到過秀姑巒溪泛舟過,看到秀姑巒溪的水流速度、水道深淺、侵蝕和堆積作用有什麼特色?張中明你蒐集秀姑巒溪的圖片,上中下游河流的沿岸高低變化有什麼特色?

貳、提供教材結構

　　提供教材結構主要是讓學生嘗試由具體分類的結構,去發現教材與教材之間的關聯性。無論是題材結構或學科結構,教師可以讓學生在排列組合過程中發現結構的秩序和意義的相關。教材結構的區分可依照段落大意、圖譜、教學目標等區分方法,區分出教材結構中的主結構和次結構,讓學生從簡明的教材結構系統中,清楚發現教材的重點為何?該如何從找出主結構和次結構的問題答案、特徵差異?

例如：要讓學生認識美術〈四季的色彩〉單元，可以區分主結構為：發現色彩→喜歡色彩→玩弄色彩→辨識色彩→應用色彩→鑑賞色彩等六大教材結構，之後就每一個教材結構再細分次結構，例如：在「辨識色彩」主結構之下，可以採用「辨識春夏秋冬四季變化圖」作爲次結構，學生再從次結構中的春夏秋冬各季節不同色彩分析比較差異，誘導直觀思考的開展。

參、描繪豐富圖像

一、運用遊戲、實驗、看圖說話、情境模擬等方法

學生從教師設計的發現問題、解決問題情境中探索，將可擴展直觀思考爲分析思考，由事實性觀察、記錄、比較、分析，逐漸躍升到抽象性的思考，問題的成因和結果也將漸漸明朗，推論各種可能答案。

二、鼓勵練習和想像

描繪豐富的圖像應鼓勵學生多練習，從嘗試錯誤中去除不必要的刺激反應；邊想邊作邊校正；教師多鼓勵並即時增強。圖像的呈現與學生的操作聯想時，教師不必急著說明爲什麼？而是鼓勵他由感覺發展知覺，對圖像特徵作出個人意義化的編碼，此時宜讓學生有紀錄小冊、發言管道、諮詢小組，才能在豐富圖像中整理自己發現的系統現象。例如：「瞭解夏冬兩季的顏色變化」，可以讓他從山和海的圖片顏色變化、人的衣服的變化、花的顏色變化，來記下自己所見的顏色變化。

肆、鼓勵有組織推測

一、整理並發表練習和想像的圖像

亦即鼓勵學生從各個圖像的描繪整理，加上教師語言的提示、反覆推敲，逐漸去蕪存菁，獲得概念的統一和原則的演繹。此時鼓勵學生發現解答問題可以從不同向度找到相同答案，可博可約、可小變大、可大易小，做到同理可推的境界。例如：元宵猜燈謎可以提供發表練習和想像的圖像。「謎題：0＋0＝0，謎底：一無所獲；1×1×1＝1，一成不變」。那謎題是「20÷3」、「7/8」謎底分別是什麼呢？

二、善用 5W 推測

當學生無法進行有組織推測時，老師可以使用 What、Where、When、Who、How 等五個 W 來反覆推測答案。例如：「台灣學生穿短袖和長袖在什麼時候？」、「藍色系列和紅色系列的衣服給人什麼感受？」等層層逼問以找出答案。

三、縮小範圍發現正確關聯

學生在去除無關可能變項逐漸縮小範圍時，鼓勵學生從最有相關的特徵，找出正確關聯，此時由多次發現教學所培養的歸納、推理能力，將促使學生有技巧的發現問題解決任務。

伍、回歸教學目標～評鑑

回歸教學目標主要是教師將學生的發現事實，加以對照教材結構所期望完成的教學目標作一統整性評鑑，說明發現答案之可能與不可能之最大差異，最後，再以擴展思考問題讓學生進行學習遷移。

·············· 第四節　發現教學實例設計 ··············

　　國中國文〈木蘭詩〉是南北朝時代最具代表性的一首北方民歌，詩中傳奇性的故事情節，在作者簡繁有度的鋪陳下，生動的呈現了民歌的情調，成功地烘托出木蘭巾幗英雄／雌的形象，實爲敘事詩之傑作，以下依照發現教學法的步驟來設計整個教學歷程。

壹、教學單元

一、教材來源

　　國中國文第四冊第十課樂府詩選二〈木蘭詩〉。

二、教學設計者

　　沈翠蓮、劉欣霓、喬家駿、詹詩敏、黃淑芬、蕭幸茹、鍾惠珍、龔倫維。

三、設計構想

　　設計情境模擬和看圖說話方法，讓學生瞭解木蘭從軍的故事，體會木蘭孝親的情操。

貳、教學步驟

一、引起動機

㈠舉反例

　　透過最近社會上因爲個人的利益，而不惜殺害親生父母的社會新聞讓學生發表感想，並強調孝親的重要。

㈡舉正例

播放卡通花木蘭。透過生動活潑的卡通人物，引起學生對這故事的興趣，有了大概的瞭解之後，學生在講課的過程中會比較能體會當時的背景及情境。

二、提供教材結構：如圖 8-8

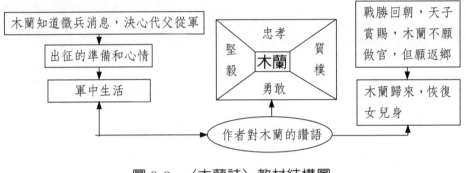

圖 8-8　〈木蘭詩〉教材結構圖

三、描繪豐富圖像

㈠看圖說話法

1. 作法：可採取全班分小組，先播放簡報或是影片，老師引發學生藉由圖片來連串故事情節，然後在旁加以引導及說明，最佳情形是希望引導學生發揮想像力，看圖接龍說故事。
2. 圖片（或影片／簡報）：展示如下連環圖 8-9。

㈡角色扮演法

將全班（約四十人左右）分成四小組，組內再由同學分飾各個角色，例：花木蘭、木蘭的父親、軍中兄弟等，每一組表演時間約十分鐘上下。等待四組皆表演完成之後，再由教師就剛才之表演，導入課文內容之討論，並請同學發表意見以及感想。

（圖 8-9-1）　　　　　　　　（圖 8-9-2）

（圖 8-9-3）　　　　　　　　（圖 8-9-4）

（圖 8-9-5）　　　　　　　　（圖 8-9-6）

圖 8-9　描繪〈木蘭詩〉連環圖像

四、鼓勵有組織推測

1. 師：大家對花木蘭的印象是什麼呢？

2. 生：她願意代替年老的父親出征，雖然身為女子，卻不感到膽怯，她不但有孝心，更擁有智勇的心，不愧是巾幗英雌。

3. 師：為什麼木蘭自願代父從軍，凱旋後又不求官位，只希望早點回家呢？

4. 生：那是因為木蘭體恤年老的父親必須出征，家中又無長兄可以代替，所以不顧自己是女兒身還自願從軍，這種孝親的心意，比男生還了不起。而且凱旋後又不求官位，只希望早點回家，更顯示了木蘭從軍不為功名利祿，只是出於一片孝心！

5. 師：這首詩中提到了木蘭的軍中生活，例如：「朝辭爺孃去，暮宿黃河邊；不聞爺孃喚女聲，但聞黃河流水鳴濺濺。」、「萬里赴戎機，關山度若飛。朔氣傳金柝，寒光照鐵衣。」同學可以談談朗誦起來的感覺嗎？

6. 生：這首詩的節奏朗誦起來，緩急有致，給人強烈的韻律感，很容易記起來，充分表現出歌謠可以反覆吟詠的特性。

7. 師：有人可以告訴我，這是屬於哪個時代的樂府詩嗎？

8. 生：我知道，這首詩是南北朝時代最具代表性的一首北方民歌。

9. 師：有人可以說一下這一課〈木蘭詩〉的特色嗎？

10. 生：嗯……作者在刻劃木蘭的形象時，用現實生活的描寫來烘托，同時採用了濃厚的民歌情調，而且採用了很多的類疊寫法。

五、回歸教學目標～請回答下列問題

㈠讀完本課，可知木蘭代父從軍的最後結果是？

1. 男裝到最後被同儕識破，犯了欺君之罪

2. 衣錦榮歸，最後恢復女兒身，成了巾幗英雄／雌

3. 因欺瞞家裡代父出征，最後得不到家人的諒解，敗壞門風的不孝

罪名

㈡讀完了〈木蘭詩〉，由詩中豐富的意象及質樸的言語，可知其屬
　於哪一階層文化而產生出來的作品？

1. 貴族階層

2. 平民階層

㈢承上題，可知民歌的特質是？

1. 質樸自然，平易近人

2. 和諧悠揚

3. 具有豐富的敘事性

4. 以上皆是

㈣木蘭代父從軍的真正理由是？

1. 為了證明自己的能力，女孩也可以做男生的事

2. 因為當時兵源不足，所以木蘭也得當兵

3. 因為父親年老，家裡又無長兄，為了表達其孝親之意

參、教學注意要點

一、教學過程

　　可以讓學生分組朗誦，加上音樂當背景的配合，相信更能強化教
學效果。

二、教材內容

㈠本課是一首樂府詩，全詩洋溢著戲劇的趣味和民歌的情調。教師
　在教學時應該要掌握這兩個要點，帶領學生領略巾幗英雄／雌的
　胸懷與反覆吟詠的歌謠特色。

㈡本課的敘事手法，繁簡拿捏得當，教師應特別留意，以誘導學生
　領略結構上的巧妙不同。

本章摘要

1. 認知發展是個體和外在環境意義建立關係的基本要件，認知發展成熟的學生對於外在訊息可以很快地加以處理，變成記憶、理解的重要來源。布魯納認為認知發展可分成動作表徵、影像表徵和符號表徵等三個階段。

2. 「結構」是指組織的部分，教材結構即是指教材的部分與部分相連結而成的整體，教材結構想要容易地為學生所接受，結構與結構間就必須是一種有意義的連結。

3. 教材結構的區分方法：(1) 段落大意區分法，指將全課的大意依照起、承、轉、合的方法，找出各段要旨；(2) 圖譜區分法，即找出全課的屬性，將屬性之間的關係透過普遍可以理解的圖式來呈現重點；(3) 教學目標區分法，即根據認知、技能和情意教學目標來區分教材結構，但須注意三種教學目標之間應具有連結性，才能將教材結構有意義的區分；(4) 統整課程結構區分法，即針對學習領域，進行教材主題的統整設計。

4. 發現教學法的教學原則：(1) 最佳經驗配合內在動機；(2) 教材結構配合認知結構；(3) 教材轉譯配合呈現順序；(4) 學習策略配合增強制約。

5. 教材轉譯是指將教材轉變成學生可認知的動作、影像、符號表徵結構，呈現順序是指教材呈現的時間、邏輯、對象等順序。

6. 發現學習策略有直觀思考和分析思考等策略。「直觀思考」即是一種靈感，亦即對客觀事物的細部尚未分明的情況下，對整個事物內隱的覺知；「分析思考」是透過操作探究、對照比較和尋找矛盾等系統解決問題歷程來分析。

7. 發現教學是教師能提供學生去發現的情境，讓學生能從情境中歸

納、推演知識。所以所運用的教學策略多採用間接教學策略的前
導組體、舉例、探究、假設、問題解決等策略融入設計方法。

8. 遊戲方法：遊戲中的快樂氣氛可引發學生的追求勝利、成就的動
力，學生在遊戲中最能發揮潛能，運用感官和思考去解決遊戲中
的問題。要讓學生進入發現新知的情境中，可以採用「拼圖」、
「綠野仙蹤」、「魔術方塊」、「猜猜我是誰」等遊戲方法，引
導學生發現教學新知。

9. 實驗法：布魯納強調直觀思考和分析思考的學習策略，認為發現
是不可能「無緣無故」產生，必須經過感覺和知覺統合訊息處理
後，才可能發現事實真相或公式定理。

10. 看圖說話法：從影像表徵到符號表徵的教學是最難讓學生理解
的，當學生能從圖畫、照片、電影、課文、故事等教材中，以自
己的語言或文字正確表達符號意義，這表示他已經具備符號認知
能力。

11. 情境模擬：情境模擬是將問題化為實際情境，加以模擬各種可能
的解決問題策略。可以採行書面式的情境模擬和多媒體的情境模
擬。國內學校目前多以書面式的情境設計為主。

12. 發現教學法的教學步驟：(1) 引起動機；(2) 提供教材結構；(3) 描
繪豐富圖像；(4) 鼓勵有組織推測；(5) 回歸教學目標～評鑑。

13. 發現教學在開始引起學生動機時，可以使用正例和反例的舉例方
式。「正例」是指能包含所舉例子的所有特徵；「反例」是指
反向、不含所有屬性特徵的例子。學生由於正例和反例的特徵差
異，容易由比較分析中發現事實性的不同，進入新概念的學習。

14. 提供教材結構主要是讓學生嘗試由具體分類的結構，去發現教材
與教材之間的關聯性，無論是題材結構或學科結構，教師可以讓
學生在排列組合過程中，發現結構的秩序和意義的相關。

15. 「鼓勵有組織推測」可分為三方面：(1) 整理並發表練習和想像
的圖像，即鼓勵學生從各個圖像的描繪整理，及教師語言的提

示，獲得概念的統一和原則的演繹；(2) 善用 5W 推測，5W 指以 What、Where、When、Who、How 等五個 W 來反覆推測答案； (3) 縮小範圍發現正確關聯，即學生在去除無關可能變項逐漸縮小 範圍時，鼓勵學生從最有相關的特徵，找出正確關聯。

▶ 理論問題作業

1. 試論述布魯納的「認知發展階段論」的觀點。
2. 試比較段落大意區分法、圖譜區分法、教學目標區分法和統整課程主題區分法之相異。
3. 請說明你對布魯納的學習技能論之看法。
4. 試論述發現教學法的教學原則。
5. 請說明布魯納發現教學法的設計方法為何，並舉例之。
6. 請論述發現教學法的教學步驟。
7. 你認為布魯納發現教學法的理論觀點如何應用在現今的教育，試析論之。

▶ 實作設計作業

1. 試以國中教材為例，設計一份段落大意結構圖。
2. 試以國中教材統整觀點，設計一份統整課程主題圖。
3. 請以國中教材為例，以遊戲法設計一份發現歷程。
4. 請以國中教材為例，以情境模擬法設計一份發現歷程。
5. 請以國中教材為例，依照發現教學法步驟，擬出整個設計內容。
6. 請以國中教材為例，設計一個正例與反例來說明教學內容的定義。

第 9 章

直接教學方法與設計

　　直接教學法（direct instruction）是一種獨立的教學方法，乃由教師直接將教學目標清楚陳述後，依照所劃分爲部分相關聯的教學內容，透過訂正性的回饋伴隨練習，以達到精熟學習的教學方法（Gunter, Estes, & Schwab,1995）。

　　直接教學法是採教師中心策略，教師是所有資訊的提供者，有時也被視爲和講述法是同義詞，因爲所採用的是以解釋、舉例和練習回饋的形式來進行教學，而這種形式必須是多元呈現式態，包括：師生提問、回應、練習和學生錯誤的訂正等互動，並非只是語言的解釋（Borich, 1996），經過嚴密設計的直接教學，可以使困難的學習經驗變得簡單些。

………… 第一節　直接教學法的理論基礎 …………

　　直接教學法的理論基礎，受到訓練心理學者和行爲心理學者的影響深遠，訓練心理學者強調教學的計畫和設計；行爲心理學者重視師生互動，但兩者在直接教學上均認爲示範、增強、回饋和循序漸進等概念的重要性（Joyce, Weil, & Shower, 1992）。以下說明直接教學法的理論基礎。

壹、行爲主義心理學

　　行爲主義心理學強調的是控制可測量和觀察的「外顯行爲」，而非內在心理的驅使動力，例如：思考和感覺。因此，從早期巴夫洛夫以狗爲實驗對象和斯肯納以老鼠爲實驗對象，主要目的即是在觀察動物的外顯行爲，究竟受到哪些因素的制約，才能使刺激增強物和反應行爲之間有「緊密而直接」的連結。

一、斯肯納的操作制約啟示

　　直接教學法從斯肯納操作制約的觀點，瞭解到：1. 每次提供老鼠食物，老鼠表現出渴望食物的行為，斯肯納能夠訓練牠只有在開燈時壓槓桿。相反地，當關燈時，如果老鼠壓槓桿就不給牠食物。2. 經過選擇性的增強，老鼠被支配表現出所要的行為，這個過程稱為操作制約學習，操作學習是學習者自願表現的行為。3. 為了有反應效果，隨著表現出所要行為的增強作用必須立即、一致與規律。

二、直接教學法的應用

　　直接教學法根據斯肯納的增強原理應用到操作行為的方法主張：1. 對於某種類型的學習，透過使行為重複出現機率的措施訓練，已經證明出有極大的效果。2. 藉由將學習區分為不同的小步驟，以及在過程中的每一步驟加強學習，老師可以制約學生所要表現的行為。3. 為了增強再次重複行為的可能性，可藉由每一步驟而來的回饋，學習獲得正確行為的表現。

　　行為主義學者在直接教學法的觀點強調：藉由仔細地確定學生每一步驟所要學習的技能，和所希望應有的正確回應，假使老師能提供學生一些條件，將使他們獲得對環境的控制能力。當然，應用小老鼠的實驗難免有些批評者質疑和建議：制約行為有可能無法維持長久，直接教學法應和其他方法結合做整體的設計，才能對學生學習行為有幫助。

貳、行為訓練觀念

　　直接教學法認為要訓練學生行為，應注意到：行為塑造（shaping）、示範（modeling）、練習（practice）、回饋（feedback）和增強作用（reinforcement）等行為訓練的觀念應用

（Gunter, Estes, & Schwab, 1995）。

一、行為塑造

行為塑造是指教師對於學生所要完成的學習成果，區分為獲取新技能和內容的數個必要步驟，當學生循序漸進熟練每個步驟時，其學習表現成果會因增強作用而被塑造出來。

例如：要學生能表現自由式游泳的行為，教師可區分下水→悶氣→漂游→擺手划水→換氣等必要步驟，如能再配合檢定、考試、比賽和加分來增強自由式游泳的行為塑造歷程，則可以幫助學生完成學會自由式游泳。

二、示範

示範是指學習者藉由親眼所見或模仿教師行為來獲取知識及技能的歷程。簡言之，即老師扮演學生仿效的角色。有時學生模仿別人的行為來學習，比起獨自揣摩學習更為有效。為了使學生便於模仿，老師的示範也應有個程序，老師要仔細地設計足以自我教學的內容，來帶領學生完成學習的每一步驟。

例如：要教導學生正確使用電腦的姿勢，老師可以利用「正確使用電腦的姿勢」作為自我教學內容，老師示範後，學生一個一個步驟的練習。

三、練習

練習是直接教學成效的重要影響因素。在練習時，教師應把握下列指導練習要點：

㈠初期階段

老師以有次序、嚴謹的方式帶領學生完成每一步驟。這個階段最重要的是要糾正錯誤訂正且增強正確行為，在學生能達到百分之

八十五至九十的技能熟練度，之後，學生可以在定時監督之下做獨自個別的練習，直到他們能精確地並且真正獨立地執行完成每一練習。

㈡複習階段

此階段練習次數要多且密集，另外，練習單元要結構嚴謹，根據學習者的年齡，練習的單元時間要有所變化不同，不管時間長短，在時間內必須引發學生的動機，同時，學生也要確實參與練習，為了練習的正確性，老師一定要執行監督工作。

㈢熟練階段

當學生熟練學習內容後，練習應逐漸遞減。此時，在學生一邊練習之前的學習內容時，老師就可教學生一些新的內容了。

四、回饋

回饋是針對學生表現正確或錯誤的處理。教師對學生表現行為的回饋應盡可能的明確，但是在錯誤行為的回饋應避免負面的情緒語言。例如：學生作業遲交，教師的回饋避免用「你做了一件蠢事！」或「為什麼你老跟不上班上其他同學呢？」這樣會逐漸給學生許多挫折感、喪失信心。

訂正性的回饋應該是描述行為並且告訴學生如何訂正就好。例如：「你已經遲交三次數學作業，這幾次作業重點是公式的應用，如果不會算，可以請教老師或數學小老師，老師希望下次不要再遲交，這樣你的數學成績才會越來越棒。」

當練習持續進行，學生需要接收到回饋，可以是口頭上的讚美、透過分數的制約或者是藉由不同的評量方法。老師要持續經由對正確行為給予增強作用，對於錯誤行為給予訂正或再教一次，這樣不斷給予回饋，當學生學習有進展時，回饋次數就可減少。

五、增強作用

增強作用可以是持續性的或是間歇性的，老師應體認到：少數的學生能在第一次時就做對所有的事，所以他們在嘗試時需要的是鼓勵。學生行為會因每一次的正確回應或適切的回應之後被增強。學生學習進行中，老師可自行決定增強作用的次數，增強次數可以視正確回應的次數而定，比如：在四次正確回應後、在某一段時間後，老師依照時間表檢驗學習保留程度或者是增強正確的回應。

參、制約行為原則

直接教學法在進行學生學習行為的養成，應把握下列制約行為原則：

一、確立教學目標

最好明確說出可接受學生行為表現的可接受度和成功率。例如：「全班學生都能在三分鐘之內寫出三首五言絕句。」

二、瞭解學生起點行為

可以透過測驗瞭解學生現有程度的表現、知識和熟練度，作為給予正確的回饋基礎。

三、建立學生學習目標

考慮學生的年齡、學習上的興趣，和他們現有知識的程度，作為學習遷移的考量，因為技能、興趣或舊有知識的相結合，較能容易學習新知識技能。

四、區分學習單元

　　分割學習任務為相關聯的小單元，然後一次教單一的步驟，結合所有的小步驟完成所有的學習單元。

五、善用增強

　　盡可能運用正增強來改變行為，以及當行為一出現時予以立即的增強。當教師第一次教新的教學內容時，可以不斷持續給予增強作用，但是逐漸地要調整為定時性的增強。

六、保留學習紀錄

　　保留學生進步的詳細紀錄，並且鼓勵他們監督自己在達成學習目標的過程，如此可以協助師生對照進步或退步的參照，成功學習。

　　Joyce, Weil, & Shower（1992）研究指出直接教學特別在低社經背景的學生學習閱讀和數學上，有顯著效益。對於改善學生自我概念也有幫助，教師在直接教學中扮演重要角色，教師引導和控制整個教學的進行，選擇和決定學習任務，決定分組型態，對於學生學業表現具有相當重要性。然而由於直接教學過於重視增強學生的記憶能力，使得教學過程傾向機械性的背誦學習，促使記憶訓練缺乏理解認知，只是採用行為塑造的練習型態，因此，直接教學法實宜配合其他教學方法進行教學設計，以改變傳統學校教學許多科目「背多分」倍受批評的現象。

………… 第二節　直接教學法的教學步驟 …………

　　直接教學把直接講述的溝通當成教師和學生之間的媒介，學習者能產生知識，即是透過直接講述時觀念的提出、解釋和譬喻等溝通管

道（Lacotte,1994）。所以，直接教學法非常重視直接溝通時意義的陳述是否能有效轉化為知識。綜合 Gunter, Estes, & Schwab（1995）和 Borich（1996）觀點，直接教學法步驟的教學前準備、正式教學和教學後工作說明如下。

壹、教學前準備

一、編製教學內容

　　教學前，教師事先編製教學內容，尤其是有關課文的圖表、圖片、故事、連續性概念圖的準備，提供了課程發展的空間，也扮演了課程參考點的角色。編製教學內容尤其要注意「化繁為簡」、「捕捉神韻」的策略，化繁為簡是將課文概念區分成小概念間的關係，例如：〈木蘭詩〉可以將全文大意簡化為木蘭從軍原因、征程、軍中生活、榮歸等小結構連續性概念圖。「捕捉神韻」是將教學內容精華重點之處特別提出來，透過相似性與對照性的圖表或圖片，由教師點出教學重點，例如：教學〈凸版畫〉，教師事前應準備印章或印刷品來加強學生對凸版畫的概念，若能再準備印章有陰刻和陽刻的代表作品，對捕捉教學內容的神韻有相當大的幫助。

二、熟悉練習和回饋技巧

　　教師熟練練習和回饋技巧是直接教學法的重點。在練習的技巧上，教師應熟悉學生對問題的回應方式和教師理答技巧，通常分為下列四種類型（Roseshine, 1985）：

㈠正確、迅速和堅定

　　教師對這類型回答的回應是要問一些新的問題來維持課程行進的速度，並且不要過度強調學生答對問題。

(二)正確但遲疑

這類的回答經常出現於學習的最初階段，教師應該給予一些鼓勵，比如說些「很好！」或是「這樣不錯，繼續保持喔！」。

(三)不正確但仔細

只要訂正答案，然後繼續課程就好。學生知道程序，只是犯了一粗心的錯誤而已！

(四)不正確且缺乏對事實或程序的認知

教師可給予暗示、問一個簡單的問題或教師重新教一次。

在回饋的技巧上，教師教學前，宜準備「工作單」作為師生書面或非書面的回饋，教師可依個人或小組在問題熟練的實際表現，給予分數或評語的良性回饋；也可準備「增強物」協助學生成就回饋，回饋時，除了教師回饋外，師生間或學生間的相互回饋，亦是訂正錯誤增強正確行為的好方法。

貳、正式教學

一、複習和檢查之前所學內容

複習和檢查以前的教學內容，主要是強調每一課和提供學生整體連續性感受之間的關係，當學生精熟之前所教過的先備知識時，才可以進入新課程（Borich,1996）。否則，應遵循圖 9-1「精熟學習的直接教學順序」，這樣學生才能瞭解到如何將新學習的內容和過去所學內容做連結。

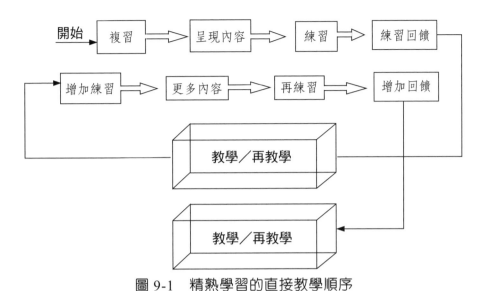

圖 9-1　精熟學習的直接教學順序

資料來源：Borich, G. D., 1996, p.248.

　　有經驗的教師在複習和檢查作業大都會注意到：1. 在開始上課時，學生是否有訂正家庭作業？2. 在提問回答過程中，學生能否辨別特別困難的家庭作業問題？3. 抽查一些有良好指標學生的理解能力。4. 清楚複習到新學習所必須知道的相關資訊等教學要點。此外，透過測驗來複習和檢查作業，可以協助教師對於教學進度和個別差異學生做更多回饋。

二、陳述教學目標

　　真正陳述教學目標的用意是要簡單明瞭地告訴學習者何為教學的目標，以及何為應有期望的具體成果，且課程目標應和先前所學相連貫，同時是在所有學生的能力範圍內所能達成的。

　　陳述教學目標應該說明清楚，並且運用適當的字詞，切中要點地將教學目標寫在黑板上，以便學生瞭解。例如：教學國中美術〈巧妙的版畫〉這一單元時，上課陳述教學目標，可以口頭告訴學生：「我們希望同學能認識版畫的種類和版畫的基本概念，並且會製作凸版

畫，特別是會用紅蘿蔔或木頭來刻印章。」之後黑板上板書：「1. 版畫的種類、概念。2. 製作凸版畫。3. 會刻印章。」

三、呈現學習新內容

有效能的老師在呈現新內容時，是花很多時間在準備教學內容和思考教學程序的，Borih（1996）指出呈現新內容應注意到部分－整體關係、連續性關係、連結性和比較性關係，這樣對學生從一般到詳細、簡單到複雜、具體到抽象的學習才有意義。呈現新內容時，宜把握下列要點：

㈠說明詳細生動

老師除了解釋說明每個步驟外，可以適時舉例子、拋問題以及透過訂正性的回饋，讓學生將注意力集中於內容題材上，避免離題。換言之，老師能用有力的口頭呈現方式，又和視聽教材、問題、舉證示範及學生的參與做結合，再來資料有趣味性、結構嚴謹、組織完善以及合乎主題範圍，相信學生對新內容的學習會充滿興趣和收穫的。

㈡配合教學分析

學習內容經過篩選後，要根據學習者的年齡、能力、需求、先備知識和教學目標來分析教學內容，決定每一次上課要教多少內容。老師如果沒有分析內容，學生的定義概念結構容易混亂，也無法瞭解內容的結構性。老師分析內容可以配合豐富的圖解與問題，提出幾個有意義的重點方式，這樣比起一次涵蓋許多重點來得較為有效。另外，教學的程序可劃分為數個小單元，但是小單元彼此間仍是相連續。

㈢善用教學圖譜

教學圖譜用來整合教學程序和內容是簡潔有力的。教學圖譜一般多從大觀念到特殊觀念來編製圖譜，圖譜應該注意圖表和例子的選擇

足以說明每一重點。如圖 9-2 即是清楚的直接教學示例圖譜。

圖 9-2　直接教學示例：河流地形圖解

㈣示範內容要點

　　示範是一種教學活動，包括：向學習者展示老師要學習者去做（行動順序的形式）、去說（在事實和概念間的形式）或去想（問題解決或學習策略的形式）的事（Borich, 1996）。

　　直接教學法這個階段中，視覺的例子是特別具有效果的。老師需經常藉由展現圖片、當場示範和配合加強解說，提供學習者對新訊息的記憶連結。

　　總之，呈現學習新內容的教學要點如下（Gunter, Estes, & Schwab, 1995）：

1. 根據學習者的需求，來分析要呈現的內容。
2. 從最普遍性的內容再到極特殊的內容的方式，將呈現的內容圖表化。
3. 將所有的技能分解成小單元，以邏輯性的次序來呈現。
4. 針對課程，事先編製內容能提供新的課程內容一參考點。
5. 選擇主要的概念或步驟來呈現，同時要依據學習者的能力來決定合宜的份量。
6. 挑選例證來說明每一主要的重點。每一重點、步驟要能前後連

貫，且與事前編製的內容有關。

7. 問問題來確知學生是否理解，同時要注意課程中注意力缺乏的訊息。

8. 總結主要的概念，並將這些概念與下一課程的步驟做連結。

四、以訂正性的回饋來指引練習

指引練習促使老師得以評量學生學習任務的能力表現，指引練習可以評估學生所作的錯誤類型和數量，老師在這個階段任務是去監督學生的功課，提供校正的回饋（Joyce, Weil, & Showers, 1992）。

以訂正性的回饋來指引練習，多由教師掌控過程，也監督著每一組別的練習以及個體在組別裡的練習。以教師指導綁鞋帶的訂正性回饋和指引練習教學歷程為例：「綁鞋帶前，我們雙手要各拿一條鞋帶，現在拿起你面前模型鞋的鞋帶，左右手分別拿一條。很好！下一步將右手的鞋帶交叉於左手的鞋帶上，我們全部一起練習像這樣將右鞋帶放在左鞋帶上。湯米，舉起你的右手。很好！現在將這隻手上的鞋帶交叉於你左手的鞋帶上，就像這個。非常好！」（Gunter, Estes, & Schwab,1995, 84 ）。在進行訂正性回饋來指引練習時，要注意下列要點：

㈠問問題

避免使用像「如果不懂得話要舉手」、「有任何的問題嗎？」這樣的問問題方式，那是無效的。老師也不應該點一些總是舉手的學生來回答問題，最好換個方式有技巧性地說「一分鐘後，我會請某個同學在黑板上做這個題目，所以準備一下」、「我們看完這個例題後，我會問五個相關問題」，或者是「知道答案的舉左手，不知道答案的舉右手」，調整教學進度。

有效能的教師是可以製造情境，讓學生更進一步的解說或協助才能獲取情境內容。他們會要求學生重複指令，或是要求學生做摘要，

分享這些摘要。另外，也會要求學生想想其他例子和如何應用所學的資料。

(二)訂正錯誤

　　許多有潛力的老師知道訂正性的回饋來指引學生練習，是應該把握「不要因爲學生沒有吸收到課程內容而責備他們」、「運用媒體教學來協助個別差異學生學習」等原則來對待學生，當學生的肢體語言（轉身向同學、輕輕敲著筆、愁眉苦臉或打呵欠等）表現時，適巧提醒老師訂正教學期望和重試其他教學技巧，此時學生訂正錯誤的回饋練習也會較爲實際，邁向較高的熟練程度。

五、以訂正性的回饋來指派獨立練習

　　獨立練習需要學生自己小心監督練習新技巧，在組別裡也要如此。不過，在分配獨立作業給學生前，應該有充分的時間讓學生做指引式的練習，這樣才能確保學生準備好有能力獨自完成練習。以訂正性的回饋來指派獨立練習要注意以下要點：

(一)班級內走動巡視

　　當學生做獨立練習時，老師要在班級裡走動、巡視，確認沒有學生一直重蹈覆轍，或是一直認眞地「練習錯誤」。必要時，可以提供教科書後面的答案或小老師檢查點或排長檢驗站等方式，讓學生檢查他們的結論、成果，可以定時地到這些地方來檢驗自己的作業練習。

(二)善用工作單

　　假使工作單用來做獨立練習，這些工作單就該在指引練習階段時介紹給學生知道。當老師示範過程時，學生們就一起完成第一項問題了。接下來，整個過程解釋完後，下一項問題就要學生個別去完成，然後全體一起檢驗這個問題與它的解答。如果有必要，在學生想獨立

練習前，讓他們分小組或兩個人一組來完成一些問題，這是在獨立練習時用的工作單。對於工作單的善用，應注意到避免讓學生感到工作單是填補時間或額外沉重作業的感受，如此一來，工作單的錯誤使用可能固著於他們的學習歷程。

㈢通過整體化（unitization）和自動化（automaticity）

　　獨立練習提供在零碎片段練習的環境中，審慎控制和組織去創造有意義的整體。La Berge & Samuels（1974）兩位學習理論學者指出學生可否獨立學習，要瞭解學生是否通過整體化和自動化歷程。

　　整體化是指一些事實和規則必須在老師指導下完成，才可以促使學生對於問題個別單元的整體考慮；自動化是學生能連結所有單元到一個單一和諧的行動順序，亦即學生能學習到應用自如。換言之，整體化的階段，學生仔細地聽著每一構成要素或技巧的每一單元，他們獨立練習在老師指導下很少錯誤。當學生到了自動化的階段，他們練習較迅速並且不須想過程中的每個步驟就能自動地反應，為了達成自動化，學生須在整體化階段時，以練習與重複來加強學習技能。

　　當學生已經達成整體化學習，但尚未達到自動化的階段，家庭作業是最有效的，因為它是獨立學習最常使用的形式，但應避免被濫用，學生往往練習著他們尚未清楚的內容，結果越學越沒信心越不懂。另外，宜避免在課堂上沒有經多次的指導練習就指派家庭作業，這樣常常伴隨家庭作業而來的是許多挫折感。

參、教學後工作

一、如果有必要，以訂正性的回饋做定時地溫習

㈠檢驗作業

　　在課程進行前，檢驗家庭作業應視為複習的一部分。如果家庭作

業有指定的必要，它就有檢討的必要。然而研究指出許多老師在複習的過程忽略了這部分，如果學生不懂指派作業內容時，不要繼續下一步驟，重教一遍內容，以及分析學生未能有效學習的原因。

㈡再教一次

假設每週複習仍顯示學生沒有保持技能，再教一次是有必要的。

綜上所論，老師採行直接教學法應該要求高成功率，教學未能達到高的精熟水準，老師可從下列問題改進教學（Gunter, Estes, & Schwab,1995）：

1. 學生是否有應具備的背景和經歷，來學習新的技能與內容？
2. 學習過程的步驟有無有效地再劃分為小步驟？
3. 在下一個步驟之前有在介紹已學過的步驟嗎？
4. 學習目標與方向陳述清楚嗎？
5. 是否內容有邏輯地編製？以及是否例證與示範有用？
6. 為確知學生對內容的瞭解狀況，有充足的問題來問學生嗎？
7. 有無足夠的指引式練習？學生都有在做習題嗎？錯誤有很快就訂正嗎？
8. 有無技能或學習內容的獨立練習？是否對獨立練習有仔細檢討，以確知學生練習有無錯誤？
9. 是否有定時的複習和練習新內容的機會？

整個直接教學的教學步驟，如表9-1「直接教學步驟摘要」所示。

表 9-1　直接教學步驟摘要

教學步驟	教學要點
一、編製教學內容	1. 化繁為簡：課文概念結構分析 2. 捕捉神韻：找出課文精華重點
二、熟悉練習和回饋技巧	1. 練習：對學生問題回應和理答技巧 2. 回饋：準備工作單和增強物

教學步驟	教學要點
三、複習和檢查之前所學內容	1. 強調新學習和之前所學內容的連結 2. 可用測驗進行複習和檢查 3. 部分個別差異學生可進入精熟學習直接教學順序
四、陳述教學目標	1. 應用學生能理解的語言告訴他們教學目標
五、呈現新內容	1. 說明詳細生動呈現內容 2. 配合教學分析呈現有意義重點 3. 善用教學圖譜呈現教學內容 4. 示範內容要點讓學生去做、去說和去想
六、以訂正性的回饋來指引練習	1. 問問題 2. 訂正錯誤
七、以訂正性的回饋來指派獨立練習	1. 在班級內走動巡視 2. 善用工作單 3. 學生能通過整體化和自動化
八、以訂正性的回饋來進行定時練習	1. 檢驗作業 2. 再教一次

肆、學者觀點

直接教學法是教師常採行的教學方法，因此不少學者認為直接教學法的步驟如下：

一、Joyce, Weil, & Shower 觀點

Joyce, Weil, & Shower（1992）認為直接教學法包括：1. 引導階段：教師準備教學內容，複習先前學習內容，建立教學目標，制定教學流程。2. 呈現階段：教師解釋或示範新概念或技能，提供視覺的演示課題，檢視理解程度。3. 結構性練習：教師引導小組整個練習例

子的步驟，學生作答問題，教師提供校正錯誤的正確回饋，並增強正確的練習，教師討論視覺的演示課題。4.引導性練習：學生半獨立練習，教師依序監督學生練習，教師配合讚美、增強物和准許提供回饋。5.獨立練習：學生在家或在班上獨立練習，延緩回饋，加長時間舉行多次獨立練習等五個階段。

二、Hunter 觀點

Hunter（1982）認為直接教學法的過程包括以下七個步驟：1.引起動機：預先準備，如此可使學生的注意力放在即將學習的事物上。2.講解教學目標：透過敘述課程目標與目的來清楚說明在課程中會學到些什麼？3.呈現新知識和技能：在此階段是呈現新的知識、歷程或技巧給學生。4.示範：印證將學習到的新事物或予以舉證。5.觀察和提問檢視理解情況：確認學生是否瞭解所教授之新內容。6.引導練習：教師細心的監督，一個步驟一個步驟的做。7.獨立練習：引導學生做練習，有獨自練習的機會，來讓學生運用他們習得的新知。

三、Rosenshine 觀點

Rosenshine（1985）認為直接教學包括：1.複習之前所學的內容。2.陳述課程的目標。3.呈現新內容。4.以訂正性的回饋來指引練習。5.以訂正性的回饋來指派獨立練習。6.如果有必要，以訂正性的回饋做定時地溫習等六個步驟。

·············· 第三節　直接教學實例設計 ··············

壹、教學單元

一、教學單元

高中地理第一冊〈曲流地形〉。

二、教學目標

能瞭解曲流地形和河川曲流的演變歷程。

三、教學對象

高中一年級學生。

貳、教學步驟

一、編製教學內容

㈠教師準備有關：1.曲流地形；2.河川曲流演變歷程；3.河川曲流
　對稱剖面圖等影片或圖片。
㈡報導資料：教師準備有關台灣地區，因河川曲流所發生的地形災
　害圖片和報導資料。
㈢課文重要概念結構圖。

二、熟悉練習和回饋技巧

㈠教師設計增強卡（可以台灣河川之美景觀圖為主題）。
㈡教師設計提問問題，和形成性、總結性的工作單。

三、複習和檢查之前所學內容

㈠複習和檢查

1. 教師：同學國中時候學過海岸地形和河川地形等地理單元內容，誰能告訴老師，太魯閣國家公園你看到什麼景象？
2. 學生：我看到河流彎曲和侵蝕的景觀，到太魯閣遊玩可以順著公路看到河流也順著公路彎曲地流著溪水。而有些河流經過的地方很是壯觀，因為石頭巨岩被河流侵蝕成很深的景觀。
3. 老師：說得很好，給你一張有老師簽名的「立霧溪」卡片，你可以看看卡片後面有關立霧溪的認知性介紹。
4. 老師：有誰可以告訴老師去過秀姑巒溪泛舟，或到過大甲溪、濁水溪、清水溪、烏溪、荖濃溪等河流堆積、侵蝕等景觀呢？
5. 學生：我去過秀姑巒溪泛舟，河流很陡很彎；濁水溪就有很多堆積的泥沙。
6. 學生：民國 89 年在高雄和屏東之間的高屏大橋塌陷，是不是下面的高屏溪堆積泥沙的原因？
7. 老師：很好，同學都有注意到河流受到堆積、侵蝕所產生的變化。

㈡增強

　　教師：回答問題和提問的同學都有老師蒐集的「台灣河流之美」溪流卡，集滿五張可以換台灣美麗河川明信片一張。

四、陳述教學目標

㈠口頭說明

　　今天我們要上的教學內容是和河流地形有密切關係的「曲流地形」和「河川曲流的演變歷程」。

㈡黑板板書

　　1. 曲流地形。2. 曲流演變歷程。

五、呈現教學內容

㈠呈現教學圖譜

1. 曲流地形：秀姑巒溪的曲流地形，如圖 9-3。

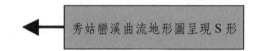
秀姑巒溪曲流地形圖呈現 S 形

圖 9-3　秀姑巒溪曲流地形圖

2. 河川曲流的演變過程：從 A → B → C 河流形狀的變化，曲流受到
　　侵蝕和堆積作用，會產生不同景觀，如圖 9-4。
3. 曲流地形產生的基蝕坡和滑走坡示意圖，如圖 9-5。

A　　　　　　　　　　　B　　　　　　　　　　　C

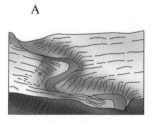

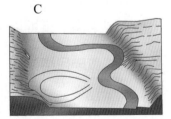

圖 9-4　河川曲流演變過程

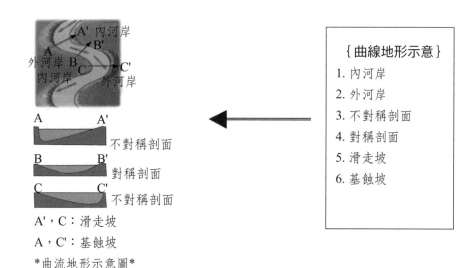

圖 9-5　河川曲流地形示意圖

(二)說明有意義的學習重點

1. **何謂曲流**：河流受地面傾斜程度、岩層軟硬不同等因素影響，河道常呈彎曲。在河道彎曲處，兩岸水流能量不一，一側因水流較急，侵蝕力較強，致使河道不斷後退，形成凹岸，另一側則因水流較緩，堆積較盛，致使河床平淺，形成凸岸，由凹岸和凸岸共同形成的地形，稱爲曲流。

2. **基蝕坡**：當河水衝向河岸，岩壁受流水沖激而發生侵蝕後退，逐漸形成凹岸，河岸較陡。

3. **滑走坡**：相反於基蝕坡的另一岸，因爲水流緩慢，衝力減少，因而堆積，形成凸岸，河岸較寬廣低平。

六、回饋和練習

(一)回饋和指引練習

1. 提問題：曲流地形凹岸水流_____，_____作用較大。凸岸水流

_____，_____作用較盛。

2. 訂正錯誤：凹岸水流急，侵蝕作用較大；凸岸水流慢，堆積作用較盛。答對可以繼續作答下一部分有關河流演變。答錯，再加油，先弄清楚什麼是侵蝕和堆積作用，請到地理學習角玩玩侵蝕和堆積的遊戲。

㈡回饋和獨立練習

　　請做完本單元作業單的選擇題、看圖填填看兩部分作業。做完請到地理小老師處檢查作業和訂正作業。

㈢回饋和定時練習

　　作業單不到七十分的同學，每星期二和星期四中午一點到一點三十分，到地理專科教室練習作業。

參、教學注意要點

一、編製教學內容

　　蒐集有關曲流地形的影片、圖片，可以台灣河流地形為主，大陸和其他各國曲流地形為輔，亦可上網找資料。

二、呈現學習內容

　　配合圖譜、影片、圖片等媒體，宜注意講解順序、重點和簡潔，引導出內容重點。

三、練習和回饋

　　注意教學內容和作業單題目的配合。多鼓勵學生練習不同型態的題目，注意正確性和作業速度。

肆、分析和建議

　　從直接教學的立論基礎和教學步驟，可以發現直接教學確實有以下特徵：1. 整節課教學。2. 學生在老師提問中進行學習組織。3. 提供詳細又冗長的練習。4. 在進行下一單元之前，要先呈現新單元教材以便學生對於事實、規則和順序能有所瞭解。5. 班級情境要正式安排，以便學生能盡可能的描述或練習（Borich, 1996）。

　　直接教學法在傳統教學中占有重要地位，當老師能上課說得很精彩、示範動作做得很正確、指示學生練習很詳實，那麼學生在練習和回饋歷程中，將獲得學習的直接效能，這個教學法一般對於記憶性知識和機械性技能練習有相當大幫助，但這個教學法並不是一個充分的教學方式，仍有無法教學推理、想像、分析、綜合、評鑑等高層認知能力，假使能和其他教學方法共用，將可以達到認知教學目標。

　　以地理科的〈曲流地形〉這一單元運用直接教學法是可行的，因為不少地理上的概念、名詞定義是需要行為塑造逐步練習，才不會混淆概念；也需要示範呈現一些實際照片、圖表做說明，才能說明概念的特徵；更需要練習和回饋，才能記憶侵蝕和堆積作用下的景觀，將現實發生的情境和課本理論要點統整。只是教師要注意的是：1. 配合「實境」的教學圖譜設計很重要：光說沒有直觀，是很容易「忘光光」無法望文生義。2. 熟悉練習與回饋的技巧，可以讓學生在挑戰測驗中獲得遊戲的快樂和尊榮的成就感。3. 練習時，教師要走動看看學生的作答練習是否少了些指引，並設計訂正性回饋的增強物激勵學生學習動機。

本章摘要

1. 直接教學認為教師是所有資訊之提供者，以多元的形式進行教學與互動，包括：教師提問、回應、練習和學生錯誤訂正等，並非只是單調的語言解釋而已。

2. 直接教學是指教師直接清楚地陳述教學目標，並依所劃分部分相關聯的教學內容，透過訂正性的回饋伴隨練習，以達到精熟學習的教學法。

3. 直接教學法的理論基礎包括：(1) 行為主義心理學：藉由仔細地確定學生每一步驟所要學的技能，和所應有的正確回應，假使老師能提供學生一些條件，將使他們獲得對環境的控制能力。(2) 行為訓練觀念：重視行為塑造、示範、練習、回饋、增強。(3) 制約行為原則：應把握確立教學目標、瞭解學生起點行為、建立學生學習目標、區分學習單元、善用增強、保留學習紀錄。

4. 直接教學前準備應注意：(1) 編製教學內容——必須考慮課程空間能夠發展，並扮演課程參考點的角色。(2) 熟悉練習及回饋技巧——是直接教學法的重點，教師應熟悉學生對問題的回應方式和教師理答技巧。

5. 直接教學法在正式教學步驟：(1) 複習和檢查之前所學內容——為強調每一課和提供學生整體連續性感受之間的關係。(2) 陳述教學目標——簡單明瞭地告訴學習者何為教學目標，以及何為應有期望的具體成果。(3) 呈現新內容——說明生動詳細，配合教學分析，善用教學圖譜，示範教學內容。(4) 以訂正性的回饋來指引學習——指引練習以評量學生的學習任務之能力表現，並評估學生所做的錯誤類型和數量，教師必須監督學生功課及提供校正回饋。(5) 以訂正性的回饋來指派獨立練習——獨立練習需要學生自

己小心監督練習新技巧。

6. 以訂正性的回饋來指派獨立練習要注意：在班級內走動巡視，善用工作單（避免讓學生覺得工作單是填補時間或是額外的負擔），通過整體化和自動化。

7. 教學後工作，可以使用以訂正性的回饋做定時地溫習，例如：檢驗作業、再教一次（為了保持舊有的經驗及能力）。

8. 直接教學的特徵：(1) 整節課教學；(2) 學生在老師提問中進行學習組織；(3) 提供詳細且冗長的練習；(4) 在進行下一單元之前，要先呈現新單元的教材，以便學生對於事實、規則和順序能有所瞭解；(5) 班級情境要正式安排，以便學生能夠盡可能地描述或練習。

▶ 理論問題作業

1. 請描述教師和學生的直接教學法中的角色。
2. 敘述行為主義心理學派如何影響直接教學法。
3. 直接教學在行為訓練觀念強調應用哪些技術？請舉實例證之。
4. 請敘述在進行學生行為養成時，何以使用制約行為，如何使用。
5. 直接教學法在教學前要注意哪些事項？
6. 直接教學法在正式教學步驟順序為何？
7. 說明「訂正性的回饋」在直接教學法中的利用方式，及其優點和注意事項。
8. 請舉出實例說明直接教學法的特徵。

▶ 實作設計作業

1. 請分組討論為塑造、示範、練習、回饋、增強的教學實例，實際上台演練。
2. 請以國中教材內容，設計直接教學法的教學前準備。
3. 請以國中教材內容，設計直接教學法的正式教學進行實例。
4. 請以國中教材內容，設計一份問題單、獨立練習作業單和定時複習內容作業單。

第 10 章

討論教學方法與設計

　　討論教學法（discussion instruction）對於複雜的問題通常是不講求一個特定答案的。相反地，它鼓勵更多不同的適當答案，並且歡迎提出相反的觀點，希望這些觀點可以引發出更新、更豐富及更先進的看法。因此，討論教學法藉由呈現不同甚至矛盾的觀點，讓學生透過語言相互刺激進行心智思考，使學生可以更瞭解教學內容中的豐富性和相關性。所以，討論教學法有助於學生對知識的真正理解。

………… 第一節　討論教學法的基本概念 …………

壹、討論教學法的定義

　　討論是一種普遍性的教學策略設計，可以提供學生在班級中積極的參與。經由語言的傳達或是傾聽班級成員的說話，教師更可以藉由討論洞察學生的思考，這是其他教學策略難以提供的作用。

　　討論是指師生間或是學生間觀念的交換，討論可適用在整個班級情境、學生分組，甚至只有兩個學生之間的觀點交換。討論需要反省性傾聽的氣氛，尊重說話者的觀念，又能在討論時免除教師的干擾（Freiberg & Driscoll, 1992）。因此，討論教學法是最能表現師生互動的教學法。

　　討論教學法又稱為小組討論法或團體討論法，當教師或學生共同就某一主題進行探討，尋求共同的答案或能為團體成員接受的意見，這種教學歷程即為討論教學法，對學生而言，是一種較富刺激、有趣和創造性的學習活動和經驗（林寶山，民 77）。換句話說，一群人聚集在一起，為了達成某種教學目標，透過語言表達，傾聽對方和觀察手勢、表情等過程，彼此溝通意見，這種師生為達教學目標，區分小組共同參與教學的討論歷程，即稱為討論教學法。

貳、討論教學法的起源

　　討論教學法的起源，可以追溯至蘇格拉底喜歡和他人詰辯深思哲學問題開始。但是就分享探究他人觀點的討論教學法，則是從哥倫比亞大學開始逐步形成的。1919 年時，哥倫比亞大學的一位英文教授艾斯凱（John Erskine），上課喜歡運用「閱讀－提問－分享－討論－結論」這種類型的討論方式，讓學生理解文學作品內涵，曾任芝加哥大學校長的阿德勒（Mortimer Adler）在當時也是參與討論者之一，1970 年之後，阿德勒就任芝加哥大學校長時，便開始在校內傳授這些討論方法，成人討論的類型開始在芝加哥大學擴展（Gunter, Estes, & Schwab,1995）。

　　因此，師生依據預先準備好的事實性、詮釋性和評量性的好問題，作為課堂上的討論議題，透過討論歷程讓學生激盪產出自我觀念，保有和記憶自己的想法，加上教師提出富有思考性的問題，確實可以幫助學生深刻理解教學內容。

參、討論教學法的特性

　　討論教學法採用小組討論方式，在人數限制、情境設計、討論途徑、討論目的、小組互動等五方面，有以下特性：

一、人數限制

　　一群人的討論小組最好是六到十人左右，彼此扮演不同角色而互相影響，小組中的成員可按照個別專長，分派各種不同角色，例如：具備領導能力的小組長、擅長文書歸納的紀錄者、擅長口頭表達的上台報告人，或一般扮演參與者的同學。

二、情境設計

討論教學的情境，在一般教室中最好能控制討論秩序的情境，座位的安排可以依討論科目、議題、座位空間等因素適當調整。

三、討論途徑

討論途徑是指小組成員依照一定程序或規則來進行溝通，每個人都能提出自己的看法，並接受其他成員的挑戰（Gall & Gillett, 1981），共同協議出小組最佳結論。而程序和規則可採行「停、說、聽、看」的途徑，以組織自我觀念——停、表達自己想法——說、傾聽同組同學意見——聽、比較分析統合全組最佳論點——看，讓討論溝通途徑多元而有效能。

四、討論目的

討論教學法為發揮特殊功能，促使學生由討論中達成教學目標，教師也能由討論中洞察學生能力傾向，所以進行討論時應積極指導其思考問題、口語表達和解決問題的能力。

歸納討論教學法的特性，可以瞭解討論教學的進行，必須建立在一群人以民主公平、熱心參與的方式，進行有目的的觀念交流為基礎。

五、小組互動

小組成員能順利進行討論互動，具有下列特性：1.互動時，小組成員真誠的回應；2.互動歷程充滿溝通行動；3.小組成員角色的變化是有彈性的；4.小組每位成員應具有任務角色、支持角色和自助角色；5.每個小組成員都有機會成為領導者；6.增進小組團結討論態度。

········ 第二節　討論教學法的功能與類型 ········

　　討論大致可以分為實際問題與理論問題的討論，但不論是哪一種討論，都應該要有證實和區別問題、蒐集資料和分享經驗、構成假設、證實假設、解釋資料及獲致結論等功能（高廣孚，民 77）。進行討論教學對於認知、情意和技能的教學目標具有以下功能。

壹、討論教學法的功能

一、認知方面

㈠熟悉教材內容要點

　　學生閱讀指定資料之後再進行討論。在討論活動中，學生要能夠有效的運用過去經驗，需要隨時組織和綜合教材內容，亦即能熟悉教材。

㈡檢視思考問題態度

　　通常討論的題目是有爭議性的題目。學生由彼此詰難和辯駁，對於自己平時的思考向度，在互相評價問題之後，提供活水式的全盤檢視。

㈢養成解決問題能力

　　透過「腦力激盪」的討論，參與者蒐集了與教材相關的資料，由蒐集資料、發現問題、形成假設、審慎思考、驗證假設、解決問題、追蹤問題的歷程中，事實上，為了配合討論需要，學生必須學習養成相當的處理方法、時間，相對的，問題解決能力也在逐漸養成。

二、情意方面

㈠激發學習興趣

討論提供學生滿足表達和互動的人際需求。爭議性的問題使得學生積極投入，因而學得更多且更深入，在做與說同時並行的學習歷程，有助於激發學習興趣。

㈡凝聚團體向心力

學生在討論之中有機會表達個人觀念和感受，在討論意見衝突時，學習彼此接納尊重、接納和容忍，形成了溫暖的團體氣氛，發展出團體歸屬感。

㈢促進團體自我瞭解

討論難免發生不愉快和衝突，但從不同意見的比較中，參與者意識到異於他人的參考架構或信念系統，繼而重新構築自己的意義網路，因此，討論能夠促進個體察覺到自己的偏見，而減少無謂的人際衝突。

三、技能方面

㈠發展批判思考能力

在討論中，參與者發表的想法都可能隨時受到挑戰，因而必須謹慎思考，找尋合理的證據來支持自己的論點，對於他人的論證，更需要找尋問題焦點適當推理。討論的情境隨時在變化，參與者必須護衛、應用、理解和重組自己的觀念，因此，討論教學可使學生思考更具批判力。

(二)培養民主參與的技巧

討論教學促使每個參與者都有機會輪流發言，清楚表達自己的看法，聽取他人意見，並針對問題提出質疑，這些說、聽和發問的技巧，都是參與民主社會不可或缺的。

具體而言，討論教學法除了認知、情意、技能方面的功能外，尚可藉由學生課前的預習與指定教材，精熟學科內容；主動蒐集討論資料，增進學習動機；透過彼此腦力激盪，養成相關領域的問題解決能力；增強溝通技巧，熟悉議事規則；經由群育薰陶力量，養成適應團體生活的好習慣。

貳、討論教學法的類型

一、以區分討論人數的類型

李祖壽（民 69）以區分討論人數，將討論教學法分成下列四種：

(一)全體討論

係指全班學生一起討論，由教師領導、主持討論的進行，亦可視情況需要，由學生互推主席，教師在旁指導。

(二)小組討論

係將全班分成若干小組，分別舉行討論。可以包括兩種形式：
1. 正式：需要適當的座位安排，遴選勝任愉快的主席，使用較長的時間。
2. 非正式：又稱即席小組討論，或稱蜂鳴法（buzz technique），學生只需各就原位即可。

(三)陪席討論

亦採小組討論形式，選出一組爲代表討論組，其他學生則爲陪席討論。而此代表小組的構成分子是精選出來或同學間推舉出來的，代表組的每一成員必須在集合討論前，多方蒐集資料，做充分準備，以藉由少數學生的特別準備，協助教師傳遞重要觀念，引起反省的機會。

(四)座談會

此種活動常被認爲陪席討論。但與陪席討論不同的是：座談會重視各出席者報告個人研究成果，或對於某一問題的看法，較不重視知識與意見的堆積與雄辯。

二、以養成討論技巧的類型

Orlich et al.（1985）提出以養成討論技巧的類型包括：(一) 腦力激盪（brainstorming）；(二) 飛立浦 66（Phillips 66）。其討論要點如表 10-1。

三、以達成討論任務的類型

Orlich et al.（1985）提出以達成討論任務的類型包括：(一) 導生討論小組（tutorial discussion group）；(二) 任務小組（task group）；(三) 角色扮演（role playing）；(四) 討論會（panel discussion）等四種，其要點如表 10-2。

參、引導小組討論的技巧

引導小組討論最常發生的情形是：老師話講太多，學生討論太少，以至於透過討論教學過程，學生認知的都是老師的意見或少部分資優生的觀點。以下提出幾項引導小組討論的重要技巧：

表 10-1　討論技巧小組類型和理論要點

類　　型	理論要點
腦力激盪 （brainstorming）	1. 為美國學者 A. F. Osborn 在 1938 年主持企業公司首創。 2. 教學目標：激發學生的創造思考能力，或激發出新穎奇特的觀念。 3. 人數：視討論時間而定，一般以五至十五人為宜。 4. 主持人：(1) 先簡單提出所要討論的問題。(2) 在尚未正式討論之前，要事先預備錄音或記錄。(3) 正式討論時，讓發言者充分表達意見或觀念，而不加以評論。 5. 原則：(1) 所有的觀念都應被尊重。(2) 對於每個意見不加任何批評。(3) 每個人都可以根據別人的意見來表示自己的看法。(4) 鼓勵未表示意見者提出看法。(5) 重量而不重質，提出的觀念越多越好。 6. 討論歷程：(1) 選擇說明問題。(2) 說明腦力激盪規則。(3) 組織並激勵團體氣氛。(4) 主持討論會議。(5) 記錄意見和觀念。(6) 評估並選取最好的意見。
飛立浦 66 （Phillips 66）	1. 為美國密西根大學教授 J. D. Phillips 所發展。 2. 教學目標：概念獲得教學引導活動和新課程的預習活動。 3. 人數：飛立浦 66 表示六人六分鐘討論提出解決問題策略。 4. 教師角色：(1) 決定討論主題。(2) 安排小組成員。(3) 宣布開始討論。(4) 觀察協助。 5. 座位安排：■為主持人角色

表 10-2　討論任務小組類型和理論要點

類　　型	理論要點
導生討論小組 （tutorial）	1. 教學目標：讓學生自己指出所遭遇的困難；提供回饋或技術以增進學習；鼓勵學生指出問題並嘗試解答。 2. 人數：不超過五人。 3. 導生角色：(1) 具有良好的發問技巧。(2) 善用增強。(3) 完成任務。 4. 討論要點：溝通討論學習困難和補救教學；獨立研究訓練。 5. 導生座位：■為導生
任務小組 （task group）	1. 教學目標：讓每個小組成員都能善盡完成任務。 2. 教師任務：選擇小組的任務、指定成員責任、明確界定任務範圍、激勵並指導成員完成任務。 3. 討論歷程：(1) 成立任務小組。(2) 小組成員完成任務。(3) 共同討論任務成果。
角色扮演 （role playing）	1. 教學目標：體會各種角色扮演內涵，同理心討論角色特質。 2. 人數：七至十人。 3. 教師任務：(1) 告知劇情；(2) 進行引導討論。 4. 討論歷程：(1) 分享角色扮演感想。(2) 呈現討論題目。(3) 進行討論分享心得。(4) 價值澄清。(5) 結論。
討論會 （panel discussion）	1. 教學目標：提供不同思考向度，以協助學生解決爭議性問題。 2. 人數：二人或三人深入研究主題做報告，十五人參加。 3. 討論歷程：(1) 事先選定討論議題。(2) 每人討論前先閱讀、看影片或聽演講以瞭解討論議題。(3) 主持人引言。(4) 報告人深入說明主題。(5) 小組成員自由回應意見。(6) 評量討論。

一、發展傾聽技巧

指導學生積極傾聽他人發言內容,是討論教學最基礎且重要的技巧,以下是發展學生傾聽技巧的方法:1.準備簡短又有組織的講課,接著複習剛上課的主要課題和重點,訓練學生專心聽講。2.提出問題讓學生在班上講出大意。3.經常口頭提問。4.避免重複性的引導、提問和評論。5.列出良好的表達習性。6.在布告欄列出傾聽技巧。7.請學生指出別的同學講錯之處(Orlich et al.,1985)。

二、安排情境

進行討論最好讓學生能很舒適的看到彼此反應的肢體語言和聽到音量適中的語言,因此討論的情境安排應注意:1.位置的安排以圓形或長方形爲佳。2.討論地點避免吵雜,如在戶外進行,排列座位坐法儘量考慮可以傳遞訊息。3.主持人、報告人和討論人三者互動避免權威控制氣氛。

三、選擇好的討論議題

討論議題儘量把握下列原則:1.開始討論以事實性問題引發討論,接著提供詮釋性問題讓學生表達對議題的個人信念,最後提供評鑑性問題讓學生做價值判斷。2.討論議題以全部學生可以參與討論爲佳,避免過於艱澀難懂的議題意義。3.討論議題可以讓學生充分提問、評論和做結論。

四、培養學生提問和回應能力

讓每位學生都有一份討論議題的資料、一支筆,以及抒發己見的空白紙張。鼓勵學生記下令他們感到興奮的想法、意見,或是寫下自己所提出的看法,而這些想法儘量以摘要重點的關鍵字形式呈現,再標上序號或回應時特別強調的名言、論點,這樣可以讓學生持續進行

討論，無須擔心會忘記自己的想法。

五、激勵成員積極參與並積極回饋

教師告訴學生所提出的問題是大家同樣有疑慮的，透過討論可以建立共識或引發另類思考，並表達希望學生對於分享自己對內容的看法是感到自在無壓力的。此外，讓學生知道要遵循的規則是：未開始正式討論之前，不可以私下交談或提出看法，避免私下討論破壞全班秩序。接著讓學生知道他們要對發言同學的看法做出回應，以及當你叫到他們時，他們也要回應你的問題。之後，鼓勵他們直接對另一同學表達出贊成或反對的看法，以及提出一些問題。最後，告訴學生宜就課文內容的特定出處來支持自己的想法。此時教師可以激勵學生：能正確找出有印象或意義的內容出處是不容易的，同學應該協助彼此找出有意義的結論。

六、妥善處理僵局

討論歷程中，難免因為議題的價值判斷，或是學生討論技巧不夠熟練，而產生難以處理的場面，以下提供幾點解決策略（林寶山，民77）：

(一)利用身體語言

有人喋喋不休時，主持人可以用中止手勢動作、眼神或期待態度暗示談話宜結束，或直接中斷此人談話。

(二)偏離主題

主持人可以直接指出討論已偏離主題，或暫時中止討論，請大家停頓下來，回到原來立場。

三過多或過少人發言

過多人發言則摘述發言者主要論點,即進入下一議題,或只就發言者提出「是與否」的問題。對於太少發言的情形,則可請中上程度學生先就事實性發表意見,必要時再提評鑑性問題。

四面對衝突或爭議意見

提醒大家討論的目標之後,利用幽默的話來緩和衝突情境。如爭議不休時,則可提供表決方式、採取專家意見、下次再行討論等方式來處理。

總之,討論教學要順利進行,應該考慮到課程教學型態、教師權威態度、學生討論能力和班級經營情況來妥善規劃討論教學步驟,才能順利進行討論。

……… 第三節　討論教學法的教學步驟 ………

討論教學法適合在各級學校的班級教學中實施,只要熟練討論教學的實施模式,善加設計教學內容,將可發揮教學效能。討論教學過程分為準備、討論、評鑑等三階段,步驟說明如下(方郁林,民86,209;Gunter, Estes, & Schwab, 1995)。

壹、準備階段

一、選擇問題

問題的類型可以區分為三種形式:事實性(factual)、詮釋性(interpretive)和評量性(evaluative)問題。

「事實性」問題是指可以直接藉由查閱課文內容來回答問題,因

為有些課文中的陳述事實和學生的概念恰巧相反，所以透過事實性問題可以澄清學生概念；「詮釋性」問題是指具有一個以上可由課文內容中的證據來支持的合理答案，課文內容本身就是詮釋性問題最終的合理正當性，因此學生回答詮釋性的問題時，應該要能引用課文內容的一些部分，來就問題的意涵，說明自己的意見看法；「評量性」問題是指設計課文概念和學生經驗做連結，使學生能表現自我的價值判斷。表 10-3 為三種問題類型的例子。

表 10-3　事實性、詮釋性和評量性問題類型

問題類型	例　　子
事實性	誰首度提出以太陽為中心的理論？
詮釋性	為什麼有人稱觀光業為無煙囪工業？
評量性	你認為外太空的存在對於世人是一種優勢？還是劣勢？

二、蒐集資料

討論之前，師生需就討論問題事先蒐集資料閱讀，才有助於討論問題的深入說明或例證。蒐集資料可以先請全班學生或各小組導生，上網路或到相關單位、圖書館蒐集資料。

三、成立小組

小組成員最好採行異質性編組，尤其每組成員中應有程度較佳的學生來擔任小組長，小組成員以四到八人為佳。

四、訂定時間

討論所需時間，須視問題重要性和難度而定，不宜過長或太短。一般而言，討論時間可以三到五分鐘，報告時間以一到二分鐘為限。

五、排列座位

　　座位以圓形或馬蹄型為佳，講台前並放置投影機，且預留報告人站的位置，以使所有成員都能有良好的視覺為原則。

六、分配角色

　　小組分配好後，教師可分派主持人、記錄、報告人等角色。

貳、討論階段

一、引起動機

　　進行討論前，盡可能以生活實例或問題討論為重點。例如：探討「水汙染問題」，教師可拿遭到水汙染的廢水和逆滲透淨水，讓同學觀察或聞味道的差別，提示環境汙染已造成，我們如何拯救環境做好保育工作？在引起動機的問題提示，應注意下列要點：1. 用言語精確地表達出問題的重要性；2. 討論問題不宜太廣泛，應集中焦點問題方向；3. 問題必須能夠反映出真正的疑慮。

二、設計並發下討論問題

　　題組式問題包括：課程內容的事實性問題，和集中性的詮釋性問題，兩種問題所組成六到八個問題的題組，題組可以設計數種不同性質的好問題，提供討論議題的不同方向，促使參與者延伸他們一開始對基礎性問題的反應。所設計的基礎性問題，盡量讓學生對於議題感到有興趣衍生討論，並非只是記憶書中的唯一答案為討論目的。

　　圖 10-1「成吉思汗」討論題組為基礎性問題，其特色在於問題雖然已經有正確答案，卻能引發學生討論後深入瞭解基本事實，之後學生可以詮釋基礎性問題，這樣的討論加上系列性串連問題，學生在引導討論下，將會漸漸擴充自己的概念和想法。

　　題組問題可設計成小組討論單，發給各組，或直接板書在黑板，或是將所有討論問題彙整，以投影片投影讓同學知曉討論題目，討論題目最好依單元重點較有爭議或討論價值的問題，按全班小組數量分配，各組討論題目都不同，避免重複討論。同學討論時，教師可在座位間巡視。

基礎性問題：
為什麼成吉思汗
在征服中國後帶軍西行？

Follow-up questions:

1. 成吉思汗的繼承權為何？

2. 在成吉思汗所參觀的蒙古包中的買賣，他對什麼感到困惑？

3. 成吉思汗的死對整個家族有什麼樣的影響？

4. 在成吉思汗從捕捉他的人那裡逃出後，什麼致使人們想要跟隨他？

5. 什麼使成吉思汗變成一位如此有效能的領袖？

6. 成吉思汗的士兵具有何種遠超於敵軍士兵的優點？

7. 為什麼成吉思汗不滿意自己在中國爭戰的成果？

8. 假如成吉思汗停止他在 1215 年的征戰，會有什麼事發生嗎？

圖 10-1　「成吉思汗」討論題組雨傘圖
資料來源：Gunter, M. A., Estes, T. H., & Schwab, J., 1995, p.182.

三、說明程序

　　開始討論，教師應做簡單說明，例如：

㈠討論題目時間：以三到五分鐘為宜。

㈡上台報告時間：以二分鐘為限。

㈢報告呈現方式：可以小組代表上台口頭報告、角色扮演方式、在投影片上標示大綱或圖表說明方式等等。

㈣討論遵守規則：以同學可以互聽到的適當音量，並於討論時摘要重點，討論完可請組長舉手或小組安靜趴在桌上表示已充分討論完畢。告訴學生理解別人所說的話，是現實生活中與人和睦相處很重要的事。

㈤增強表現辦法：簡要提供表現優秀的個人或小組增強方式。

㈥評量：告訴學生討論內容是會進行評量的，所以要熟悉課程討論內容。

四、進行討論

㈠鼓勵探索的期待語言

當引導討論時，老師或主持人要不時地問一些系列性的問題，來迫使學生說出自己的理由或是發表自己的成果。探索的語調應該要具有鼓勵性：「可不可以告訴我，你想些什麼呢？」、「你為什麼覺得是這樣呢？」、「你可以從課文內容中找到支持點嗎？……」、「小明，你同意大華的看法嗎？小英，你的看法呢？」

㈡回應問題的澄清引導

問完一個問題後，在引導出一項答案之前的程序是可以給學生充裕時間的思考。教師請學生回應討論問題，避免總是點相同的學生，或只叫第一個舉手的人。在問另一個問題之前，教師應針對每一個問題，尋求幾個學生的意見，問以下有關這類的問題：「為什麼他們想的是這樣？」、「他們可以在課文中引述哪些證據？」幫助學生發展自己的想法，以澄清學生回應問題的模糊點。

如果學生的評論不適當，教師可以提示支持性想法的證據，經由重複的討論，有技巧地引導學生由可能的答案中建立自信。

㈢學生問題的明確回饋

接著請各小組輪流上台報告討論結論或演出討論結果，教師指導學生在聆聽報告時進行發現問題，以便在各小組上台報告完後，回饋問題給各報告小組，擴充思考，也讓學生瞭解到討論重視歷程的知識分享，不同意見可以導引出更好的見解，非只有正確結論的概念才是唯一的學習目標。

參、評鑑階段

一、綜合歸納

教師在學生討論完後，宜綜合歸納各組報告要點，回答各小組所提出的質疑問題，並要求學生複習討論的主要觀點。哪些部分是特別有印象的呢？還記得哪些概念？討論不同觀點的價值，並且鼓勵學生分享如何就一直變化的內容做準備。既然學生已經透過討論來探索主題，教師可以要求學生寫下自己對其中一個基礎性問題的回應。

二、總體評估

教師最後可針對討論內容、學生表達能力及準備情形等項目一一加以評估，並說明優缺點，以供下次活動的參考，最後就各組個人及小組表現最優學生給予增強。

為了評鑑學生的表現，首先應確定討論歷程中最直接的印象。盡快地在討論過後記下大概的分數。評斷學生討論的表現時，要考慮下列要點：1. 提出可以讓班上學生有進一步瞭解的看法的能力。2. 回應其他學生看法的能力。3. 以課文內容證據來支持論點的能力。4. 仔細傾聽以及開放心胸的能力。5. 保持安靜的能力，但是在別人討論時，能夠投入討論及保持熱忱。

············ **第四節　討論教學實例設計** ···········

壹、教學單元

一、教學來源

國中生活與科技第六冊〈能源的開發與節約〉。

二、教學目標

學生能瞭解能源可以區分再生能源和非再生能源兩大類，希望能培養節約能源的好習慣。

三、教學對象

國中三年級學生。

貳、教學步驟

一、引起動機

㈠展示「缺水時候的實況報導」：(1) 食衣住行育樂均成問題的圖片、事件。(2) 健康和生活均受影響的實例和故事。

㈡關掉教室冷氣或電風扇、燈光，請學生實際感受缺電的不便。

㈢說明「水和電資源」的重要性，提問尚有哪些能源是人類應時時珍惜的呢？

二、設計並發下討論題目

㈠哪些能源是可以再生？試舉出五種再生能源。

㈡哪些能源是無法再生的能源？試舉出五種非再生能源。

㈢再生能源和非再生能源有何特徵和差異？

㈣再生能源在生活中發揮哪些作用？哪些地區可以獲取再生能源？

㈤非再生能源在生活中發揮哪些作用？如何獲取非再生能源？

㈥試舉出五種珍惜能源的方法。

㈦試舉出五種從環境保護能源的方法。

㈧如果為了再造能源而興建核能廠，請從健康、生活、能源等方面提出你的看法。

三、說明程序

㈠討論題目時間：全班分成八組，每組五人，分別討論一題（第一組第一題，於依此類推），時間三分鐘。

㈡上台報告時間：每組一到二分鐘。

㈢報告呈現方式：可以口頭報告，在黑板畫出或寫出重點，也可以戲劇演示等等。

㈣討論遵守規則：討論完畢，小組舉手或安靜趴在桌上。

㈤增強和評量：報告最優前三名小組，可得環保小英雄、環保小天使和環保志工榮譽卡一張。成績最後二組，每天派一位同學檢視水資源、電資源、資源垃圾等管理。

四、進行討論

㈠巡視各組並回應同學問題

1. 各組選出組長、記錄。
2. 教師鼓勵各組提出準備資料討論。
3. 教師提示再生能源會經過轉換過程，變成各種能量形式，例如：燃燒，會產生熱水、蒸氣、電力。

㈡**學生問題的明確回饋**

例如：教師舉例提出珍惜能源的方法：1.確保能源穩定供應。2.促進合理能源價格。3.提高能源使用效益。4.防治能源汙染環境。5.加強能源研究發展。

五、綜合歸納

例如：教師以樹狀圖，如圖10-2，列出能源可以分為：

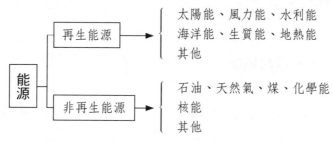

圖10-2 〈能源再生〉討論歸納樹狀圖

六、總體評估

㈠表揚優秀前三組，鼓勵後二組再接再厲。
㈡指出可深入探討目前核能使用的情形和效益評估。

參、教學注意要點

一、教學過程

1.請同學充分課前準備和閱讀資料。2.學習傾聽、做筆記、回應討論問題。3.參與討論練習主持、記錄、討論人等角色。

二、教學內容

　　1. 教師最後應總結討論要點，以簡報或黑板板書歸納要點，並提出擴充性問題，提供討論後再思考。2. 注意增強評量，讓同學努力表現，但勿打擊最後二名小組尊嚴，鼓勵再接再厲。

本章摘要

1. 討論是師生間或是學生間觀念的交換，可適用在多種情境中，是一種普遍性的教學策略設計，可以提供學生在班級中積極的參與。

2. 討論教學法是指一群人在一起，為了達成某種教學目標，透過語言表達，傾聽對方且觀察手勢、表情等過程，彼此溝通意見，師生互動共同參與教學的歷程。

3. 討論教學對於複雜的問題不會只要求一個答案，相反地，它鼓勵更多不同答案的出現及相反的觀點，藉由呈現不同甚至矛盾的觀點，學生能因相互刺激（透過語言表達）進行心智思考，以更瞭解所呈現教學內容的豐富性。可說是最能夠表現出師生互動之教學。

4. 討論教學法採用小組討論，特性包括：人數限制、情境設計、討論途徑、討論目的、小組互動等五方面。

5. 討論教學法的功能可歸納為三方面：(1) 認知：包括熟悉教材內容要點、檢視思考問題態度、養成解決問題能力。(2) 情意：激發學習興趣、凝聚團體向心力、促進團體自我瞭解。(3) 技能：發展批判思考能力、培養民主參與的技巧。

6. 討論的題目多半有爭議性，在討論過程中的辯駁和質詢，必須對參與討論的對象進行自己思考角度的檢視。

7. 討論後必須解決問題，學生必須從中養成思考問題及找出爭論的癥結，進而培養解決問題的能力。重要的是，學生在討論的過程中，學習面對不同的意見，培養團體的默契及共識。

8. 討論類型的運用，必須考慮到各科目或是各時段教學的需要。

9. 教師避免直接或主導（權威的控制）討論的進行，在進行討論教學之前，就必須先決定本次的教學將運用何種類型進行，並且引

導學生共同做討論教學前準備。

10. 討論過程中，無可避免會發生爭執或出現僵局的場面，主持人需適時地使用解決策略來維繫討論的正常進行。

11. 認清討論問題的類型，確立蒐集資料的範圍，確定小組成員和各自的工作，以及討論過程中的參與角色。

12. 引導小組討論的技巧包括：(1) 發展傾聽技巧。(2) 安排情境。(3) 選擇好的討論議題。(4) 培養學生提問和回應問題能力。(5) 激勵成員參與並積極回饋。(6) 妥善處理僵局。

13. 討論教學法的準備工作包括：選擇問題、蒐集資料、成立小組、訂定時間、排列座位、分配角色。

14. 正式討論教學和教學後工作包括：(1) 引起動機。(2) 設計並發下討論問題。(3) 說明程序。(4) 進行討論。(5) 綜合歸納。(6) 總體評估。

研習功課

▶ 理論問題作業

1. 何謂「討論教學法」？
2. 試說明討論教學法的特性。
3. 何謂事實性、詮釋性和評價性問題？請各提出三個問題。
4. 試舉出三種討論教學法常用的類型，說明其意義和運用方式。
5. 引導小組討論教學的技巧有哪些？
6. 當討論過程中出現失控的場面，主持人應該如何使之恢復正常秩序？
7. 試舉例說明討論教學的教學步驟。

▶ 實作設計作業

1. 請以國中教材為例，設計一個討論會的教學方案。
2. 請以國中教材為例，設計一個任務小組的教學方案。
3. 請以國中教材為例，依照正式討論教學程序（含教學後）設計一份教學方案。

第 11 章

探究教學方法與設計

　　傳統學校教育強調學生知識的灌輸，教學內容幾乎成了教育的工具和目的，學校教學忽略教學歷程，易導致學生的知識生產、轉化和創造，不知如何（how）思考求知和爲什麼（why）要去求知，不少學生在教學歷程中，無法獲得具體的印象和證據，教和學變成無交集的探索旅程。

　　探究（inquiry）一詞和發現（discovery）、問題解決（problem-solving）、反省性思考（reflective thinking）、歸納性教學（inductive teaching）等教學概念，均主張讓學生發揮高度參與教學、教具、環境互動的機會。所以，有人認爲探究和這些詞是同義的。因此，從古老的希臘哲學家蘇格拉底的詰問法、柏拉圖的對話法，以及亞里斯多德對自然奧祕的研究開啟探究的先鋒，到二十世紀杜威（J. Dewey）倡導問題解決法，布魯納（J. S. Bruner）在 1960 年出版的《教育歷程》（The process of education）提出發現教學的理念，使得探究教學的論點更受重視。

　　蘇克曼（J. R. Suchman）是少數課程研究者致力於探究概念方案設計的學者，從他 1961 年研究〈探究訓練：建立自主發現技能〉（Suchman, 1961）和 1966 年出版的《在自然科學的探究發展方案》（Suchman, 1966），便積極推動探究發展方案（Inquiry Development Program, IDP）應用在中學生的自然科學學習，探究教學（inquiry instruction）成爲運用科學方法探索眞相的一種創新教學。

………… 第一節　探究教學法的基本概念 …………

壹、探究刺激源於生活問號

　　　　爲什麼毛毛蟲有絨毛呢？是什麼讓蛇可以爬行呢？如果螢火蟲在白天飛行會是怎樣呢？娃娃魚怕水嗎？有東西吃了月亮

嗎？是誰曾經想出「球芽甘藍」這個名稱呢？以及為什麼蕃茄醬
會附著在瓶子上呢？我的皮膚是棕色的，是因為被烤過嗎？雨
會融化花朵嗎？（Gunter, Estes, & Schwab, 1995, p.158）

「為什麼？」是探究的起源，透過為什麼的問號和問題開始，
正確答案不再是只有老師試題空格中的答案，可以滿足學生的「智力
旅程」。探究式的學習以所有的領域中都有可以探索的神祕未開發地
帶，以及每個學校的學科是屬於可追根究柢的科目，而學生可參與其
中活動為前提。

蘇克曼所發展出來的探究教學法模式基礎，是期望透過科學的
解決問題和調查歷程，可以教給學生對於未知事物的智力思考，經由
探究學習生活中的問題，可以訓練出學生本身自然的好奇心和無窮
潛能。所以，探究教學理念是事物越是困擾或迷惑著學生，只要引
導學生探究得當，學生就能學得更好，當學生由心中真誠地問「為什
麼？」的時候，他們有可能領會到訊息，然後記住它，使之成為自己
認知的一部分。同時，他們也瞭解到在一學科範疇內的學習價值，
以及體認到參與認知和思考的過程是每一學科的重要部分（Gunter,
Estes, & Schwab,1995）。

貳、探究教學的意涵

一、探究的基本歷程

簡單來說，探究的基本技能包括：觀察、分類、使用數據、測
量、使用時空關係、預測、推論、操作性定義、形成性假設、解釋資
料、控制變項、實驗和溝通（Orlich et al., 1985）。探究的基本模式
如圖 11-1，包括下列歷程：

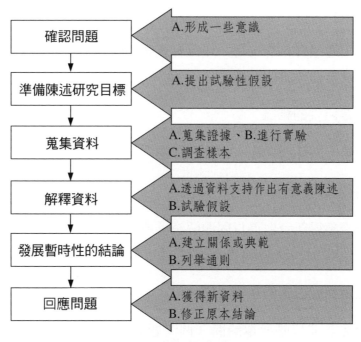

圖 11-1　探究基本模式

資料來源：Orlich, D. C. et al., (ed.), 1985, p.260.

㈠確認問題

　　學生開始對問題形成一些意識，例如：該研究什麼重點？如何著手？

㈡準備陳述研究目標

　　提出試驗性假設，例如：如果這麼做……將會產生怎樣的結果？

㈢蒐集資料

　　學生根據假設開始蒐集相關證據，投入各項證據、投入實驗，接著調查樣本的適用性、可行性和誤差。

㈣**解釋資料**

學生透過資料的支持，作出有意義的陳述，對於假設，再次考驗其存在或推翻假設的可能。

㈤**發展暫時性的結論**

即建立關係或典範，詳細列舉通則。

㈥**回應問題（replication）**

最後獲得新資料得以問題解決，或是修正原本結論，使結論更周延。

二、使用探究模式的基本步驟

探究並非只是簡單的問一個問題而已，而是形成一個調查的歷程，指導學生如何在每一單元的學習，致力於養成認知技能和參與小組討論探究的歷程。如此一來，師生有意識的投入探究歷程，教師設計學習、練習、證明情境，配合學生的學習式態進行教學，教師才不會變成只會按照教科書教學的機器。

教師的角色是幫助學生「發現」訊息的學習淨化器和觸媒，使學生能在推論和歸納歷程中建構他們自己的意義出來（Lang, McBeath, & Hebert, 1995）。因此，教師使用探究模式指導學生學習時，宜把握下列步驟：1. 設立問題情境。2. 提供經驗找出基本要素。3. 組合經驗找出相對要素。4. 學習者形成概念或通則。5. 學習者應用概念或通則。如圖 11-2。

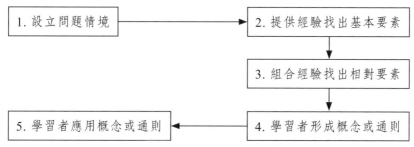

圖 11-2　使用探究模式的基本步驟

資料來源：Lang, H. R., McBeath, A., & Hebert, J.,1995, p.280.

三、探究教學的意義和類型

㈠探究教學的意義

　　探究教學是指教師更有技巧的提出問題，鼓勵學生去調查一個範圍的主題，使學生在探究訓練中對於自己的學習更有責任感的教學方法。廣義的探究教學方法包括：歸納探究法（indutive inquiry）、問題解決法（problem-solving）、發現學習法（discovery learning）和蘇克曼的探究模式（the Suchman inquiry model）。本書採行蘇克曼探究教學法觀點，即教導透過學生「發現」（discovery）和「提出問題」（questioning）來解決問題的教學法，稱為探究教學法。

㈡探究教學的類型

　　探究教學的類型可分指導式（guided）探究和非指導式（unguided）探究兩種。蘇克曼探究教學法是以非指導式探究為主，指導式探究為輔。

　　指導式探究是教師小心指導學生去發現或類推；非指導式探究是學生被賦予責任去形成問題、選擇探究方法、指出結論和進行類推（Lang, McBeath, & Hebert,1995）。指導式探究教學，教師在提出

問題、促進反應、組織材料和情境上都扮演重要角色，教師可說是整個學習的組織者，學生在指導式探究可以獲得「學習如何學習」的益處（林寶山，民 77），是引導學生從直接教學到非直接教學很好的教學策略。

非指導式探究教學的學生角色扮演，是積極主動的去決定蒐集資料、整理資料和獲得答案解決問題，教師是處於協助者角色，學生最好能具備多次指導式探究訓練的經驗，具有充分的科學知識和解決科學問題的過程技能，才能勝任非探究學習活動。

參、探究教學的假設和蒐集資料

一、探究教學的假設

蘇克曼認為教師不斷向學生講解知識，其實都是嘗試性、短暫性的，因為學者專家的理論會隨時空而修正創新理論，並無所謂永久性的答案，透過探究找出歧義，見識各種不同觀點，才能有豐富思維增長知識發展的可能。

因此，蘇克曼探究教學的假設包括了：1. 人們感到疑難時，自然會去探究。2. 人們可以意識到自我的思維策略，並且學會分析這些策略。3. 新的策略可以直接教給學生，對現存策略有所增益。4. 合作式探究豐富了思維，有助於提高學生學習知識的暫時性、不斷發生的性質，以及辨識另類的（alternative）解釋（Joyce, Weil, & Showers, 1992）。是以，假設豐富了探究新知的擴展。

二、形成假設—蒐集資料—假設的探究循環

在一般探究的過程中，經常是先做假設，然後再蒐集資料，接著在蒐集資料中修正假設。由於受到時間、地點、經費限制，學生通常無法實際經歷每件事情。如果要學生透過書面參考資料及其他資源來

探究新知，過程太冗長，容易使學生受到挫折。圖 11-3 是蘇克曼認為進行探究教學的形成假設－蒐集資料－假設的探究循環歷程。

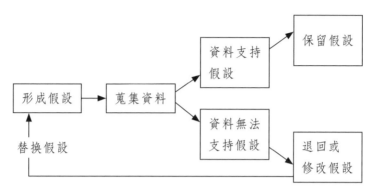

圖 11-3　形成假設－蒐集資料－假設的探究循環歷程

資料來源：Eggen P. D. & Kauchak, D. P.,1988, p.240.

三、探究教學的優點

布魯納（Bruner, 1961）認為經由針對問題來尋找答案的「發現」探究過程有四個優點：

㈠增強智力潛能

布魯納假設在發現的過程中，學習者學習如何解決問題，並且學習「學習的任務」的基本原理法則，他建議正在設法找出可能答案的學習者要注意到假設性答案的限制，這樣可以避免接二連三地牽扯出任意隨便的假設。這些學習者同時也學習將先前所獲得的資料與新的資料做連結，以及培養解決問題的耐心和毅力。

㈡由外在回饋轉變為內在的回饋

比起努力從正確答案中獲得回饋，倒不如學生從處理周遭環境與解決問題的滿意中來獲得回饋。因為這樣的學習者可培養出一種延緩

解決問題時所獲得的喜悅的能力，而不是培養出倚賴於立即回應老師所期待的答案，而能得到報酬的態度。

(三)在發現的過程學習嘗試錯誤而有啟發

探究過程包含學習如何將問題置於可運作和可解決的形式中，布魯納認為只有經由練習以及參與探究的過程，一個人才能知道如何能圓滿地解決問題。學習者越有經驗的話，探究過程就越能應用於其他任務或待處理的問題之上。

(四)有助於回憶的過程

回憶的過程主要就是喚出曾記憶過的事物，布魯納認為經由學習者理解處理過的要求命令下所儲存的題材事物，比起不是要求命令下所儲存的題材事物較容易回想起來。除此之外，學習者若善於解決問題的話，也會容易發現記憶資料的技巧與方法。

·············· 第二節　探究教學法的教學步驟 ··············

蘇克曼探究教學的教師角色是處於協助者角色，協助學生瞭解到「發現」答案的科學歷程，以及認識到：不是問題無法解決而是問題有許多答案，尤其是中學生獨立研究課程，最適合採取探究教學法。

壹、教學準備

Eggen & Kauchak（1988）認為進行探究教學應確認教學目標和準備良好的探究問題。

一、確認內容目標和思考技能

㈠內容目標

蘇克曼的探究教學注重學生必須是個提問者，就所提出問題進行假設、蒐集資料，再解釋提出問題，最後目標是在歸納做結論。因此，教師必須在上課前熟知教學內容之目標爲何？因爲最後必須提出通則來回應教學內容。

㈡思考技能

探究教學重視學生思考技能的培養，因爲探究過程需要學生利用分析、綜合、評論、判斷、推測、想像等思考技巧去解釋探究問題，因此，教學目標應兼顧達成教學內容目標和思考技能需求。

二、根據學生背景準備問題

學生的概念形成、抽象表達和蒐集資料等學習背景是教師必須考量的因素，各種學科如果要進行探究教學，教師可以準備明確的探究問題，利用影片、收／錄音機、海報、圖片、表格、地圖和個案研究等呈現方式，促使學生有強烈的學習動機，和有比較對照的具體問題來發展探究概念。

此外，提問具有引起學生的興趣和注意、診斷和檢視學生的學習能力、特殊事實或資料的回憶、激勵高層思考能力、建構和再引導學習、班級秩序管理和允許學生偏好的表達等作用（Borich,1996），教師對於學生問題組織程度高低應加以瞭解的。

貳、正式進行教學

Gunter, Estes, & Schwab（1995）指出蘇克曼探究正式教學步驟如下：

一、選擇一個問題，並進行調查

老師要挑選一種令人迷惑的情境或是眞正有趣、能吸引學生的問題。以下列舉各學科探究問題：

㈠自然科學的問題

教室裡有兩株植物，它們一樣接受同等量的水，且種植於相同的土壤中，然而其中一株植物長的比較高大，這兩種植物是從完全相同大小的幼苗重新種植的，是什麼原因使得它們在成長中有所差異呢？爲什麼溼氣有時會凝聚在玻璃製品的外層上？爲什麼聲音的傳導在固體、液體和氣體的速度有差異呢？

㈡一直令人不解的事件

例如：地震時爲什麼會聽到地鳴、看到火光甚至馬陸和蛇會往平地移動？飛機飛經百慕達神祕三角洲，爲什麼會失蹤？

㈢需要學生想出結論的一個戲劇或故事的場景

例如：在 France, Hodgson, & Burnett 所著的《祕密花園》這本小說中，一位小女孩發現了一支通往祕密花園的鑰匙，這花園有好幾年無人管理了。那位女孩和她的叔叔以及跛腳的堂弟住在一塊，他的叔叔因爲做生意而出遠門，同時也是爲了躲避自己的兒子，那麼花園裡的祕密會是什麼呢？

㈣需要數學技巧的問題

例如：金字塔的建造和等比級數的解法有關嗎？

㈤健康的問題

例如：爲什麼初春時候，小孩最容易罹患肺炎呢？

㈥體育課程解決的狀況

例如：爲什麼不少中學生在跑步時會休克死掉或突然暈倒呢？

㈦譬喻性的語文或文法

例如：爲什麼白髮三千丈？春風風人？

探究教學的任何一個主題最好能引導出疑問，因爲探究過程是以令人困惑的情境開始，最後以學生能找到一個合邏輯與適當的答案作爲結束。對許多學生而言，尤其是那些習慣探究過程的學生，所謂最好與最眞切的問題是可能有多個答案或沒有最後共識答案的那些問題。

一旦選擇好問題後，老師要針對問題完成必要的調查，然後準備資料數據單，以便在探究過程中的參考之用。此外，老師在進行程序之前就得決定要提供學生多少資料，以及當學生有困難時，要補充哪些額外的資料數據。

二、說明過程與引導問題

在探究過程開始之前，老師須向全班說明程序步驟。在這個教學法裡，整個班級是參與其中的，老師是主要資料數據的來源，並且對於問題的回應只能說「是」與「不是」，所以找出問題架構的重擔將落在學生身上。

老師可以決定要不要補充其他資料數據，或是指導提出問題和討論，但對問題的假設必須留給學生，老師是監控過程，而非掌控結果。對於學生的探究指示下列的規則：1. 學生只有在被點到時才能問問題。2. 學生只能在小組討論時間或相互合作完成任務的時候才能交談。3. 學生要以 Yes-No 問題的形式來提出問題，這樣老師才可以「是」或「不是」來回答問題。（如果需要，老師可以決定給予額外的資料。）4. 一位學生可以繼續不斷地問問題，只要老師對於他的問

題是給予正面的肯定。

　　老師可以將問題念出來，或向全班說明問題的意思。如果學生不會閱讀，老師可以口頭的方式來提供他們問題，或用圖片來解說問題。

　　例如：要學生進行「酸與鹼」的實驗，探究發現：指示劑應用測試酸性水溶液和鹼性水溶液會產生不同變化，而推論酸和鹼物質特性，教師可以圖 11-4「酸與鹼的物質探究」輔助引導問題的說明。

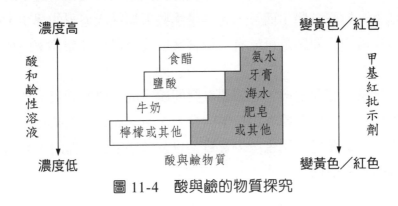

圖 11-4　酸與鹼的物質探究

三、經由提問，蒐集資料數據

㈠學生觀察事實提出問題

　　鼓勵學生進行探究問題時，依據觀察事實提出「是與否」明確的問題，例如：

1.「是什麼使石蕊試紙變顏色呢？」→不好的提問，教師必須再說明問題。
2.「石蕊試紙變顏色是不是因為加入肥皂水的原因？」→好的提問，教師可以回答是與否，提供學生據此再探究下一概念問題。

㈡反問學生敘述性問題

當學生已經能以是與否問題來向教師提問，表示學生已經開始探究問題，準備依照提問進行心智反應思考問題該如何繼續觀察、操作、記錄、實驗等步驟。然而假使學生無法進行更多提問，或是提問皆是向老師求援而非自行探究時，教師可以反問學生敘述性問題，例如：「這是你的意思嗎？」、「能否再敘述一次你的問題？」、「是的，這是一部分答案，可是爲何不根據你已發現的事物，來仔細想想這個問題的另外有關資料呢？」

㈢記錄學生提供試驗性資料

師生每一次的提問回應都是探究歷程的試驗性資料，應該記錄下來，記錄方式可請學生自己記錄在資料單上，或是教師請一位學生在黑板上或簡報上的圖表加以記錄各項學生的觀察資料。

四、發展論點且加以證實

㈠發展可能的假設性論點

當學生提出似乎是解答的假設性問題時，教師應請學生將這個問題敘述爲一項推測，然後寫在特別爲推測而設的黑板範圍裡。接著蒐集能立即證明或駁斥推測的相關資料。例如：有一個學生進行石蕊試紙實驗探究時，發現肥皂、牙膏、牛奶、檸檬會使石蕊試紙顏色不一樣，學生提出假設性推測：「石蕊試紙顏色是判斷酸性和鹼性物質的重要指標。」接著，所有實驗酸性和鹼性的各種物質可朝此方向進行。

㈡進行小組探究討論

學生可以進行小組探究討論，構想假設性問題來問教師，教師可以根據問題的本質指示學生其他的資料來源，或進行眞實的實驗室實

驗，多鼓勵小組成員根據推測論點，來提出假設性的問題。例如：

推測論點：「石灰（氧化鈣，CaO）溶於水，形成氫氧化鈣（$Ca(OH)_2$）水溶液，是一種便宜易得的鹼性物質，可以和二氧化碳反應，產生沈澱。」

假設性問題：(1)吃檳榔加石灰，石灰是鹼性，會腐蝕口腔組織。
　　　　　　(2)石灰再和檳榔某些成分作用，會引起口腔細胞變化。

㈢推測－討論－推測

小組探究討論提出假設性的問題時，可以向全班說明推測的支持理由和資料驗證過程，老師將學生的問題供全班討論，若全班接受這個推測，再進行下一推測；若未被全班接受，則放棄推測再進行組別討論，重複推測－討論－推測歷程，但此一推測可記錄下來為何未被接受的原因，一直保留到推測已有明確答案時，再去除此一推測性假設。

五、說明原則並解釋論點

即要求學生說明所支持論點成為試驗性答案的理由，陳述與論點相關的原則，並考慮原則是否適用推論到其他解決答案。此一階段是必須縝密性探究才能從假設獲得普遍性原理原則的支持，所以當學生發現探究發現歷程有些不符假設論點時，必須再蒐集資料檢驗假設做歸納。

例如：由做「酸和鹼」實驗，可以歸納如表 11-1「酸和鹼的基本特性、常見物質和注意事項一覽表」。

表 11-1　酸和鹼的基本特性、常見物質和注意事項一覽表

	酸	鹼
基本特性	1. 沒有滑膩感，有些有腐蝕性 2. 使石蕊試紙變紅 3. 有酸味	1. 有滑膩感，有些有腐蝕性 2. 使石蕊試紙變藍 3. 有刺激味，可溶解油脂
常見物質	1. 胃液～幫助消化 2. 食醋～調味 3. 鹽酸～洗廁所	1. 氨水～急救用、消腫 2. 強鹼～清洗油煙機 3. 石灰水～測試二氧化碳
注意事項	1. 濃鹽酸具有強烈脫水性，易散熱爆炸（若將水加入濃硫酸中） 2. 硝酸水溶液是無色液體，會腐蝕皮膚	1. 氫氧化鈉（俗稱苛性鈉），遇水會放熱，對皮膚有腐蝕性 2. 氨比空氣輕易溶於水 3. 氫氧化鈣又稱石灰水，易和二氧化碳反應，產生沈澱

六、分析過程

即讓學生複習剛剛用來完成理論建立的過程。當學生回想從觀察現象、提出問題、蒐集資料、形成假設、討論驗證、解釋說明原則的整個歷程，都是在自己探究的「質問」（questioning）中完成各種可能答案。此時，教師宜鼓勵學生分析自己的質問類型和技巧，是否能運用心智技能有效的質問，在層層質問中探究出答案。

參、教學後工作～評鑑

運用蘇克曼探究教學法一開始選擇的問題，可能基本上會聚斂成一個已知的答案，和老師要藉由提供資料，來引導學生找到正確答案。但是，老師應逐步地介紹學生一些比較不同的情境，而這些情境是沒有答案的。如此，學生在學習解決問題的過程就可練習嘗試錯誤而有啟發的過程，學會練習處理曖昧不明的問題以釐清問題真相。

在探究教學進行時，可提出問題作為形成性評鑑，知道學生是「如何質問去想出解決問題」的歷程。此時可要求學生找出與探究所迷惑的狀況、事件來問同學，為了挑選出最有趣的問題，還可以在班上實施競賽。

教學後的總結性評鑑工作，可以測試學生是否可以歸納出學習內容目標和思考技巧的原理原則，另外可以透過辯論或實驗報告，評鑑學生是否能應用這些原理原則在其他情境事件中，作為評鑑成績。

⋯⋯⋯⋯⋯ 第三節　探究教學實例設計 ⋯⋯⋯⋯

以下以高一學生為對象，選擇一直令人不解的祕魯飲用水的問題，進行正式探究教學活動（Gunter, Estes, & Schwab, 1995, 167-172）。

壹、教學單元

一、教學單元名稱

〈傳染疾病〉～祕魯水的眞相。

二、教學目標

學生能經由探究歷程瞭解 1950 年祕魯使用水的實際情況。

三、教學科目

生物課。

貳、教學步驟

一、選擇一個問題並進行調查

㈠事實敘述：請同學念出下列探究事實，如表 11-2。

㈡提出問題

1. 現在的任務就要確認為什麼宣導是失敗的呢？
2. 為何大眾健康行政部門，不能有效地說服家庭主婦來將飲用水煮過呢？

表 11-2　〈祕魯水的真相〉探究問題事實

> 　　祕魯的民眾健康行政部門試著對鄉下村民說明能改善健康與延長壽命的發明，健康行政部門鼓勵民眾每天焚燒垃圾、抑制家蠅、回報可疑的傳染疾病，以及煮沸飲用水。煮沸過的水對民眾而言是不可或缺的預防藥，除非他們將飲用水煮沸，否則在村莊醫療診所已治癒好的人，之後會在一個月內再次得到相同的疾病而回診。
>
> 　　祕魯靠海的一個村莊，洛莫力諾斯，有著 200 戶的佃農家庭，在這將水煮沸的觀念已經宣導兩年之久了，奈力棟，當地的衛生人員試著說明家庭主婦（家中的決策者）把水煮過，一位醫生對大眾演講說明將水煮沸的好處，15 個家庭主婦，他們之中的大多數人是剛到村莊來的，在宣導活動之前就已經有把水煮沸的習慣，奈力棟數次拜訪村莊裡的每一戶人家，以及對其中的 21 戶人家更是特別殷勤、花費心思，她拜訪有 15 至 25 次之多：現在 21 戶中有 11 戶開始固定將水煮沸，其餘的家庭主婦依然未能照做。

資料來源：Gunter, M. A., Estes, T. H. & Schwab, J., 1995, pp.167-168.

二、說明過程與呈現問題

㈠說明過程

　　教師向學生說明到目前為止，專家對這個情形仍未有一致性的答案看法，但是他們得就這個問題嘗試共同找出可能性的答案，同時教

師仔細地說明在嘗試尋求可能答案時所要遵循的過程，並發給每一位學生有關於剛剛口頭敘述問題的講義，這樣才可以確保學生懂得單字詞彙與基本的問題。

　　教師解釋學生可以問問題來獲得更多的資料，但是老師只能以「是」或「不是」來回答，如果學生提的問題不能以這樣的方式來回答，將有可能被要求重新敘述問題。而且教師會指派一個人在黑板上做紀錄，假使教師對學生的問題有正面肯定的回應，就將之寫在黑板上。學生任何時候都可以要求小組討論，不過非討論時間是不允許相互交談的。倘若學生描述假設似乎是問題的可能性答案時，就會被寫在黑板上，而全班同學可以試著來證明或駁斥這項假設。

㈡呈現問題

　　教師激勵學生想像自己是事件的調查員，以及彷彿自己是真的正進行調查來發問問題：「如果我可以測試村莊中的飲用水，我是不是會在不同處發現有不同程度的汙染？」教師同時提供一張真相單，如表 11-3，用來回答學生提出的問題，教師可以隨時補充其他的資料，但大部分是鼓勵學生利用質問的過程來為自己找尋資料。

表 11-3　〈祕魯水的真相〉探究問題真相單

1. 祕魯的村民對於公共衛生與疾病之間的關係沒有瞭解很多。
2. 洛莫力諾斯的多數居民是佃農，他們是田間工作的農人。
3. 水是用桶子、金屬容器從溪裡或井中提取回來的。
4. 通常是小孩子去提水，而戀愛中的青少年或成人被認為不適合擔當這份工作。
5. 洛莫力諾斯的水有三個來源：鄰近村莊季節灌溉的渠道、村莊一哩外的泉水以及公共井，人們不喜歡裡頭的井水。
6. 這三個水源總是遭受到汙染，並且每次測試的時候都反映出有受到汙染。
7. 三個水源中，灌溉渠道的水最常被使用，對大多數的家庭而言，它是比較近的，所以小孩總是被派去取水。這水是流動的，而非停滯不動的，所以喜歡渠道水的味道。

8. 雖然對村民來說，安置公共的衛生水源系統是不可能的，不過將水煮沸可以降低傷寒的發生率以及飲水傳染的疾病。

9. 村民深信冷熱差異的複雜系統，這是當地的習俗，這個信念系統的基本原則就是除了它們實際的溫度以外，所有的食物、液體、藥物與其他的物體天性固有熱或冷，在本質上，熱—冷差異是習慣性行為中避免和接近的行動方式，而那些習慣性行為與懷孕與生小孩、食物習性和整個健康—生病系統有關。

10. 在洛莫力諾斯的習俗裡，煮沸過的水與疾病是息息相關的，根據習俗，只有病人才用煮過或滾燙的水，一旦一個人生病，想吃豬肉〈非常、非常冰〉或是喝白蘭地〈非常燙〉是異想天開的，生病的人要避免極度冷與極度的熱，生水是被認為非常的冷，它必須煮過才能為病患克服極端的體溫。

11. 村民從小就不喜歡煮水，大多數的人只能忍受加在調味用香料中所煮過的水，好比：糖、肉桂、檸檬或藥草。為了生病的人，煮過的水主要是要排除掉生水天生「冷」的特性。

資料來源：Gunter, M. A., Estes, T. H. & Schwab, J., 1995, p.169.

三、經由質問，蒐集資料數據

　　一開始蒐集資料過程的時候，老師應該鼓勵學生仔細想想：「為什麼有一些村民已經開始將他們的飲用水煮沸？」因為這個問題含有很多可能性，它有助於將問題著重在一關鍵點上，和引導出以下的對話和互動：

　　學生：這些村民是有接受過另一衛生人員的訓練嗎？
　　老師：不是。
　　學生：和他們的宗教有關，是嗎？
　　老師：是的。
　　學生：煮沸過的水是祭品的一部分嗎？
　　老師：不是。

學生：他們是不是相信水裡有某些物質使它顯得神聖呢？

老師：你能不能說清楚一點呢？你所謂的「神聖」是什麼意思？

學生：嗯……是不是煮過的水能使喝過的人都變得神聖？

老師：不是，不過你應該就水的效能繼續進行質問這項線索。

學生：它是以某種方式來醫治人們嗎？

老師：是的，它的確和疾病、醫療有關。

學生：滾燙的水在某方面是神聖的嗎？

老師：就某種程度上，你的說法是成立的，但是記得我們已經判定它是與疾病有關。

學生：是不是只有當村民生病的時候才煮水呢？

老師：是的，爲什麼你認爲是這種情形？

學生：他們是不是認爲熱水可以醫病？

老師：就某種程度上，你是很接近這個點。村民認爲所有的事物，包括：食物（不管冷的或熱的），當生病時，就應該要避掉冷的事物。

學生：也許這就是答案，也許只有當家裡出現疾病時，他們才會煮水。

四、發展論點且加以證實

教師此時宜就上述對話找出發展論點，給予小組探究討論並且加以證實。

老師：我們來檢查這個可能的答案吧！就我們所知的事實，有什麼可以證明這個推測呢？你們何不分組討論？討論看看有哪些資料是你們所需用來測試這項推測的呢？

學生對學生（在小組討論時）：嗯……我們應該要判定 B
　　太太（知道煮水的人的例證）的家中有疾病。

學生：為什麼不問問改變飲水習慣的人的家中是否有疾病
　　呢？

學生對老師（組別討論後）：如果我們拜訪那些知道煮水的
　　人家，我們會在他們的家中發現有疾病嗎？

老師：不會。

學生：似乎我們將需要蒐集更多的資料。

　　在一問一答往返的過程中，老師提供學生某個探究方向，學生的經驗與問題的困難度，決定老師所提供的幫助多寡，就某一程度的挫折質問的過程，過多的挫折會使學生喪失興趣或是省略掉整個過程，老師應該適時地給予學生協助指引。

五、說明原則並解釋論點

　　老師針對學生提出的論點，準備了幾個可能性的答案，試著讓學生找出最有可能的原則來說明。

學生：你不是說煮過的水與疾病有關嗎？

老師：是的。

學生：那麼，如果社工人員就是不斷的談論到未煮過的水是
　　如何的使人生病，她還是將煮過的水與疾病牽扯在一
　　起啊！

老師：你想建議一項問題的可能原因嗎？

學生：是的。

老師：你如何說明這是一應用於較廣泛意義的推測呢？

學生：人們並不會改變自己的習慣，除非煮水的好處能替代
　　生水的壞處。

老師：你如何測試這個推測呢？

學生：是不是當煮過的水和香料調在一起的時侯，村民才會喜歡煮過的水的味道呢？

老師：有一些證明的確是如此。

學生：是不是剛到一新地區的人就是這樣做，好比有熱茶、清湯？

老師：我認為很有可能。假設你可以接受這可能的推測，你將如何與村民一起測試它呢？

學生：如果你有一值得慶祝的事物，你邀請村民，並且招待他們一些美味、熱呼呼的食物，這樣如何？或者更好的，如果社工人員邀請女人與小孩到家中去，然後請他們喝有煮過的水所做出來的飲料。

老師：我認為你已經觸及到一個非常有趣的可能性，專家學者認為原因或許是村民把熱水與疾病連結在一起，另一原因是女村民從未認同社工人員是社區中的一分子。你的論點是：女村民藉由堅持著煮過水的危險性，而不是從以好處取代壞處，來加強煮過的水這樣的反向觀點，我覺得這樣的方式是很合理的，我從未想過這一點。

之後，老師讓學生針對所假定的論點說明其規則，包括：1.當改變是與不愉快的事物有關時，人們未能欣然地改變習慣。2.除非人們對於改變的起因感到實際正向，否則他們不會改變自己的習慣。

六、分析歷程

此步驟讓學生討論他們如何達成自己的推測，以及在做抉擇時，哪些步驟最有效，並提醒學生在過程中記錄資料是可以探究發現更多新知的，如圖 11-5。

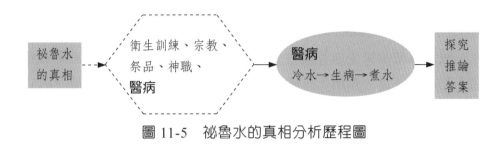

圖 11-5　祕魯水的真相分析歷程圖

參、教學注意要點

一、兼重聚斂和擴散方式的質問

　　老師利用探究教學可以訓練學生處理訊息和解決迷惑事件的能力，很重要的是老師應該兼重聚斂（convergent）和擴散（divergent）的質問方式鼓勵學生探究，聚斂式的質問是鼓勵學生從資料庫中去進行分析和組織思考方向；擴散式質問是從所呈現的資料中引導學生創新許多合理性的回應和想法，兩者在師生對話質問中，教師能兼重聚斂和擴散問題是讓學生提出和回應「是與否」的假設、討論、驗證和提出解釋論點的關鍵。

二、豐富探究教學的訓練要件

　　探究教學訓練常會把教室當成實驗室，透過教師和學習者的互動，讓學習者主動發覺問題和學習如何學習，所以教學歷程很重視具體事實觀察，類推更多的可能答案。豐富探究教學的訓練要件包括下列要素：

㈠提供正向和矛盾探究性刺激

　　正向刺激（例如：實物或圖片）可作為好奇、引導思考來源，矛盾刺激可作為發展假設、解釋論點。

㈡熟練探究行動

教師宜鼓勵學生進行觀察、分類、區分時空關係、使用數字、測量、記錄、表達、預測、推論等基本探究行動；以及進行實驗、形成假設、解釋資料、控制變因、下操作型定義等統整探究行動。

㈢鼓勵學習者成為提問者

師生對話多依照是與否方式進行，以從具體事件特徵一一歸納原理原則，或有條不紊的從原理原則一個一個推論到事件，這樣對於訓練學生「歸納」和「演繹」的科學素養才有幫助。

㈣提供合適的心理和搜尋環境

學生在富有信心和責任感的心理環境下，對於探究教學進行會更為主動認真參與；在富有各種資源設備搜尋的環境下，才能蒐集各種材料來形成和驗證假設，做最真實的解釋和推論。

三、克服探究教學的阻礙因素

教師進行探究教學應充實自己的專業和專門知能，以克服下列阻礙教學因素：1. 教師無法回答學生問題。2. 師生探究質問技巧不熟練。3. 學校缺乏資源設備。4. 班級秩序太吵或太悶。5. 探究要花費更多時間。6. 學生易造成思考上的錯誤。

本章摘要

1. 探究教學是教學活動中以學生的探究（inquiry）和發現（discovery）為主的教學活動。其意義是指教師有技巧的提出問題，鼓勵學生去調查一個範圍的主題，使學生在探究訓練中，對於自己的學習更有責任感的教學方法。

2. 探究刺激源於生活問號；探究式學習的前提是：在所有的領域中都有可以探索的神祕未開發地帶，以及每個學校的學科是屬於可追根究柢的科目，而學生可以參與其中活動。

3. 教師要把握能設立問題情境、提供經驗找出基本要素、組合經驗找出相對要素、學習者形成概念或通則、學習者應用概念或通則，這幾項原則步驟。

4. 探究教學包括：指導式探究和非指導式探究。

5. 指導式探究是老師小心指導學生去發現或類推，協助學生學習、如何學習；非指導式探究是學生必須自己積極主動的形成問題、選擇探究方法、指出結論和進行類推。

6. 探究教學具有以下優點：(1) 增強智力潛能。(2) 由外在回饋轉變為內在的回饋。(3) 在發現歷程學習嘗試錯誤而有啟發。(4) 有助於回憶的過程。

7. 探究教學前，要先確認教學目標和根據學生背景準備適切的探究問題，而且老師本身要對問題有相當的瞭解及調查，確切的資料數據單，以便在進行探究的過程中作參考用。

8. 正式探究教學步驟包括：(1) 選擇一個問題並進行調查。(2) 說明過程並引導問題。(3) 經由提問，蒐集資料數據。(4) 發展論點且加以證實。(5) 說明原則並解釋論點。(6) 分析過程。

9. 探究教學中可以進行形成性評鑑，教學後需做總結性評鑑。

10. 學生在進行探究的過程中，教師要能注意數項引導該學生往問題中心的原則，以及避免自己直接提示下一個步驟或答案。

11. 探究教學非常重視具體事實觀察。所以，教師必須引導學生類推並檢驗更多可能的答案。

12. 探究教學應注意：(1) 兼重聚斂性和擴散性的質問。(2) 豐富探究訓練的條件。(3) 克服探究教學的阻礙因素。

▶ 理論問題作業

1. 試說明探究和探究教學的意義。
2. 探究基本模式包括哪些步驟？
3. 試舉例說明探究教學步驟。
4. 教師使用「質問」的方式，對學生探究的過程有何幫助？請舉出實例說明。
5. 教師如何協助學生蒐集資料數據和發展探究論點？
6. 探究教學在中學教學的應用和困境為何？

▶ 實作設計作業

1. 請以中學各科教材，設計十個適合探究教學的主題。
2. 請以中學各科教材，設計一個教師引導學生探究問題的過程。
3. 請以中學各科教材，設計一個「推測─討論─推測」的實例。
4. 請以中學各科教材，設計一個完整的正式進行探究教學計畫。

第
12
章

創造思考教學方法與設計

　　教師在教學歷程中，啟發學生創造思考（creative thinking）能力，為激發其快樂學習意願與動機的要素，學生經由創造思考教學可以表現自我、肯定自我與創發自我潛能。教師透過課程內容及有計畫的教學活動，可以讓創造思考教學更有實際效用與可行性。

┈┈┈ 第一節　創造思考教學法的基本概念 ┈┈┈

壹、創造思考的意義

　　長久以來，創造力被視為是心智運作的最高層形式。創造並非無中生有，任何創造活動必須依照個人的能力、過去的經驗，藉著客觀條件，將個人內在潛力，經由觸發、交會、組合、融貫等思考程序而表露出來（彭震球，民 86）。創造力並不限於只有天才或較高才能的學生才擁有，每一位學生都有創造力的潛能，教師可以利用教學程序引導學生發揮創造力，當學生能發揮創造思考能力時，師生都能共享創造思考的樂趣和價值。

　　創造思考是一種能力表現，是指學生能表現出流暢、變通、獨創、精密的能力，流暢、變通、獨創、精密的表現越多，表示其創造力越高（林寶山，民 77）。流暢思考能力是指觀念或思考的流暢性，例如：字詞、觀念、表達、聯想的流暢，亦即「舉一反三」的能力。變通思考能力是指變化思想方式、擴大思考範圍，創造不同向度、類別作品的能力，可分為自發性的變通和適應性的變通，變化思想是指不受拘泥，自由思考產生大量不同觀念的傾向；擴大思考是能將觀念修正或創新多種解釋，亦即「觸類旁通」的能力。獨創思考能力是指觀念或思考上的獨創、新穎，提出較不尋常的特性，亦即「出類拔萃」的能力。精密思考能力是指在觀念或思考上精益求精、力求完美，亦即「面面俱到」的能力。

　　例如：教師教學〈廣告設計〉單元時，要學生就廣告歌、直接播報、戲劇、對話等方式，在三分鐘內針對創造主題「瘦身減肥廣告」製作廣告內容時，如果第一組能在三分鐘內想出二十種對話台詞，相較於其他組只有五種對話台詞，則第一組對於「對話」廣告有較高的「流暢力」；而第二組在於廣告歌、直接播報、戲劇、對話方式卻能面面俱到，設想不同場合、情境、身分等因素，在三分鐘內針對四種廣告形式，設想出十種對話台詞，比其他組還多，則第二組對於四種廣告有較高的「變通力」；而第三組雖然沒有第一組多量的流暢力、第二組多向度考量，卻能想出其他組所沒有的「特殊創意」廣告內容，則表示有較高的「獨創性」；而各組當中能夠在上述各能力表現精緻縝密的呈現，則表示有較高的「精密性」。

　　創造思考也是一種心智歷程，創造思考需要時間去做周延的想像、推理，以使創造力變得更有流暢、變通、獨創、精密等能力表現，即是把創造視為人的內在心智發展、改變的過程。創造力表現從開始到完成，心理學家瓦拉斯（G. Wallas）和克內拉（G. F. Kneller）認為需要經過四個階段（徐南號，民 85；Torrance, 1968）：1. 準備期（Preparation）：亦即要解決問題產生後，積極籌措相關資料的歷程。2. 醞釀期（Incubation）：此期意旨創意是需要經過一段深思熟慮的思考孵化歷程，才可能有創意的表現。3. 豁朗期（Illumination）：豁朗期是表示突然頓悟、產生靈感、瞭解問題的歷程。4. 驗證期（Verification）：創造思考結果是必須可以驗證事實正偽的，頓悟可能因一時偶然的巧合或現象的突發而瞭解部分因果關係，真正創造結果是必須在社會上可以具體產生、說明表達或製造產品出來的。

　　創造思考是人格特質的表現，有創造力的人，可以充分顯現出其求知思考的態度、動機、興趣、情緒等人格特質。較常進行創造思考的人，一般具備積極探索的態度、強烈解決問題的動機、專注事物特質的興趣，和勇於表達自我觀念的情緒。

　　整體而言，創造思考屬於人類較高層次的心智能力，是知、情、意綜合作用的表現，創造思考並非妄想，是以知識經驗爲基礎，具有多、變、奇、美的特質（張玉成，民 80）。

貳、創造思考教學的意涵

一、創造思考教學的意義

　　創造性教學（creative instruction）常被稱爲創造思考教學（creative thinking instruction），是現代學校教育中極受重視的教學法。創造思考教學法是指教師啟發學生探索事物、眞理的歷程，發展學生流暢、變通、獨創、精密等能力表現，以達成培養學生對學習、求知表現，能積極參與、創新態度爲教學目標的一種教學方法。這種教師根據創造力發展的原理，在教學中採取各種教學方法或策略，來增進學生創造力或想像力爲目標的教學法，在現今學校培育學生多元靈活思考，以適應快速變遷的社會型態，尤其顯得重要。

　　簡單的說，創造思考教學就是教師依據創造力發展的原理原則，運用適當的教育方法和技術，安排合理有效的教學情境與態度，刺激並鼓勵學生主動地在學習中思考，以助長其創造思考能力發展的教學活動（張玉成，民 80）。所以，創造性的教學，也可以說是指導學生發展創造的才能，鼓勵學生經由創造的歷程，學習作有效創造的活動（方炳林，民 63）。

二、創造思考教學的特徵

　　歸納創造思考教學的特徵如下：

㈠學生是主角

　　創造思考教學法是以學生爲教學主角，教師爲指導學生的幕後

功臣。相較於傳統教學以教師為主角而言，教學較偏於從旁協助學生創造思考的角色，教師要懂得創造思考教學步驟，以指導學生創造思考。直言之，教師是教學製作人，學生是主要演員。

㈡教學情境自由

創造思考教學環境特別注重給予學生生動活潑、自由、安全、無拘無束的氣氛與良好的師生關係。儘管教學情境是自由的，但是教室秩序經營應有動靜分明之區別，讓學生思考想像是自由的，表達是有條不紊的。

㈢融入各種學科教學

創造思考教學並不限定在某科目中實施，也不限定教師在整節課中實施。只要能激發學生潛能，兼顧分析、綜合、評鑑等高層次認知能力的培養，教學歷程中隨時可用創造思考教學。

三、創造思考教學法的目的

創造思考大師葛登（W. J. Gordon）在其名著《隱喻：創造能力的發展》（Synectic: The Development of Creative Capacity）指出：「不管是在科學或藝術方面，有利於擬人類比（personal analogy）的超然解脫式觀察和分析是被遺棄的」（Gordon, 1961, 38）。事實上，超然解脫的觀察和分析對於解決問題是不可或缺的重要步驟，加上同理心、想像力和情感等投入，個人洞燭先機的發現和從非理性思維跳脫出來的創作，將賦予個人獨特、不可思議的心象和解決之道。

所以，創造思考教學法最終目標是要找到實際且真正的解決問題之道，同時也尋求更有效、更有力的方法來溝通想法和創意點子。

參、創造思考教學的實施原則

創造思考教學的實施原則，可以歸納要點爲口訣：「隨變問，聽說不美觀」，這八個原則說明之。

一、隨

隨時隨地啟發學生的創造力和教師專業知能。

二、變

變化教材教法、評量和作業方式，班級管理方法有彈性。

三、問

創造發問技巧可以用「假列比替除，可想組六類」的創造性發問口訣。

1.「假如」的策略：實例→假如你是外星人，你想做什麼事？
2.「列舉」的策略：實例→電腦有什麼用途？請一一列舉出來。
3.「比較」的策略：實例→地塹和地壘有什麼不同的地方？
4.「替代」的策略：實例→春天像個小嬰孩，充滿柔軟鮮嫩的氣習。小嬰孩、柔軟鮮嫩可以用什麼替代？
5.「除了」的策略：實例→白髮三千丈，白髮除了形容長度，還可以形容什麼？
6.「可能」的策略：實例→漁夫出海捕魚，可能會遇到哪些危險？
7.「想像」的策略：實例→想想看，每年端午節，屈原會對我們說什麼話？
8.「組合」的策略：實例→請用「青蛙」、「海鰻」、「猴子」這三種動物組合成一個故事。
9.「六 W」的策略：實例→誰（who）起得早？
10.「類推」的策略：實例→珠寶盒和星星有什麼相同的地方？

四、聽

傾聽、專注和接納學生的意見。

五、說

鼓勵學生勇於表達意見 —— 敢說、能說、會說。

六、不

創造思考教學十條誡律：
1. 不要太早對學生的意見下判斷。
2. 不要輕視學生傷其自尊。
3. 不要限制學生太多自由。
4. 不要對學生嘮叨不休。
5. 不要強迫學生盲目服從。
6. 不要做不適合學生的要求。
7. 不要排斥學生的失誤及失敗。
8. 不要只教課本知識，只評量死記知識。
9. 不要製造壓迫感及過度競爭氣氛。
10. 不要懷疑學生。

七、美

讚美、鼓勵學生不凡的表現。

八、觀

觀察體驗知識的奧祕和生活結合的教學。

┈┈┈ 第二節　創造思考教學法的設計方法 ┈┈┈

壹、類比的方法

創造思考過程主要是教導每個人「用新的方式來看問題，這種挑戰促使新觀點依序地將潛在有可能的解決方法具體化」（Gordon, 1961, 34）。透過化熟悉事物為不可思議的歷程，心智能力不受狹隘格局所束縛；化陌生事物為熟悉的過程，心智能力將已知和未知的事物做連結，使學習新事物更加容易。起初，葛登（Gordon）是用隱喻的創造思考方法來為企業界開發新產品，以下列舉〈開瓶器的研發〉創造思考對話歷程（Gordon, 1961, 125-126）：

> 乙：如果我們將自己的思維限於「改良」這個點上的話，我們不會有任何進展的，依我瞭解的是客戶要求的是要完全新式的開瓶器，而不只是比較好的開瓶器而已。
>
> 甲：我同意你的看法。我們先跳開問題……所謂「開」是意指什麼呢？
>
> 戊：基本上是有東西完全的密合，接著打開……是根據這種情況所用的鉗子。
>
> 乙：但是用鉗子的話，過程是可逆轉的，而我們的問題是不需要這樣的，我們不必再將已打開的罐子又密合起來。
>
> 丁：我覺得如果可以這樣的話挺棒的。
>
> 乙：我不認為如此……你認為豌豆莢如何？他們沿著一條線打開……它內有薄弱的部分，沿著薄弱的線可將它打開。

藉由玩味「開」這個概念以及確認本質上的類比，他們發展出

一可以沿著縫在接合的容器的點子，一種改革且新穎的設計概念。是以，葛登反對創造是無法被瞭解或傳授的孤立式活動這樣的一般概念，相反地，他主張創造確實是可以教導的，以及學習者能夠瞭解到如何利用步驟程序來解決問題，或是能培養出對於敘述或分析的洞察力。在團體中運用隱喻創意過程，可以真正地為個體加強創造性的過程，它提供了一個很重要的互動：從別人那裡獲得靈光乍現的點子，相互激發出點子的火花（Gunter, Estes, & Schwab, 1995）。

採用類比方法的創造思考形式如下（林寶山，民 77；Gunter, Estes, & Schwab, 1995）：

一、直接類比（direct analogy）

即兩種物體、想法或概念直接的比較，將原主題之情境轉入另一情境，以生新奇的觀念。例如：「『青春期的起伏』像『雲霄飛車』」、「『血液』像『地下鉛管』」，如果再經練習，血液像天上飛龍、水上彩帶、沙中細繩等直接類比，將有更多的張力和奇異感。

二、擬人類比（personal analogy）

擬人類比是使學生成為未解決問題或待探索意象的一部分，讓學生的意識投射到特定的物體或想法上，以便經歷除了認知以外，訴諸情感的理解領悟。例如：「如果我是一部裁縫機，我會在何時感到焦慮？」、「如果我是一棵玫瑰花，我希望什麼？」

三、象徵類比（symbolic analogy）

即利用兩個矛盾衝突的特徵或似乎無關聯的詞組合在一起，經過精簡壓縮的矛盾、不協調，獲得新穎的看法和觀察重點。例如：如雷的靜默、從容般的迅速、愛是既滋潤又令人窒息等。

以下茲以新詩創作說明類比的方法：

第一步驟：確定類比主題，例如：〈霧〉。

第二步驟：線性聯想：從本體→直接聯想→自我聯想→完成組合創作。整個線性聯想類比的創造思考歷程如下：

本體→直接聯想→自我聯想→創作組合

霧 → 山中　→ 嘆息……　→輕霧是山林的嘆息
霧 → 長街　→ 棉花糖……→迷濛的霧是長街的棉花糖
霧 → 小溪旁→ 仙女……　→羽化的霧宛似著薄紗的仙女

第三步驟：多向聯想：即從與本體有相同、相反、原因、結果關聯的聯想。

整個多向聯想類比的創造思考歷程，從相同和相反即有許多類比思考：

本體→相同→相反聯想→創作組合

霧→雲　→山　→愛玩的霧像雲飄忽不定，不像山喜歡高高直立
霧→飛沙→隕石→可憐的霧像飛沙揚上天際，不像隕石安然自在
霧→落花→流水→霧像落花埋藏在花園一端，不像流水找不到家

從直線聯想和多向聯想歷程中，一首充滿人味兒的〈霧〉的新詩創作在創造思考的類比思考中，將產生許多想像空間的曼妙。

貳、發現問題法

一、屬性列舉法（attribute listing）

屬性列舉法是美國內布拉斯家（Nebraska）大學克勞福（R. P. Crawford）教授在 1931 年發明的，克勞福在 1954 年並著有《創造思考的技術》（The techniques of creative thinking）一書，他認為每

一事物皆是從另一事物中產生，一般的創造品都是舊物的改造，換言之，將舊東西改頭換面就是一種新東西。屬性列舉法就是先將一件物品作敏銳觀察，其次儘量列舉該物品各種不同的屬性或特徵，然後再研究所應改善的屬性，有時將一物的所有屬性加諸另一物品上，亦可成為發明品（郭有遹，民64）。運用屬性列舉法的創造思考步驟，如圖12-1。

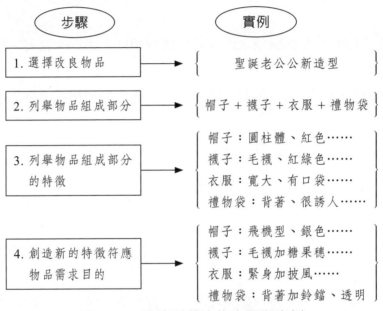

圖 12-1　屬性列舉法的步驟和實例

二、型態綜合思考術（morphological synthesis）

　　型態綜合思考術是由美國加州理工學院德籍天文物理學家 F. Zwicky 所倡導，之後，美國學者 M. S. Allen 在 1962 年即就型態綜合思考術寫成專書《型態創造》（Morphological Creativity）一書（Allen, 1962），有系統地介紹給心理學界（郭有遹，民64）。其要領是先就待改進事物或解決問題之特質，選擇二至四項作為分析的

重點，然後就此變項逐一列舉其特質，再強行排列組合各變項特質之一，而滋生許多方案或結合，最後從其中一一推敲其特性或效用，例如：J. P. Guilford 的「多元智慧」立體圖形，即採用智力的「材料、運用和產品」的三種型態綜合成各種不同的智力（張玉成，民80）。運用型態綜合思考術的創造思考步驟，如圖 12-2。

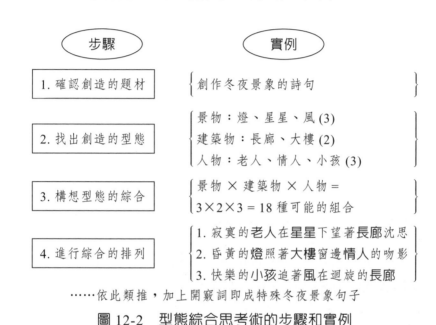

……依此類推，加上開竅詞即成特殊冬夜景象句子

圖 12-2　型態綜合思考術的步驟和實例

參、新觀念產生法

一、腦力激盪法（brainstorming）

這是由美國著名學者奧斯朋（A. F. Osborn）博士於 1938 年用於他所主持的公司，其義引申為「一組人運用開會的方式，將所有與會人員對特殊問題的主意，聚積起來以解決問題。」（郭有遹，民64）。所以，腦力激盪是利用小組成員相互激盪思考的結果，其要點如圖 12-3。

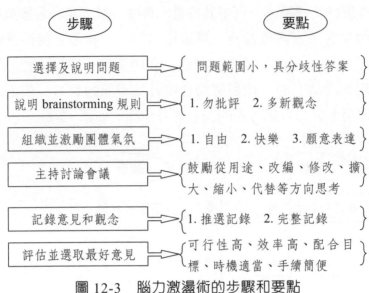

圖 12-3　腦力激盪術的步驟和要點

二、檢核表技術（check-list technique）

檢核表技術是從一個與問題有關的列表上來旁敲側擊，尋找線索以獲得觀念的方法（郭有遹，民 64）。最早是由奧斯朋提出，之後經 G. A. Davis 和他的同事修正為長式及短式兩類，長式檢核項目繁多，短式檢核表有七個要領：加減某些東西、改變形狀、改變顏色、變動體積大小、改進質料、設計型態改革、零件或某部分位置調換等（張玉成，民 80）。Eberle（1982）據此理念則提出「奔馳」（SCAMPER）的設計表格供檢核表使用，以下說明之：

㈠代（S）

何者可與其「取代」？誰可代替？什麼事物可代替？有沒有其他的材料、程序、地點來代替？

㈡合（C）

何者可與其「結合」？結合觀念、意見？結合目的、構想、方法？有沒有哪些事物可與其他事物組合？

㈢調（A）

是否能「調整」？有什麼事物與此調整？有沒有不協調的地方？過去有類似的提議嗎？

㈣改（M）

可否「修改」？改變意義、顏色、聲音、形式？可否擴大？加時間？較大、更強、更高？

㈤用（P）

利用其他方面？使用新方法？其他新用途？其他場合使用？

㈥消（E）

可否「取消」？取消何者？減少什麼？較短？有沒有可以排除、省略或消除之處？有沒有可以詳述細節、增加細節，使其因而變得更完美、更生動、更精緻的地方呢？

㈦排（R）

重新安排？交換組件？其他陳設？其他順序？轉換途徑和效果？有沒有可以旋轉、翻轉或置於相對地位之處？你可以怎樣改變事物的順序、或重組計畫、或方案呢？

檢核表技術的應用，例如：適用於自然科探討〈躲避球的功用〉，以啟發變通化的思考（張玉成，民 80）：1. 引導思路：討論皮球構造包含哪些材料，如尼龍線、橡膠、圖案及字母、打氣孔、顏

色、圓形外表、內部飽滿空氣等。2. 變通思考：(1) 改變：改作其他用途，如坐墊、水上救生球、攻擊對方、枕頭、彈簧代用品等。(2) 修飾：變化成別的形式，如作為擺飾用、漏斗、臉盆、切開半圓當燈罩；切開細條作橡皮圈、擦布等。(3) 放大：數量增大加多，可組成皮筏、漂浮、彈簧床等。(4) 縮小：體積或外型減少，如作膠盔、花盆等。(5) 代替：作其他東西替代品，如剪下球體上的英文字母，作為求救信號，球上顆粒可作美術圖案或機密資料等。(6) 安排：交換組件或重新安排，如製作晚會的球門造型。

……… 第三節 創造思考教學法的教學步驟 ……

創造思考教學方法有類比法、問題發現法和新觀念產生法，以下分述其主要教學步驟。

壹、類比創造思考的教學步驟

其實上述直接類比、擬人類比和象徵類比三種創造思考類型，都是鼓勵學生能化熟悉為新奇，化新奇為熟悉，創造出獨特有意義的可能，以下說明同時運用三種類比的創造思考教學步驟（Gunter, Estes, & Schwab, 1995）：

一、呈現問題

呈現問題要能激起參與者的興趣與熱誠，老師要用一般的字詞來描述問題，例如：如何構想出更有效的過程來移除落葉？

二、提供專門的資料

提供與情境有關和盡可能專業的資料。舉例來說，應該提供用來

耙草、不同樣式的草耙與機器的目錄手冊，以便一群學生可以針對去除落葉、填埋或燃燒落葉的空氣汙染的現行方法做報告。或是可邀請市政府清潔垃圾部門的專員來探討去除落葉的問題，和一旦落葉送達垃圾掩埋場時的處理方式。

三、探究顯著的解決之道

老師鼓勵學生腦力激盪想出解決問題的有效方法，從考慮的事項當中刪除確認不可實行的方式，如果全班一致同意一特定方式，那麼問題可在這一步驟解決掉，不過，通常很快產生的答案會是最沒效力的，老師應該有所準備來協助學生辨識其瑕疵不足的地方。譬如：一位學生可能只是提到焚燒葉子，接著老師可以探究與空氣汙染相關的燃燒問題。

四、引出個人對問題的陳述

當學生都瞭解問題後，要求學生各自寫下或重新敘述問題，引導學生將問題拆解成其構成要素的型態，並用自己的話來描述這些型態。舉例說明：一位學生也許強調掩埋場不堪負荷的問題，而另外一位學生或許著重於街上待除的落葉堆且易成為引發火災的危險物這方面的問題。

五、根據重點來選擇一個問題敘述

學生讀出自己對問題的描述，並且全班共同選出一種，如果有必要，老師應針對問題來建議重點所在。譬如：這一步驟中，你應該建議他們考慮如何減少將落葉埋到掩埋場的必要性，而不是建議他們如何構想出更有效來移除落葉的方法。

六、用問題來導引出類比

老師可以呈現運用各種類比創造出來的問題。譬如：

㈠直接類比

1. 一片落葉像一位老人，那麼該怎麼辦呢？
2. 一片落葉像一個孤兒，那麼該怎麼辦呢？
3. 落葉與垃圾之間有何共同點？他們又有什麼不同呢？

㈡擬人類比

1. 成為一片落葉會是怎樣的感覺呢？
2. 成為收拾落葉的機器會是怎樣的感受呢？
3. 被遺棄會覺得怎樣呢？
4. 成為掩埋場裡的落葉堆會有怎樣的感覺呢？

㈢象徵性類比

1. 一片落葉怎能既自由又被追逐著？
2. 你如何敘述某些事物是不可或缺且麻煩的呢？
3. 有用的與麻煩的如何應用在這個問題上呢？以及有益的與破壞性的。

㈣想像類比

1. 如果你能中止重力加速度，那你要如何防止葉子從樹上掉落呢？
2. 如果你能控制樹，那你要如何防止葉子從樹上掉落呢？
3. 創造一個可以幫你解決問題的動物。

七、使類比符合問題

　　要求學生返回「設計移除落葉的精良機器」這個問題上，然後將類比直接應用在這個主題上，例如：老師可以問：

1. 如果葉子對生命而言是不可或缺的，那為什麼我們認為它們是麻煩的事物呢？
2. 假使落葉像孤兒，那我們要怎樣提供它們更好的家呢？

3. 讓落葉回歸原處就好像讓老人家能具有生產力？

4. 在落葉堆上蓋上防護罩，然後想想適當的處理防護罩是如何設計？就像提供葉子一個家，讓它們能繼續有生產力嗎？

八、從新的觀點來決定解決之道

運用一或多個有力的且符合的類比，接著指導老師從新的觀點來協助學生看待問題，從這樣的觀點，學生就可得知他們是否已經找出問題的解決之道，他們或許已經決定出一種特殊的基因蟲，可以住在防護罩下的落葉堆裡，然後減少落葉直到剩下防護罩，或者可以設計一種機械蟲來做這項工作。

倘若學生認為許多方法可以用來移除落葉，全班要再繼續進行探索類比的步驟，來導出其他的解決之道。

九、評鑑

呈現另一個待解決的新問題，然後讓學生分小組，遵循相同的程序來解決問題，監控這樣的練習，並且在學生有困難的時候幫助他們，每當運用到這個形式的教學法，教師必須判斷學生是否對這樣的過程，有沒有感到越來越自在有趣。

貳、一般創造思考的教學步驟

有關問題發現法和新觀念產生法，通常採用創造思考的教學步驟如下：

一、選擇適當題材

亦即能引起學生對探索問題有強烈而持久動機的問題。各種學科只要是問題能啟發學生流暢、變通、獨創和精密性的聚斂性或擴散性思考，都是適當的問題。以下舉例說明之：

㈠國文科：接字遊戲、成語接龍、故事想像等題材

1. 成語接龍：人人自危→危險遊戲→戲如人生……。
2. 故事想像：「有隻老山羊的羊毛，長得像摩天大樓的逃生索，有一天牠要過一條河的獨木橋，結果好長的羊毛給牠帶來了……」，之後請同學想像：帶來快樂、悲傷、好處、可怕……的結果是什麼，為什麼？

㈡自然科：實驗、操作、測量等題材

1. 操作傳話筒：棉繩、話筒、音量，哪一個因素變化，傳話效果就不一樣？
2. 酸和鹼實驗：白醋加水、糖、可口可樂等的不同比例，會有什麼變化？

㈢數學科：推論、歸納等題材，如圖 12-4

同心圓的數字推論：$360° \div N = ?°$

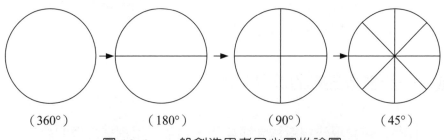

（360°）　　　　　（180°）　　　　　（90°）　　　　　（45°）

圖 12-4　一般創造思考同心圓推論圖

二、指導創造思考方法

創造思考教學的方法很多，例如：類比方法中的直接類比、擬人類比、符號類比；問題發現法中的屬性列舉法、型態綜合思考術；新

觀念產生法中的腦力激盪術、檢核表法等。

　　除此之外，學校老師教學也可指導學生使用威廉斯（F. E. Williams）的創造教學策略，例如：1. 六 W 檢討法：從 why、what、who、when、where、how 等六個向度去思考問題。2. 矛盾法：提出似是而非或似非而是，與現實相矛盾的論點來思考問題。3. 辨別差異法：指出事物缺失部分或比較兩者差異來思考問題。4. 直觀表達法：應用各種感官以感受事物，使其具有表達情緒的技巧，並能啟發對事物的敏感性（Williams, 1972）。

三、進行創造思考活動

　　進行創造思考活動宜善用下列技巧：1. 引導方向，製造自由、開放氣氛，引發聯想或變換思考；2. 應用外在符號、語言或形象，導向新奇思考；3. 善用發問技巧，使問題系統發展；4. 蒐集素材及觀念，鼓勵學生平時有蒐集事物各項線索的習慣（徐南號，民 85）。並把握想和做活動的進行（陳龍安，民 77）：

㈠想（thinking）

　　鼓勵學生自由聯想，擴散思考，並給予學生思考的時間，以尋求創意。學生在想過一段時間後，教師可多給予學生運用創造思考策略的暗示或提問，不斷的推陳出新。

　　例如：前述自然科操作傳話筒的棉繩、話筒、音量的差異比較，可以採取檢核表技術或屬性列舉法的暗示或提問，例如：棉線可以用塑膠繩代替嗎？如果聲音的音調和音質有差別，可能有什麼結果？

㈡做（doing）

　　利用各種活動方式，讓學生做中學、邊想邊做，從實際活動中尋求解決問題的方法，而能付諸行動。在此一階段中，不同的活動方式，是指寫、說、做、演、唱……實際操作或活動。例如：換好各種

不同長短棉線或其他材質傳輸線，可以實際記錄、說話等。

四、評鑑

教師和學生討論過程當中，應鼓勵他們說明哪些答案是有助於他們思考的擴展，最好教師能和學生共同擬定評估標準，共同評鑑，找出可行性最高的適當答案。如果班上多數人對創造過程，所獲得的答案並無回應或不滿意，可以再指導創造思考方法並進行創造思考活動。

創造思考教學法是可以利用各種創造策略或技術來擴展想像力，預做創意思考的過程，創造思考鼓勵學生從新的角度以及更生動的方式來看問題，並且有力地表達自己的想法與點子。這個教學法的關鍵在於讓學生察覺看到毫無相關事物之間的關係，如何化熟悉為陌生，或化陌生為熟悉，發現問題並解決問題，產生新觀念的歷程，而當完成創造思考步驟後的結果，可能會改變學生看待即將學習的資料與想法的方式。創造思考教學適用於各年齡層的學習者，學生與老師在過程中享受樂趣，並且時常對有趣以及想像力豐富的結果感到驚奇。

………… 第四節　創造思考教學實例設計 …………

壹、教學單元

一、教學單元名稱

國中國文第四冊〈聲音鐘〉。

二、教學目標

能表達生活周遭各種聲音的意義，能體會攤販叫賣聲的各種心

情，寄託對鄉土的愛戀情懷，感受到人情→人性→心情時間，和由聆聽聲音感受到文化的人間天籟、台灣瑰寶。

三、教學對象

國中二年級學生。

貳、教學步驟

一、選擇適當的創造思考題材

㈠你喜歡哪些像鐘一般準確出現的小販的叫賣聲？

㈡早上在空地或廣場上，你喜歡哪些像報時鐘一般準確出現的叫賣聲？哪些是每星期來一次叫賣？哪些會隨季節月曆販賣東西？

㈢美妙的叫賣聲，活潑、快樂地在每日生活的舞台裡翻滾跳躍，它們像什麼？

二、指導創造思考方法

㈠六 W 法

1. 什麼時候的叫賣聲，你最喜歡聽到？
2. 你如何辨別各種叫賣聲所賣的東西或修理的物件？
3. 為什麼那些攤販要出來叫賣東西？
4. 什麼人會去當攤販，什麼人會去買攤販的東西？

㈡矛盾法

1. 有攤販的地方一定是髒亂的情形嗎？
2. 生意很好的攤販一定是東西做的最好嗎？

(三)直接類比

1.「鹹—芭樂，鹹—甜—脆—甘」就像「　　　　　　」。

2.「料好，味好，台灣第一」就像「　　　　　　　」。

(四)檢核表法：如表 12-1 和表 12-2

表 12-1　「一天出現的聲音鐘」雙向細目表

叫賣聲	食品類	休閒類	家用類	其　他
上　午				
中　午				
下　午				
星期假日				

表 12-2　「叫賣聲和心情時鐘」檢核表

叫賣聲&心情	糯米飯	燒仙草	賣衛生紙	修理沙發
取代地點（S）				
結合方式（C）				
調整音量（A）				
改變意義（M）				
使用方法（P）				
取消叫賣（E）				
排序改變（R）				

㈤型態綜合思考術：如圖 12-5

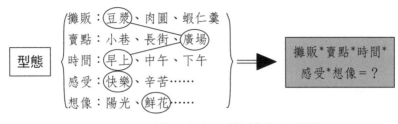

圖 12-5　〈聲音鐘〉型態綜合思考圖

㈥腦力激盪法

1. 你聽過美妙的叫賣聲，有哪些？→傳話接龍遊戲。
2. 美妙的叫賣聲，活潑、快樂地在每日生活的舞台裡翻滾跳躍，它們像什麼？→故事想像遊戲。

三、進行創造思考活動

㈠想

1. 暗示或提問同學有無不清楚創造思考問題，利用類比思考和一般思考創造各種可能的答案。
2. 將全班同學分成五組，分組完成六 W、矛盾、直接類比、檢核表、型態綜合思考術等內容。
3. 最後全班共同進行腦力激盪法的問題，完成創造思考問題的想像。

㈡做

1. 展示成果：可以採用報告、繪圖、相聲或表演方式。
2. 以隨時問→多方想→即時做（表現），回答教師創造性提問。

四、評鑑

㈠大風吹遊戲。以「大風吹」、「吹什麼？」、「吹吃過紅豆米糕的人……」，沒有占到位子的人，請同學述說攤販和顧客的心情。

㈡完成評鑑最佳創意活動組別。

㈢進行作業單總結性評鑑。

參、教學注意要點

一、教學過程

引發學生學習創造思考動機，給予自由開放表達的學習情境，允許學生不斷發問，接納學生意見，分享彼此經驗，激勵新觀念思考。

二、教學策略

多運用腦力激盪術、類比、檢核表、屬性列舉等策略，開發學生多元智慧思考，最後從創造思考結果，分享、選出最佳創作。

三、教學內容

創造思考過程，適時回應教學內容。

本章摘要

1. 創造力被視為是心智運作的最高層形式，不限於只有天才或較高才能的學生才擁有，每個學生都擁有這樣的潛能。

2. 創造思考是一種能力表現，學生越能表現出流暢、變通、獨創、精密的能力，表示其創造力越高。創造思考是形成觀念的新組合以實現需求的能力。

3. 創造思考是一種人的內在心智發展、改變的歷程，心理學家瓦拉斯（G. Wallas）和克內拉（G. F. Kneller）認為需要經過四個階段：準備期、醞釀期、豁朗期、驗證期。

4. 創造思考是人格特質的表現，指個人的態度、動機、興趣、情緒等。

5. 「創造思考教學」是指教師啟發學生探索事物、真理的歷程，發展學生流暢、變通、獨創、精密的能力表現，以達成培養學生對學習、求知表現，積極參與、創新態度為教學目標的一種教學方法。

6. 創造思考教學要以學生為教學主角，教師必須瞭解教學步驟，並從旁指導學生進行創造思考。教學情境是自由的，學生的思考想像可以無拘無束，但表達進行要有條不紊。而且不限定在某科目中實施，只要能激發學生的潛能及培養高層次認知能力，即可實施。

7. 創造思考教學法是為了尋求更有效、更有力的方法來溝通想法與點子；即透過強烈要求頭腦中非理性與情感部分的參與，尋找開啟新思維的層面及解決問題的新可能性。

8. 「直接類比」是兩種物體、想法或概念直接的比較，將主題之情境轉入另一情境，以產生新奇的觀念；「擬人類比」是使學生成為未解決問題或待探索意象的一部分，使學生的意識投射到特定的物

體或想法上，以便經歷除了認知以外，訴諸情感的理解領悟；「象
徵類比」利用兩個矛盾衝突的特徵或似乎無關聯的詞組合在一起，
經過精簡壓縮的矛盾、不協調，獲得新穎的看法和觀察重點。

9. 類比創造思考教學：要能呈現問題，提供專門資料，探究顯著的解
　 決之道，引出學生對問題的陳述，並根據重點來選擇一個問題，
　 用問題導引出類比，注意類比要符合問題，且從新的觀點來裁定
　 解決之道。

10.「屬性列舉法」是將舊東西改頭換面為另一種新面貌，甚至新東
　 西。「型態綜合思考術」就待改進事物或解決問題之特質，選擇
　 二至四項作為分析的重點。然後就此變項逐一列舉其特質，再強
　 行排列組合各變項特質之一，而滋生許多方案或組合，最後從其
　 中一一推敲其特性或效用。

11.「腦力激盪法」是利用小組成員相互激盪思考的結果。「檢核表技
　 術」是從一個與問題有關的列表上來旁敲側擊，尋找線索以獲得
　 觀念的方法。

12. 一般創造思考教學步驟：(1) 能選擇適當教材。(2) 指導學生進行
　 創造思考方法。(3) 引導學生進行創造思考活動。(4) 進行評鑑。

研習功課

▶ 理論問題作業

1. 從表現能力來定義「創造思考」，其能力表現可分為哪幾方面？請各舉出二個實例說明。

2. 一個較常進行創造思考的人，在其心態、行為上會有何表現？試舉實例說明之。

3. 何謂創造思考教學？創造思考教學特徵為何？請舉例說明。

4.「類比」包括哪些創造思考設計方法？請舉出實例說明。

5.「發現問題法」包括哪些創造思考設計方法？請舉出實例說明。

6.「新觀念產生法」包括哪些創造思考設計方法？請舉出實例說明。

7. 類比創造思考教學包括哪些教學步驟？

8. 一般創造思考教學包括哪些教學步驟？

▶ 實作設計作業

1. 請分別設計直接類比、擬人類比和象徵類比的引導創造思考歷程和成果。

2. 請以屬性列舉法的創造思考步驟，設計一個創造思考實例說明之。

3. 請以型態綜合思考術的創造思考步驟，設計一個創造思考實例說明之。

4. 請以腦力激盪法的創造思考步驟，設計一個創造思考實例說明之。

5. 請以中學教材內容為例，設計一個檢核表，並說明如何引導學生創造思考。

6. 請以中學教材內容為例，依照類比創造思考教學步驟，設計一個教學實例。

7. 請以中學教材內容為例，依照一般創造思考教學步驟，設計一個
　 教學實例。

第13章

概念獲得教學方法與設計

　　語言和文字有其弔詭之處，在於世上已經充滿了許多實際明確定義的物體和概念，可是人們談論其中，卻巧妙地善用其他無數的字眼來加以說明敘述。如此一來，在學校教學由於缺乏正確概念的定義知識或回饋，導致學生概念的錯誤認知，甚至影響其性情和氣質（Gunter, Estes, & Schwab, 1995），也因此，學生常會陷於以錯誤判斷爲正確概念的交錯和爭執。是以，概念獲得（concept attainment）對於有效能的學校和教導學生獲取清楚概念，在認知、技能和情意的教學目標有其重要性。

……… 第一節　概念獲得教學法的基本概念 ………

　　對教學而言，教學生明瞭概念的定義和原則，區分正例和反例或相關例子的屬性和關係，具有極大挑戰性。當學生能獲得正確的概念時，相信對於教學內容的抽象性或多重詮釋的認知技巧，有助於培養解決問題的比較分析能力，建構漸趨複雜的心智系統而獲得知識。

壹、概念獲得教學法的意涵

一、概念的意義和特徵

　　概念（concept）是經由一個字、符號或比喻，對於所提出相似項目分類的個人知覺，假若沒有這種心智結構或想像，人們將無法進行思考、作用或溝通（Lang, Mcbeath, & Hebert, 1995）。概念促使個體具有分類物體的思考和觀念，概念也是形成原則的基礎，透過概念可以指引學生思考向度，如同網路組織般的澄清和擴張。

　　Arends（1988）認爲概念具有以下特徵：1.概念可以加以分類：概念包括連言概念（conjunctive concept）、選言概念（disjunctive concept）、相關概念（relational concept）。2. 概念可以透過正反例學習概念。3. 概念受社會脈絡的影響。4. 概念有定義和標記。5. 概念具備主要屬性。6. 概念具有次要屬性。7. 概念學習包括：概念性和程序性知識，概念性知識是指能清楚說出概念的定義和屬性；程序性知識是能進一步應用定義，舉出此概念和其他概念間的差異。因此，概念學習對於學生在學校或社會的生活和知識的建構是相當重要的一環，因為在概念交錯中，能建立並給予學生有關正確觀念的定義的知識或回饋，有助於學生心智和行為的成長。

二、概念發展和概念獲得

概念在教學上有兩個重要名詞：「概念發展」（concept development）和「概念獲得」（concept attainment），需要釐清兩者不同的意涵。

㈠概念發展

概念發展是將相似的物體與觀念予以分門別類，如此一來，可減輕回憶或瞭解許多不同事物時的負擔。換言之，概念發展強調分析概念或概念分類。

㈡概念獲得

概念獲得是找出對意義有絕對必要的特徵屬性，並加以定義的過程，同時也包含學習如何去分辨何為適合概念的例子，以及何者為不適合概念的例子（Gunter, Estes, & Schwab, 1995）。簡言之，良好的概念發展是概念獲得的重要關鍵，概念獲得是能區分正例和反例。

例如：念幼兒園的王小明花了一年的時間養了一隻貓當寵物，他對貓的「概念發展」和「概念獲得」有以下傾向和結果：

概念發展：王小明養貓知道「四隻腳」、「小小的」、「會喵喵叫」、「毛茸茸的動物」是貓。

　　概念獲得：王小明知道貓和狗不一樣，但有一天到動物園看到「小老虎」，他卻發現「貓」和「小老虎」很像，因爲貓的特徵乍看之下和小老虎很像，這時他再仔細觀察「小老虎比貓體積大一點」、「小老虎住在野外」、「小老虎是吼叫聲」，所以貓和小老虎是不一樣的，假若王小明觀察不出有差異的特徵，那麼，他對貓的概念獲得仍未完全，仍在概念發展中。

　　具體來說，概念獲得是必須：1. 直覺知道關於貓的一些特徵，而這些特徵是足以定義和區別何種動物爲貓。2. 藉由將可能是貓咪的動物歸納爲貓，來測試他對於何者爲貓或何者不是貓的假設性觀念。簡單地說，概念獲得就是歸納特徵來定義概念的結果。

三、概念獲得教學的意義

　　綜上可知，概念獲得教學是教師能定義一個概念，選擇概念所包含的屬性特徵，準備正反例和學生一起討論，共同辨認概念定義，促使學生能夠詳細定義概念，辨別屬性差異，而獲取正確概念的教學歷程。

貳、概念獲得教學法的要素

　　事實上，概念獲得不只是將物體或符號分門別類或學習區分特徵的歷程，而是建構知識和訊息組織成爲全盤性認知結構的歷程。概念獲得並非等同於記憶背誦歸納特徵而已，課堂內概念獲得的教學過程，透過正例和反例的辨認、比較、分析、評鑑歷程，一直到導出定義的歸納性歷程，這才是概念獲得教學的目的。

　　進行概念獲得教學必須瞭解下列有關的教學要素：

一、瞭解所要獲得概念的成分

　　教學概念的基本要素包括：1. 概念的名稱。2. 概念的定義和原

則。3.概念的屬性特徵。4.有關概念的相關例子。5.所教概念與其他概念之間的關係（Gunter, Estes, & Schwab, 1995）。

　　例如：要瞭解「桌子」這個概念，其中一個定義是「有平滑厚板與穩固四隻腳的傢俱」，那麼桌子的基本特性所呈現出來的屬性是：「一件傢俱」、「平滑的厚板」、「穩固的四隻腳」，如果學生能透過許多相關例子得到定義，而不是死記概念的定義或名稱，他們就比較容易瞭解飯桌、書桌、辦公桌等都是「桌子」這個概念，桌子和椅子、書架、櫃子是不一樣的。

二、例子的呈現與順序

　　概念獲得教學非常重視正例和反例的呈現和順序。如果教師教學時的例子呈現和順序適切的話，那麼學生較不易混淆概念。Arends（1988）提出例子的呈現與順序可以是：1.定義－例子的策略：即教師先定義概念，再提供正反例，並增強學生理解，這種策略適用於學生只有一些或根本沒有先備知識的情況。2.例子－定義的策略：即教師先提出正反例，然後由學生透過歸納方式去發現或獲得概念，這種策略適用於學生對於概念已有部分瞭解，且教學目標在於找出概念的主要屬性，並練習歸納的過程。

　　例如：要教導學生認識柳宗元的〈江雪〉一詩中的「千山鳥飛絕，萬徑人蹤滅。孤舟簑笠翁，獨釣寒江雪」，因台灣學生並無北方江雪經驗，宜採第一種定義－例子的策略；而教學孟浩然〈春曉〉一詩「春眠不絕曉，處處聞啼鳥。夜來風雨聲，花落知多少。」則可以採例子－定義的策略。

三、最佳正例的使用

　　學生清楚典型的例子後，才有能力思考非典型的例子。同理，學生在發現思考差異性較大的例子前，先辨識意義相近的例子較容易。最佳實例可以協助概念學習，避免在使用差異性過大或非典型實例產

生誤解。

　　例如：教學國中國文第二冊余光中〈車過枋寮〉這一課，提到許多屏東的鄉土和水果景象，再由具體景象學習文法表現的形容詞，教師可以使用圖 13-1「香蕉和西瓜的概念定義」，協助學生瞭解課文內容表現文法的形容詞概念。

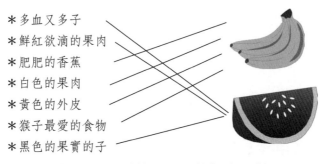

＊多血又多子
＊鮮紅欲滴的果肉
＊肥肥的香蕉
＊白色的果肉
＊黃色的外皮
＊猴子最愛的食物
＊黑色的果實的子

圖 13-1　香蕉和西瓜的概念定義

四、概念圖譜的應用

　　應用圖譜教學的方式，可以協助學生概念學習，其順序是先「給予」學生呈現概念相關特徵的圖像；再「引導」學生創造包含概念相關特徵的圖像；最後是「要求」學生創造包含概念相關特徵的圖像，Tennyson & Cocchiarella（1986）研究結果發現：使用以上三種技巧，有助於在數學科的概念和原則學習。

　　此外，應用圖表和網狀視覺前導組體，亦可協助學生凸顯概念重點並具體化概念，更有效率提取長期記憶中的訊息增進理解。

　　綜上可知，促進學生概念學習的教學應用宜注意下列要項：

1. 首先，教師宜提供概念的明確定義。
2. 有時候教學宜包括概念的定義與重要屬性的說明。
3. 部分概念教學需要說明式與質問式的呈現。
4. 使用最佳例子可增進概念學習。

／／／／／／／／／／／／／／／／／／／／／／／／

5. 除非學生已知概念的主要屬性，否則宜在教學前或教學時說明。

6. 正反例的運用以及回答正確與否的回饋，宜併入概念教學中。

7. 圖、表、概要、與網狀結構等視覺運用，可協助概念具體化，並說明概念與主要屬性的關係。

8. 圖表組體的使用概念讓學習更順利。

參、概念獲得教學法的重要研究

概念獲得教學模式是一種歸納教學策略的設計，主要在於幫助不同年齡的學生學習概念和應用分析的思考技能（Eggen & Kauchak, 1988）。

概念獲得的研究是來自於 Bruner, Goodnow, & Austin 在 1956 年所作的《思考研究》（A Study of Thinking），這項研究調查有哪些不同變項是如何影響到概念學習歷程（Bruner, Goodnow, & Austin, 1956）。

Joyce & Weil 則在 1972 年的《教學模式》（Models of Teaching）這本書中，首次敘述這個研究報告在教學法中的形式（Joyce & Weil, 1972）。之後，Gagné（1985）更是不斷探討概念和認知思考發展的相關性。

布魯納（Bruner）等人的研究，關切個體是如何將資料分類而獲取概念的歷程，他們認為「分類」可以協助學生概念發展和概念獲得，簡化周遭複雜的環境。因此，研究概念獲得教學多是依據布魯納所提出來的概念獲得教學的三項原則：1. 舉出第一個正向例子，而且使這個例子成為初期的假設。2. 想想看有什麼事物是與假設共通的，同時也想想任何有可能接觸到的反例。3. 忽略其他不相干的所有概念（Gunter, Estes, & Schwab, 1995）。

第二節　概念獲得教學法的教學步驟

　　概念獲得教學步驟包括以下九個步驟：1. 選擇並定義一個概念。2. 選擇屬性特色。3. 準備正反兩方的例子。4. 向學生介紹教學過程。5. 呈現例子與列出屬性特色。6. 詳盡闡述概念的定義。7. 給予額外其他的例子。8. 和學生討論過程。9. 評鑑。其中步驟 1 至 3，為教師教學前應準備完成，步驟 4 至 8 為正式教學重點，步驟 9 為教學後的工作重點（Gunter, Estes, & Schwab, 1995, 99-104），以下依照概念獲得教學步驟說明之。

壹、教學前準備

一、選擇並定義一個概念

㈠選擇清楚屬性特色的概念

　　概念獲得教學法最適合用來教導具有清楚標準屬性特色的概念。比如：生物學的分類系統、關於南北戰爭自由與奴隸制度的觀念、幾何學中的三角形和其他形狀等。而用來教學的概念是必須和其他相似的概念有清楚區隔的定義。

㈡定義所教概念的上位、同等、從屬概念

　　教師教學前應對學生的起點行為有清楚的判斷之後，再設想學生如何能識別不同概念之間的關係。例如：教學國中國文〈運動家精神〉一課中的「君子之爭」這個概念時，老師必須考慮到與君子之爭相等的概念、從屬於君子之爭的概念，以及能包含君子之爭概念的上位概念。因此，圖 13-2 即是定義君子之爭的概念圖。「運動家之爭」是上位概念，「君子之爭」和「小人之爭」是同等概念，「正大光

明」和「勝不驕，敗不餒」是從屬概念。

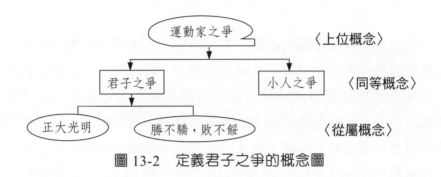

圖 13-2　定義君子之爭的概念圖

㈢篩選多重意義的概念

　　教師已經定義好可以用概念獲得教學法來教概念時，教師可寫下自己滿意的定義，而且這個定義要能被學習者所瞭解。許多教科書裡頭的概念定義是無法容易理解的，所以不要光只是倚賴教科書或是字典。要找一個可以成為課程基礎的定義是需要花一點時間，因為一個概念經常有多重意義，因此有必要篩選過，找出最適合課程內容的定義。這樣在概念獲得的過程結束時，才可以和學生討論有關概念的其他意涵。

　　此教學法的重點不只是在於找出定義依序教給學生，更重要的是老師要能系統地闡述為課程設計的概念定義，並且要能選擇適當的例子。課程主要的目的是給學生有機會創造屬於他們自己的定義，時常由學生創造的定義比起最先由老師設計的定義來得好。

二、選擇屬性特色

　　選擇屬於概念定義中必要、基本的特徵屬性，必須注意屬性特色要能決定其本身在概念的分類裡的類別。比如說：長方形的概念是四邊形的幾何圖形、有四個直角且對邊平行等長。其基本、決定性的屬性特色如下：

幾何圖形

四個邊

四個直角

對邊平行且等長

三、準備正反兩方的例子

㈠正例越多越好

　　盡可能的設計與概念相關的例子，越多越好。每一個明確、正向的例子，必須包含所有的基本屬性特徵。就長方形來說，不管是在黑板上畫出來、用硬紙板做出來或用投影機投射出來等，每一個例子必須含有所有必要基本的特徵屬性：四個邊、四個直角以及對邊平行且等長，例如：圖 13-3。

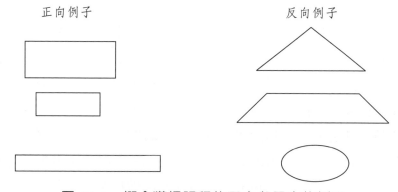

圖 13-3　概念獲得課程的正向與反向的例子

資料來源：Gunter, M. A., Estes, T. H. & Schwab, J., 1995, p.101.

㈡準備對照反例

　　準備一些反向、不含有所有屬性特色的例子。例如：三角形是一個幾何圖形，但是它不具有長方形所有的特徵屬性，這些反向的例子會幫助學生將注意力放在基本必要的屬性特色上。

㈢運用圖表、網路、結構與圖畫分析概念

對於教師而言，根據主要屬性來選擇正反例，是教學前階段一項困難卻很重要的工作。例子是抽象概念與學生先備知識、經驗的橋梁，例子的準備要越具體、越有意義越好。

貳、正式教學

一、向學生介紹教學過程

向學生解釋教學活動目的，在於師生溝通教學目標和瞭解此概念重要性。教師可以向學生介紹概念獲得就像玩遊戲一般，直到教學活動結束前，學生都可以把所要教學的概念當作是一個未知數，直到最後獲得概念。其用意是要讓學生慢慢地對概念有所領悟，以及用自己的字眼來為概念下定義。

在整個教學歷程中，首先，教師會在黑板上寫下兩欄標題，一是明確「正向」的特色屬性的，另一是「反向」的特色屬性的，接著告訴學生：老師將介紹有關概念的正例和反例，之後，他們要詳盡列出能將正例區隔出來的屬性特色，這樣才可導出概念的明確定義。

要特別注意的是：當向學生解釋一個新的正例，不同屬性特徵要刪掉時，最好只是將不合適的屬性特徵打個叉就好，不要把它擦掉，因為最後可以作為複習和瞭解定義概念的屬性特徵。

二、呈現例子與列出屬性特色

㈠用一個正向清楚的例子

讓學生提出他們注意到的任何屬性特色，沒有所謂錯的答案，像學生說到幾何圖形是「用紙做的」，就把這個特徵寫在正方的標題之下是沒有關係的，因為之後如果有另一學生提到長方形的圖形是用別

的材質做的時候，「用紙做的」這個屬性就會被畫掉。強調每一正向的例子須包括所有的特色、屬性和概念的特質時，對於不必要或多餘的屬性特徵，如顏色、材質等，可以在討論的時候挑出來。例如：當老師用綠色紙做了一個長方形時，請學生在看到時，主動的提供下列屬性特徵：

　　綠色
　　四邊形
　　用紙做的
　　一種形狀
　　對邊相似

長方形

㈡鼓勵發言，畫掉不適當屬性

　　老師要提醒同學每一個正向的例子，都要涵蓋概念的所有屬性特徵，鼓勵學生參與討論發言，原先列出來的項目中「綠色」、「用紙做的」，可以在教師畫上白色或拿出墊板時畫掉這兩個屬性，此時老師只要將須刪除的屬性，打個叉或用粉筆畫掉就好，不要把它擦掉。這樣學生才能瞭解他們獲得概念定義的過程。現在所列出來的屬性特徵，看起來像這樣：

　　~~綠色~~
　　四邊形
　　~~用紙做的~~
　　一種形狀
　　對邊相似

長方形

㈢給學生一個反例，強化正例屬性特徵

　　老師給學生一個梯形反例之後，可以向學生提問「這個圖和長方形的邊、角特徵一樣嗎？」從學生問答中，學生可能看正例，也可能比較反例，反例可以幫助學生注意到正例所漏掉的屬性特徵，例如：

梯形可以反映出長方形的特徵，現在列出的屬性特徵單就像這樣：

~~綠色~~
四邊形
~~用紙做的~~
一種形狀
對邊相似
四個直角
對邊平行

㈣選擇適當媒體

選擇適當的媒體，如照片、圖片、立體實物、口頭舉例等都是很有效的。注意當學生無法記住課程內容時，不要念冗長篇章給學生聽，相反地，應該在講義裡準備一些明確又有趣的例子，讓學生閱讀。

三、詳盡闡述概念的定義

如果已經列出了合理、完整且有意義的屬性特徵，老師可以要求學生試著用黑板上所提到的屬性，來詳細說明自己的新概念的定義，教師時常可出乎意料之外地發現，學生用自己的話下的定義，比起教科書的定義來得容易理解。此時，老師在這個過程要很有耐心，因為學生沒有習慣用自己的話來闡述說明定義，鼓勵一位中上程度的學生發言，接著其他學生可以增加或改變定義，老師有耐心，學生就會慢慢地適應這部分的過程。

教師應牢記在心：概念獲得教學的課程目標不單單只是讓學生得到概念，其主要目標是讓學生參與形成概念且給予定義的過程。這樣學生的概念會很豐富又清楚自己的定義。

四、給予額外其他的例子

學生在詳細說明他們對概念的初步定義後，可以再給學生一些正向及反向的例子，來測試他們是否能確知例子中的概念。接著要求學生提供自己的例子，然後解釋為什麼自己的例子符合概念的定義。

例如：教師可再給一些大小不一的長方形正例，如墊板、桌面、黑板等，和三角形、正方形、五邊形等反例，如三角板、正方形時鐘、五邊形紙板等，再請學生提出例子解釋何謂長方形。

五、和學生討論過程

和學生討論過程是為了要確保學生知道自己如何獲得概念，以及能夠將這討論過程與自己思考的過程連結在一起。任何形式的研究與分析，不管是正式或是非正式，比較、注意相同點和不同處是必要的，一個學習者假使較能意識到自己思考的過程，他的思考將更為敏銳。因此，當概念獲得教學法應用在教學上時，必須使學生能定義出他們瞭解的屬性特徵，同時要告訴學生哪些例子是最適合、有益的。

參、教學後工作～評量

進行評量主要目的，在於確認學生是否能：1.定義概念並瞭解屬性；2.辨識正反例；3.以主要屬性的概念來評論正反例。評量可得知學生是否瞭解概念獲得的過程，並激發學生補充擴大概念的定義，然後舉出可以推知、衍生擴充定義的正向與反向例子。

在評量過程中，教師可以獲知學生在概念獲得歷程，是否有誤解定義、過度推論，將反例誤作正例；或是推論不足，將正例歸納為反例。如果發生這樣的情形，教師宜重新教學。

第三節　概念獲得教學實例設計

　　學生對於隱喻（metaphor）的概念是抽象的，透過概念獲得教學，學生比較可以發揮創造思考能力，理解想像詩句中的隱喻句子。以下茲舉〈月亮是在夜晚天空航行的銀色船隻〉說明整個概念獲得教學歷程（Gunter, Estes, & Schwab, 1995, 110-112）。

壹、教學單元

一、教學單元名稱

　　〈月亮是在夜晚天空航行的銀色船隻〉。

二、教學目標

　　瞭解「隱喻」的概念。

三、教學課程

　　語文。

四、教學對象

　　國中二年級學生。

貳、正式教學步驟

一、向學生介紹過程

㈠老師：我們今天要教學的是「隱喻」這個新概念，老師會在黑板上寫下這個概念的定義、屬性特徵，並且請同學探討「隱喻」最

基本又不可或缺的特色和本質後，再來給「隱喻」下定義。

㈡老師：我會給你們正向的例子以及反向的例子，而反向的例子並不涵蓋「隱喻」概念的所有特徵屬性。

二、呈現例子和列出屬性特色

㈠老師：我們舉出第一個隱喻的例子是「月亮是在夜晚天空航行的銀色船隻」，同學想想看，這個很美的隱喻有哪些特徵屬性？

㈡學生：例如：「船、夜晚、比喻、詩、句子、引用句」。

㈢老師：依序在黑板一個一個寫下同學所說的屬性特徵：

船

夜晚

比喻

詩

句子

引用句

㈣老師：我們再看看下面這一個隱喻的例子：「超人是英勇的鋼鐵男子」，請同學想想這個例子和上面例子，有哪些屬性特徵是不同的特徵，可以刪除的？

㈤學生：討論後回答「船、夜晚、詩、句子、引用句」應刪除。

㈥老師：依序在黑板一個一個寫下同學所說應刪除的屬性特徵：不同事物之間的比喻。

㈦教師：提供一個反例「他有一顆像獅子般的心」。這個例子和之前的例子有什麼不同？

㈧學生：一樣是比喻，但是這一次的句子有「像」這個字。

㈨教師：在反例那一欄字底下用色筆畫出「像」這個字，再提出「如老鼠般驚恐」，也把「如」放這個字到反例這一邊。

三、詳盡闡述概念的定義、引用句

㈠老師：句子中有「是」和有「像」、「如」怎麼歸類？

㈡學生：反向例子中是有「像」這個字或「如」這個字，如果沒有就該歸類爲正向的例子。

㈢老師：這裡有一個例子。請告訴我，它是正向例子呢？抑或是反向例子呢？教師在黑板上寫出「父親是力量的高塔」。並問爲什麼？

㈣學生：是正向例子，因爲它沒有用到「像」或「如」的比喻。

四、給予其他的例子

㈠老師：有關這兩個比較的事物，同學有要補充的嗎？

㈡學生：嗯，它們兩者之間非常不同的是～「船與月亮」；「人與高塔」；「人與鋼鐵」。

㈢老師：那麼「船破浪前進」（the ship plows the sea）這個例子呢？它在比喻什麼？是眞的可能有這樣的景象嗎？你聯想到什麼？

㈣學生：船是被比喻爲用來耕田的犁。

㈤學生：在這個例子，船眞的變成了犁。

㈥老師：你準備好開始敘述這概念的定義了嗎？

㈦學生：事物之間的比喻是非常不同。

㈧老師：不要忘了你並沒有用「像」這個字或「如」這個字。

㈨學生：一個物體眞正地變成另一物體，譬如：月亮破夜晚之洋前行。（the moon plowing the ocean of the night）

㈩學生：如果不用「像」或「如」這兩個字的話，那麼當兩個截然不同的事物相結合來形成另一意象時會是怎樣呢？

㈩一老師：你所提的是一很好的定義，而且比我事先寫好的定義還好。我們稱這個運用語言的概念爲「隱喻」。

五、和學生討論過程

㈠老師：記得你是如何推知獲得這個定義，那你是如何詳細描述主要的屬性特徵呢？

㈡學生：我是藉由在不同的例子中找出相同點以及不同點。

六、評量

㈠老師：這裡有一個經選過的引用句，看看你是否能辨別出隱喻的用法。

㈡學生：「幸福是春天綻放的花朵」是隱喻。

參、教學注意要點

一、適時調整運用概念獲得教學技巧

老師不需要天天運用到這個教學技巧，但是這教學技巧是挺有趣且有效的變化調整。當學生透過例子來形成法則時，因為歸納性的推論與他們的需求相結合，所以他們會學的更好。除此之外，學生透過例子更可以記住隱喻的意涵。

二、經常詰問概念獲得的認知歷程

概念獲得教學法的最後一個步驟是與學生討論剛才經歷的過程，問學生一些問題：「你何時領悟到概念的特定基本的屬性特徵？」或是「我們如何刪掉一些獨特的特色呢？」幫助學生瞭解概念是如何形成的，以及考慮到他們的想法。

三、善於舉出正例和反例教學概念

概念教學法是藉由呈現概念的正反兩方的例子來教學概念的意涵，直到學生可以明白知道不可或缺的基本特徵屬性，與陳述出概念

的定義。概念獲得教學法幫助學生確認概念定義的過程，老師可以提供學生新的例子，也可以將焦點放在相似概念的某一層面上。因爲明瞭概念對學習是必要的，所以將時間花在推知與釐清概念是值得的。

本章摘要

1. 概念：是經由一個字、符號或比喻，對於所提出相似項目分類的個人知覺；而假若沒有這種心智結構或想像，人們將無法進行思考、作用或溝通。

2. 概念性知識：是指能清楚說出概念的定義和屬性的知識。程序性知識：是指能進一步應用定義，舉出此概念和其他概念間的差異，而所獲得的知識。

3. 概念發展：是將相似的物體與觀念予以分門別類，以減輕記憶或所瞭解許多不同事物時的負擔。

4. 概念獲得：是找出對意義有絕對必要的特徵屬性，並加以定義的過程；這也同時包含學習如何去分辨：何者為適合概念的例子；何者為不適合概念的例子。

5. 概念的特徵有：(1) 概念可以加以分類。(2) 概念可以透過正反例學習。(3) 概念受社會脈絡的影響。(4) 概念有定義和標記。(5) 概念具備主要屬性和次要屬性。(6) 概念學習包括概念性和程序知識。

6. 概念的獲得就是歸納其特徵來定義概念的結果；且良好的概念發展是概念獲得的重要關鍵。

7. 概念獲得教學是教師能定義一個概念，選擇概念所包含的屬性特徵，準備正反例和學生一起討論，共同辨認概念定義，促使學生能夠詳細定義概念，辨別屬性差異，而獲取正確概念的教學歷程。

8. 進行概念獲得教學所必須瞭解的教學要素：(1) 瞭解所要獲得概念的成分。(2) 例子的呈現與順序。(3) 最佳正例的使用。(4) 心像或圖像的應用。

9. 概念的基本要素：(1) 概念的名稱。(2) 概念的定義與原則。(3) 概念的屬性特徵。(4) 有關概念的相關例子。(5) 所教概念與其他概念

之間的關係。

10. 例子的呈現與順序可以是：(1) 定義－例子的策略，此適用於學生只有一些或根本沒有先備知識的情況下。(2) 例子－定義的策略，此適用於學生對於概念已有部分的瞭解。

11. 三種應用圖像來協助學生概念學習的教學方式：(1) 是「給予」學生呈現概念相關特徵的圖像。(2) 是「引導」學生創造包含概念相關特徵的圖像。(3) 是「要求」學生創造包含概念相關特徵的圖像。

12. 概念獲得的教學步驟：(1) 選擇並定義一個概念。(2) 選擇屬性特色。(3) 準備正反的例子。(4) 向學生介紹過程。(5) 呈現例子與列出屬性特色。(6) 詳盡闡述概念的定義。(7) 給予額外其他的例子。(8) 和學生討論過程。(9) 評鑑。〔(1) 至 (3) 為教師教學前應準備完成的；(4) 至 (8) 為正式教學重點；(9) 為教學後致力的重點。〕

13. 在選擇並定義一個概念中，教師應要選擇清楚屬性特色的概念，並要先定義所教概念的上位、同等、從屬關係；且因為概念經常有多重意義，所以教師必須先刪選過，以找出最適合課程內容的定義。

14. 在準備正反的例子時，正例越多越好，但也要準備一些對照的反例，以幫助學生將注意力放在基本必要的屬性特色上；除此之外，教師最好能運用圖表、網路、結構圖等來加深學生對抽象概念的瞭解。

15. 在課堂中呈現例子與列出屬性特色時，教師要選擇適當的媒體來呈現一個正向清楚的例子，並鼓勵學生發言，而後再畫掉不適當的屬性；且必須給予學生一個反例，以強化其正例屬性的特徵。

16. 評量可得知學生是否瞭解概念獲得的過程，並激發學生補充擴大概念的定義，然後舉出可以推知、衍生擴充定義的正向與反向例子。

▶ 理論問題作業

1. 何謂概念？
2. 何謂概念性知識？何謂程序性知識？
3. 何謂概念發展？何謂概念獲得？
4. 何謂概念獲得教學？
5. 教師進行概念獲得教學所必須瞭解的教學要素為何？
6. 概念獲得的教學步驟為何？
7. 何謂圖像教學法？在教學時如何應用？
8. 概念教學後的評量，對於概念獲得有何重要性？

▶ 實作設計作業

1. 請設計例子的呈現與順序中的「定義－例子策略」與「例子－定義策略」的實例各一。
2. 請以中學教材內容，設計一概念圖（圖中必須說明何者是上位概念、同等概念、從屬概念）。
3. 請以中學教材內容，設計一個正例與其對照的反例。
4. 請以中學教材內容的教學單元，設計一份概念獲得教學的教案。

第14章

合作學習教學方法與設計

　　合作學習教學方法的起源，可以 1970 年代為系統性研究的起點，當時美國約翰霍普金斯（John Hopkins）大學「學校社會組織中心」的社會科學家，被邀請去協助 Baltimore 公立學校，無種族歧視班級學習活動。

　　學校老師發現不同種族小組的學生，有再隔離自己在不同班級、餐廳和社會情境的傾向，於是老師尋求各種方式鼓勵學生求知和接納彼此，分享學習活動，於是合作學習被發展成為在學習小組可以一起讀書，導生教導大家，和贏得小組獎勵的教學設計（Gunter, Estes, & Schwab, 1995）。自此之後，許多研究發現：合作學習教學方法對於少數民族學生的被接納程度顯著提升，也改善了所有學生的自尊；合作學習策略更有助於提升學生學業成就，因此，合作學習的教學策略，至今仍廣為老師應用和學生喜愛。

┈┈┈ 第一節　合作學習教學法的基本概念 ┈┈┈

　　合作學習教學方法，一方面在善用學生互助能力，提升每一個學生學習效果；二方面在增進學生對社會技巧的學習（黃政傑、林佩璇，民 85）。合作學習是一種合作型態的教學，旨在採取異質性分組方式，將班級學生分成好幾個小組，在分組學習中，學生互相指導和幫助，最後教師再依各小組的進步分數，進行小組表揚的教學方法。

壹、合作學習教學法的理論

一、合作學習的理論基礎

　　現代合作學習主張，主要奠基於社會學及心理學基礎上，一為社會互賴論（social interdependence perspective），二為接觸

理論（contact theory perspective），三為認知發展論（cognitive developmental perspective），四為行為學習論（behavioral learning theory perspective）（黃政傑、林佩璇，民85）。

㈠社會互賴論

認為團體的本質是其成員基於共同目標而形成的互賴，若團體中任何成員有所改變，將會影響其他成員產生互賴性的變化；而且團體成員在內的緊張狀態，會引發完成共同目標的動機。因此，社會的成就來自團體成員相互依賴合作的結果。

㈡接觸理論

認為要增進社會次級團體的和諧，在教育上，必須提供不同的種族、民族、性別的學生，在學習上互動的情境。因此，團體成員的接觸，有助於年齡、性別、社經地位或能力的學生在一起學習。

㈢認知發展論

認為知識是經由合作的學習、理解和解決問題而建構起來的。團體成員藉由資訊和知識的交換，發現彼此理論上的弱點，相互矯正，奠基於別人的理解之上來調整自己的理解。學生要保留記憶中相關的資料，則必須讓學生做某種認知的建構或精熟。而最有效的辦法就是要求學生將自己所理解的東西解釋給他人聽。因此，認知促進自己和小組理解和精熟的能力。

㈣行為學習論

認為行為接受外在的增強作用之後，會逐漸學會許多本領，並做出適當的反應。所以，行為學習論著眼於團體合作的努力，是受到追求團體報酬和外在動機所激勵。

二、合作學習教學的組成要素

合作學習是由小組針對任務進行學習獲得增強的歷程，其構成要素如下（林生傳，民 81）：

㈠任務結構（task structure）

是指在班級體系裡面，施教者是利用何種學習活動，或是組合多種不同的學習活動來進行學習，例如：利用聽講、自修、討論、作業、實驗操作或觀賞視聽媒體來學習。也就是說，合作教學在任務結構方面是利用小組的合作，採用各種不同方式的學習活動來進行學習。

㈡酬賞結構（reward structure）

是指運用何種方式來增強學習行為的結果，例如：利用評分成績、教師獎勵，或有形無形的獎賞處罰方式。強調人際之間的互依性，合作教學是以合作為基礎的結構，因為一個學生的成功，同時也幫助別人成功，合作教學正是利用此一正向的增強結構來激發與維持學習活動。

㈢權威結構（authority structure）

是指在班級社會體系中，由主導者負責，運用多種方式來控制學習活動或行為的進行，與傳統教學法中，單用老師個人以獎懲及給分方式，來控制學生的學習及各種行為表現的最大差異是：在合作教學法中，要利用個人的內發動機及同儕激勵，來控制自己的行為，去努力學習。

貳、合作學習教學法的功用

　　合作學習的教學即是在教學上反隔離的一種教學策略（林生傳，民76）。合作學習不只是在學業成就有顯著影響，更重要的是影響到未來長大成人的行為。Borich（1996）認為合作學習具有下列功用：

一、協助學習者獨立思考的態度和價值

　　態度和價值會左右我們的行為，但態度和價值通常不在學校中教導，很多教學都完全依賴於後天形式上的知識，大多數學習者都會在分數與增強上有所競爭，合作式學習則在幫助學習者從課程中，獲得他們在課堂內外獨立思考的基本合作式態度與價值。具體來說，學生和其他人合作過程中可能由於對問題解決的見解不同，而產生衝突、互助、協調等行為態度和價值判斷，學生必須學習如何突破思考問題的癥結，贏得別人的信任。

二、提供建立利社會行為模式（prosocial behavior）

　　學生透過互動行為中，觀察到別人的錯誤行為而漸漸修正自己的行為，接受到社會規範和價值，合作學習可以促進學生建立未來有利社會所應養成的正當行為。

三、呈現另類觀點和展望

　　傳統教學是以教師為本位的教學型態，從教材的選擇到教學的執行，完全是在既定的封閉式、可控制的情境中完成教學，學生的價值和態度是統一格式下的產物。合作學習的另類教學構想，是以每個學生為教學主體，學生必須嘗試批判思考、質疑問題和問題解決，從自我中心意識漸漸學會欣賞別人創意思考的答案，擴充延伸自己的見識。

四、建立連貫整合個人特質

在合作學習過程中，學生見識到別人和自己的特質在思想和行為的差異，也逐漸型塑自我表現行為，這種鏡中自我的學習，反映出個人思想和感覺在學習的連貫性和整合性的一致，久而久之，反覆的社會互動會降低矛盾，找到更多學習的成就感。

五、推向更高層思考

合作學習積極地促使學生在不斷地互動學習中，養成學生的批判思考、推理和問題解決的技巧，這些技巧的養成有助於人類更高層思考創造新知的可能。

Slavin（1987）研究指出合作學習可以改善學生的社會技能，增加自尊心，提升社會價值，提供積極性動機。綜觀合作學習的功用，包括：協助學習者獨立思考的態度和價值、提供建立前社會行為模式、呈現另類觀點和展望、建立連貫整合個人特質和推向更高層思考，但最終結局在於改善學生合作技巧、提升自尊心和增加學習成就感。

參、適宜的合作學習行為

Lang, Mcbeath, & Hebert（1995）研究歸納出適宜的合作學習行為，如表 14-1，可以發現每一個學生要具備領導、溝通、展示信任和衝突解決過程等適宜的合作行為，才能精熟認知的知能、溝通的技巧、合作的社會技能、問題解決技術、成功的獨立學習工作。

肆、合作學習教學的教師角色

合作學習教學教師扮演重要角色，透過師生互動得以促進學

生獨立思考、問題解決和社會技巧能力的養成。Lang, Mcbeath, & Hebert（1995）研究指出學生進行合作學習的教師角色,如圖 14-1。教師扮演角色的主要任務包括:創造積極的相互依賴;監控、促進和評量;教學小組技能等三方面任務,以順利引導合作學習教學的進行。

表 14-1　適宜的合作學習行為

適宜的合作學習行為	
領導:建立一個任務	
‧尋找訊息	‧摘要
‧分享訊息和意見	‧檢查進步情形,邁向小組目標
‧澄清或詳述	‧測驗或簡化共識
領導:維持一個小組	
‧設立或應用標準	‧解除緊張,保持和諧
‧投入／激勵／傾聽他人	‧表達小組情感
	‧妥協
溝通	
‧傾聽	‧描述感覺
‧釋義	‧尋求回饋
‧認知性檢查	‧提供請求的回饋
‧正確描述行為	
展示信任	
‧接受他人和他人的意見	‧流露出承諾／責任感
‧表達支持／願意合作	
衝突解決	
‧管理個人感覺／顯示同理心	‧提出可能的解決方案
‧界定問題	‧選擇最佳可能的解決方案
‧發現問題資源	‧嘗試提出解決方案
	‧評估嘗試的解決方案

資料來源:Lang, H. R., McBeath, A. & Hebert, J., 1995, p.349.

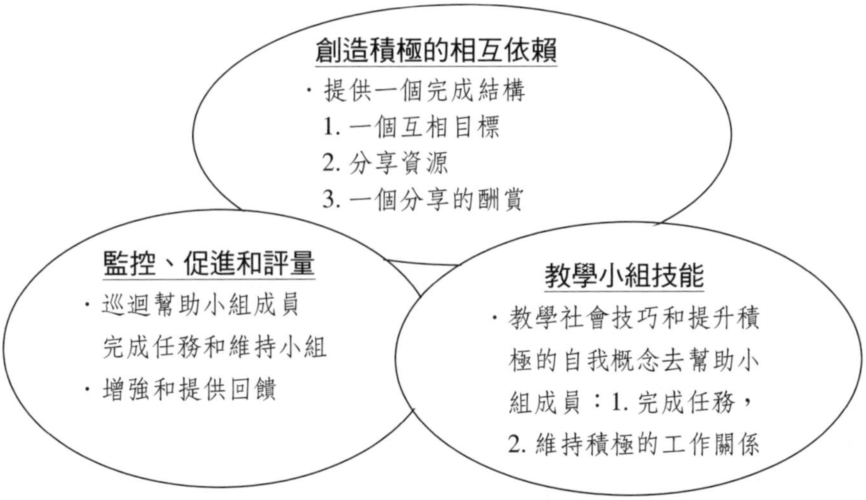

圖 14-1　合作學習的教師角色

資料來源：Lang, H. R., McBeath, A., & Hebert, J., 1995, p.351.

……… 第二節　合作學習教學法的準備工作 ………

　　合作教學主要利用小組成員之間的分工合作，共同利用資源，互相支援，去進行學習；並利用小組本位的評核及組間的比賽，製造團隊比賽的社會心理氣氛，以增進學習的成效（林生傳，民76）。因此，進行合作學習的教學準備任務，無論是教師或學生都應熟練合作學習教學的準備工作。Borich（1996）提出下列五項合作學習的教學準備：

壹、詳述目標

一、確認合作學習成果

確認合作學習成果應該遵循清楚的目標細節，連結過去情況和未來學習來寫出學習成果。對於合作成果或表現應該從一開始活動就清楚列下來，例如：舉例說明風格、格式或成果的長度，以便使學生建立可被接受的小組工作內容。在每次活動案例，老師最好能給學生可接受進步的成績或可被完成的里程碑，在明確成果指引下，學生合作學習目標才能在預期中完成。

二、檢視理解程度

檢視學生對於完成目標或指導方向的理解，包括：一些用語或合作過程形式等。在自我導向學習，一個人可能被理解不佳的指導方法引入歧途，但是對合作學習而言，小組是個完整的團體要有充分的理解，不像臨時組成的團體可以迷失方向在錯誤目標的運作上，所以，必要時可以請小組中的成員複述目標和運作方向。

三、形成一種合作氣氛

合作學習最終目的是形成一種合作氣氛，學生通常會在活動中以競爭取代合作，表現個人英雄行為，忽略小組團體合作的存在。教師此時可以提醒學生，精英的群體才能發揮力量，獨斷式的精英只會造成更多知識的空隙，請學生學習溝通時的合作用語。例如：「我在這裡……可以回答你的問題……以是你的助手……你的諮詢者……你的資訊提供者」等，當合作關係建立時，這些措詞的溝通可以增進小組的合作氣氛。

貳、組織任務

在組織合作學習任務時，有以下幾個重要因素應該先考慮清楚：1. 團體該多大呢？2. 團體成員該如何挑選呢？3. 完成小組任務的時間該多少呢？4. 哪些角色該分配到不同的小組成員？5. 什麼作為提供給個人或小組任務的酬賞最好？以下具體說明之：

一、小組大小（group size）

一個合作小組的大小是很重要的，在考慮：1. 小組中能力的差異。2. 小組達成共識所需的時間。3. 小組內分享教材的效率。4. 完成最終成果所需時間等因素後，才進行決定小組大小。Slavin（1990）認為要完成目標的小組成員最好要有四個或五個成員較佳。如果一班二十五人可以分成五到六組，原則上不要太少組別，這樣進行指導小組活動較困難，因為團體成員互動過少。

二、小組組成分子（group composition）

除非小組任務特殊化需要特殊能力的組成分子外，小組最好由不同文化或具有代表性的成員組成。因為，小組通常會反應小組成員的氣質，這些相異性或相似性的抗衡常會影響到提供學習動機、分享需要和能力區分。

Johnson 與 Johnsoan（1991）提供小組成員挑選的形式：1. 要求學生去列出他們想一組的人員。2. 隨意分配學生組別。3. 挑選小組中有合適的相對性：少數／多數，女／男，有能力／無能力。4. 與學生分享挑選組員的過程（例如：教師先挑選；然後，一個人再挑選另一個等等）。

小組成員組合是主動性或被動性被編到同一小組，影響組織任務的完成。對於小組成員是主動性高的則偏重組員任務的分配，被動性高的則偏重組員沉默或不關心時的聯繫。以下是對於小組成員任務執

行的管理原則：1. 要求需要正確區分任務發展的結果。2. 在小組間，形式化配對是有責任來校正其他工作作出貢獻。3. 說明小組在分配工作的任務並鼓勵成員參與較不擅長或是擅長的工作。4. 限制給予小組資料，使小組需要分享彼此間的資料來完成工作。5. 事先規定責任需要成果的步驟，有時可以運用壓力來幫助小組成員進行工作的完成（Borich, 1996）。

三、任務時間（time on task）

小組活動時間須視任務的複雜程度，一般而言，我們多會把時間分配到個別小組的活動上，一直到教學活動大部分都完成為止，然而，正常應有 60%～80% 是在合作學習活動上。如果教師計畫同一天同時進行小組報告和一整個班級討論，應該注意到整個班級討論有可能被擠成零碎的時間，需要考慮讓整個班級學習更有意義些。

Gunter, Estes, & Schwab（1995）即針對不同任務小組，進行合作學習活動，規劃出一個星期時間一覽表，如表 14-2「合作學習活動建議時間一覽表」。

表 14-2　合作學習活動建議時間一覽表

	星期一	星期二	星期三	星期四	星期五
Jigsaw II	介紹新主題	閱讀新教材	專家小組研究	教學研究小組	小考，小組酬賞
TGT	介紹新主題	複習，指導練習	協同研究	協同研究	競賽，小組酬賞
STAD	介紹新主題	複習，指導練習	協同研究	協同研究	小考，小組酬賞

資料來源：Gunter, M. A., Estes, T. H. & Schwab, J., 1995, p.243.

四、角色分配（role assignment）

團體間成員角色任務的分配，最常見的角色如下（Borich, 1996; Johnson & Johnson, 1991）：

㈠概述者

釋義和做結論或是在整堂課前做引言。

㈡檢查者

為小組檢查爭議或是未決定的觀點及結論。

㈢研究者

到圖書館找相關資料的讀書目錄、文件及需要的背景資訊。

㈣參賽者

任何需要教材、教具及書目等輔助角色。

㈤記錄者

需要寫下小組主要工作的任務。

㈥支持者

選擇樂觀、確實的觀點來稱讚成員，當他們被分配個別任務又能安慰他們需要鼓勵時。

㈦觀察者／問題解決者

在整個課堂討論與報告聽取時，做筆記或記錄有關有利於團體進行的資訊。

五、提供增強和酬賞（providing reinforcement and rewards）

增強或酬賞形式目的，在於鼓勵學生參與團體的責任和增強表現。計分方式以個人和小組計分最普遍，以下說明之（Borich, 1996）：

㈠增強或酬賞形式

1. 成績－個人或小組。
2. 積點紅利。
3. 社會責任。
4. 代幣或優待。
5. 小組優惠。

㈡計分方式

1. 平均個別成績。
2. 採用所有組員最高或最低一半的平均。
3. 所有組別成績總平均。
4. 累計小組中主動參加的小組點數。

參、教學和評量合作過程

學生對於合作學習並無充分經驗時，教師有需要教學合作歷程，指導學生認識合作研究技能（collaborative skill）的重點。合作研究是一個在概念階段用以改變思想和感覺的技巧，學生可以在一段時間內很舒服的感受到溝通的觀念、信念和意見（Borich, 1996; Johnson & Johnson, 1991）。在教學和評量合作過程，鼓勵學生參與共同合作，宜注意下列方法或技巧的應用：

一、溝通表達自己的意見和想法

亦即讓每個小組成員感同身受的體會到別人的觀點和感受，也練習去表達自己的意見，聆聽他人的意見是如何寶貴，鑑別出自己最有價值的想法。

二、保持訊息的完整性和特殊性

亦即嘗試傳達訊息的相關性、特點或經驗到所表達的內容，盡可能提出自己進一步的心得和具體展望。例如：「我讀了〈失根的蘭花〉這一課讓我聯想到鄉愁……。」

三、傳達期望和支持的氣氛

指導學生可以藉由提供資料、觀點、感受、個人經驗和反應來進行合作，袪除被嘲笑的恐懼，清楚地確定合作是依賴分享情感、物質資源、獲得資源、責任區分和尋求更好支持的一種學習歷程。

四、教導如何改寫其他人觀點

學生對於同組成員的意見有所認同或否定時，教師可以教導學生試著重新用自己的話說或文字表述一遍，或是介紹改寫意見。

五、教導參與和領導技巧

鼓勵學生體認小組和個人的相互利益關係、共同命運，分享彼此主體性，接受滿意的祝福和共同的責任感。

肆、監控小組表現

教師在學生進行合作學習的監控小組表現，首先要能確認何時小組需要協助，小組成員在合作過程中，由於合作技能不夠熟練，難免

會有些顧左右而言他，或忽視他人意見的情況，教師此時最好在座位間巡視，提供小組諮詢也監督到問題小組的問題是如何解決的過程。第二是要再引導小組讓他們討論到極致，指導的關鍵即在於：教師能夠認知到小組正處於困難連結的關鍵時候。第三是教師必須提供情感力量，支持和鼓勵那些受不了或失敗的團體。

伍、合作表現的詢問（debriefing）

　　教師可以在合作活動結束時，詢問和評價學生的表現，回饋學生在合作歷程所獲得的合作技能。詢問應考慮回答時間和詢問重點，老師通常會認為沒有充足時間來詢問學生的表現，可以透過團體詢問，或是以問卷、清單當作回家作業來詢問合作表現的情形。

　　詢問重點以團體特殊的問題，辨識出現在合作式學習中關鍵事件為主，並要求學生記錄團體運作的效度與缺點。

┈┈┈┈ 第三節　合作學習教學法的教學步驟 ┈┈┈┈

　　自 1970 年代開始至目前，最具代表性的合作學習教學類型，主要包括：1. 學生小組成就區分法（Student's Team Achievement Divisions，簡稱 STAD）；2. 小組遊戲競賽法（Teams-Games-Tournaments，簡稱 TGT）；3. 拼圖法（Jigsaw）；4. 拼圖法第二代（Jigsaw II）；5. 團體探究法（Group-Investigation，簡稱 G-I）；6. 小組協助個別教學法（Team Assisted Individualization，簡稱 TAI）；7. 協同合作法（Co-op）；8. 合作統整閱讀寫作法（Cooperative Integrated Reading and Composition，簡稱 CIRC）；9. 共同學習法（Learning Together，簡稱 LT）等（黃政傑、林佩璇，民 85）。各種合作模式均有其適用範圍及特點，教師可根據學科、

年級或特殊需要，採用不同策略。茲選擇常用的合作教學策略分述其正式教學模式如下。

壹、學生小組成就區分法（Studen's Team Achievement Divisions，簡稱 STAD）

這是 R. E. Slavin 在 1978 年發展出來的教學法，是合作式教學法中最簡單的一種方法，也是典型的合作教學。主要回應有些老師不喜歡用遊戲競賽的分數作為分級依據，因此改採小考或測驗來取代競賽分數，其教學步驟如下（Gunter, Estes, & Schwab, 1995）：

一、呈現學習新概念

學生小組成就區分法是針對符合有明確定義的教學目標所設計的，因此，許多老師運用直接教學法來呈現新的內容。

茲以學生能瞭解五種名詞複數用法的學習單說明學習新概念，在指導學生練習時，老師要確定學生是否已經瞭解，如何應用這五項形成複數的規則，如表 14-3。

二、分組學習

遵照小組遊戲比賽法（TGT）的程序模式，將學生四至五人進行做異質性地分組。每一組都有一位能力最好的、次好中等能力的、中等稍差能力的以及一位能力較差的學生，當分好研究組別時，發給學生工作單以及答案紙。

三、測量學生所學的新內容

學生小組成就區分法所進行的是個別測驗，而不是遊戲。每位學生要獨立完成自己的測驗，然後將測驗卷交回給老師，作為個人成績以及納入組別成績，以獎勵有進步的小組。

表 14-3　五種名詞複數用法的學習單

1. 大多數的單數名詞是在後頭加「s」來形成複數 　 girl, *girls*　tiger, *tigers*　toy, *toys*　shirt, *shirts*　angel, *angels*　willow, *willows* 2. 一些以「f」或「fe」結尾的名詞是將「f」或「fe」去掉，再加上「ves」來形成複數 　 wife, *wives*　leaf, *leaves*　life, *lives*　self, *selves* 3. 以「s、sh、ch、x」結尾的名詞是要加「es」來形成複數 　 fox, *foxes*　kiss, *kisses*　wish, *wishes*　church, *churches* 4. 以「o」結尾，且前面是一母音，經常要加「s」 　 radio, *radios*　ratio, *ratios*　zoo, *zoos*　rodeo, *rodeos* 5. 以「o」結尾，且前面是一子音的話，有兩種方式：對有些字是要加「s」而有些字是要加「es」。然而，對少數的幾個字，兩者皆可 　 hero, *heros*　zero, *zeros*　potato, *potatoes*　tomato, *tomatoes* 　 memento, *mementos*, *mementoes*

四、表揚勝利的組別

　　小組表揚係依各組在測驗中的表現，成績最好的與最好的比較，次等的與次等的比，構成不同的區分（division），每區分組的第一名為小組爭取到 8 分，次高的 6 分，依此類推（Slavin, 1989）。所以，表揚勝利的組別，可以利用非物質的、引發動機的獎賞，譬如：在班刊上表揚或根據校規來嘉獎等表揚勝利都是不錯的方式。

貳、小組遊戲競賽法（Teams-Games-Tournaments，簡稱 TGT）

　　小組遊戲競賽法是由 David DeVries 和 Keith Edwards 所發展出來的，這個教學法是在 Johns Hopkins 大學裡由社會學的研究員設計出的第一個合作式學習方法（DeVires, Edwards, & Slavin, 1978）。

根據 Slavin 的說法，小組遊戲競賽法是最適合作爲教授有單一正確答案且有明確定義的教學目標，例如：數學計算與應用、語言的用法和技巧、繪製地形與地圖的技巧，以及科學觀，其教學步驟如下（黃政傑、林佩璇，民 85；Gunter, Estes, & Schwab, 1995）：

一、呈現新概念

教師授課的重點，在於介紹教學的主要內容，例如：教學生瞭解數學方程式無括號時的運算，是先乘除後加減。

舉例說明：

$2+6\times3=20$　（6 乘以 3 之後的數字在加上 2，就是 20）

$18-12\div3+1=15$　（12 除以 3 得 4，18 減 4 再加 1，就是 15）

教師可以再透過個別練習來瞭解學生對於規則的運算熟練程度。

二、分組學習

和 STAD 分組方法類似，將全班分爲每組三至六人的異質性小組，同一組的小組成員共同學習教師所發的作業單。在每一單元作業完成後，舉行小組之間成就測驗的競賽。

教學的程序，先由教師講述課程，然後分給練習單。同一組的成員共同進行學習，並隨時舉行評量，以確定各組員已學習精熟。在小組練習之後，有學業遊戲競賽，採能力分級法；各組同程度的成員互爲比賽對手。例如：各組的第一名在第一桌比賽，第二名集合在第二桌比，每一個人所得的分數轉換爲團體分數，決定小組的優勝名次。不論哪一級的選手，凡得第一名的均爲團體贏得相同的分數。TGT 的教學策略與 STAD 主要的差異是以學藝競賽（games）代替考試。小組學生一起練習作業單，以精熟教材內容。

三、參加學習競賽

分派學生和能力相當的同學進行學科遊戲競賽。

㈠競賽的型態

競賽表達方式可分為兩種形態,一是測驗式,同桌競賽的學生個別完成試卷後,依次排名。二是問答式,由同一競賽桌的同學輪流發問、作答。遊戲競賽單如表 14-4「小組遊戲競賽的遊戲單」。

㈡學科遊戲競賽（Academic Game Tournament）

學生分配到一個由相似能力組成的競賽桌,在遊戲中,藉著個人在小組學習時對學科教材的知識為小組獲取積點分數（point）,每一競賽桌中,最高分者獲 6 個積分,其次 4 分,再次 2 分。學科遊戲競賽的桌次分配,如圖 14-2。

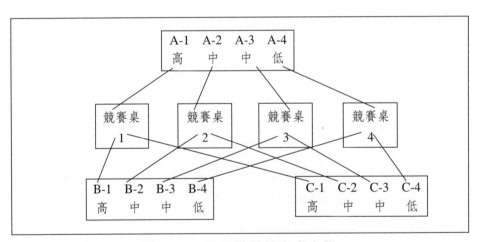

圖 14-2　學科遊戲競賽桌次圖

資料來源:黃政傑、林佩璇,民 85,頁 73。

表 14-4　小組遊戲競賽的遊戲單

遊戲單	答案紙
1. $6+7+3-4=$	1. 12
2. $12 \times 4+5 \times 2=$	2. 58
3. $7+8+12 \div 2=$	3. 21
4. $6 \div 2+5 \times 4=$	4. 23
5. $54-42 \div 7=$	5. 48
6. $21 \div 7+4 \times 11=$	6. 47
7. $15 \times 15 \div 5 \times 3=$	7. 135
8. $9 \times 16-30 \div 6-3=$	8. 136
9. $72 \div 9-4+4=$	9. 8
10. $12-5+9-2=$	10. 14
11. $6 \times 6+5=$	11. 41
12. $15+20 \div 4-5=$	12. 15
13. $36 \div 9+7-6=$	13. 5
14. $36 \div 9 \times 3=$	14. 12
15. $6 \times 3 \div 9-1=$	15. 1
16. $5+2 \times 2 \times 2=$	16. 13
17. $4 \times 4+2 \times 2 \times 2 \times 5=$	17. 56
18. $24 \div 6 \times 4=$	18. 16
19. $24 \div 8-2=$	19. 1
20. $96 \div 12 \times 4 \div 2=$	20. 16
21. $9 \times 7-2=$	21. 61

資料來源：Gunter, M. A., Estes, T. H. & Schwab, J., 1995, p.233.

㈢能力系統的調整（Bumping System）

　　為確使每個學生均有相同的機會為他自己的小組獲得分數，競賽桌以能力水準安排，最初由教師指派學生到不同的競賽桌，以後依競

賽表現重新調整能力系統。如第一次競賽結果，第一桌的最後一名移至第二桌，第二桌最後一名移至第三桌，最後一桌的最後一名仍留在原點。第二桌的第一名則往前移一桌，以此類推。能力系統的分配，如圖 14-3。

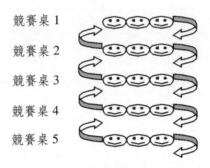

競賽桌 1
競賽桌 2
競賽桌 3
競賽桌 4
競賽桌 5

圖 14-3　學科遊戲競賽能力系統的分配

資料來源：黃政傑、林佩璇，民 85，頁 74。

四、計分和學習表揚

依學生到競賽桌比賽所得的分數，統計小組的總分。茲舉例說明三人競賽分數計算方式，例如：下表 14-5 遊戲總分單，小明在一次競賽中答對 5 題，小英 14 題，小華 11 題，答對題數最多的第一名是小英可獲 60 個積點分數，第二名小華得 40 個積點分數，第三名是小明 20 個積點分數，並將這些積點分數帶回原小組中，累加後，合計為小組的總分。

表 14-5　學科遊戲競賽遊戲總分單

競賽者姓名	組　別	第一次競賽答對題數	競賽得分
小明	第一組	5	20
小英	第二組	14	60
小華	第三組	11	40

資料來源：黃政傑、林佩璇，民 85，頁 74。

競賽中，若比賽者有答對題數相同的情況，則需將得分稍作轉換，以求公平。換算方式如下表 14-6「學科遊戲競賽答對相同題數之換算表」。

表 14-6　學科遊戲競賽答對相同題數之換算表

競賽者	得分不同	前兩名得分相同	後兩名得分相同	三者同分
最高分	60	50	60	40
中間分數	40	50	30	40
最低分	20	20	30	40

算法：1. 前二名得分相同時，各得 50 分（60 + 40）/2 = 50
　　　2. 後二名得分相同時，各得 30 分（40 + 20）/2 = 30
　　　3. 三者得分相同時，各得 40 分（60 + 40 + 20）/3 = 40
資料來源：黃政傑、林佩璇，民 85，頁 75。

小組遊戲競賽法的遊戲規則，如競賽方式、得分的計算可由師生依班級的特點共同討論決定，加以靈活運用。

學習表揚的方式包含在布告欄貼出第一名組別的成員名單，頒發證明獎狀，與家長聯繫讚揚學生表現，給學生多一點休息時間、排在第一排，學生可花多一點的時間在自己喜愛的任務之上，或是沒有週末回家作業。

參、拼圖法第二代（Jigsaw II）

拼圖法原由美國加州大學教授 Elliot Aronson 及其同事，主要是為了增加學生彼此之間的合作學習，非學生獨立研究學習內容而發展出來的（Aronson, 1978）。於是 Aronson 將學生分組，然後給每一組一份資料，為了獲得課程所需的全部資料，學生得要將他們個別的資料組在一起，就好像他們共同在拼圖那樣，除非每一組別將自己的資料分享出來，否則這拼圖是不可能完成的。拼圖法 II 後來又由

Slavin 加以修正，拼圖法第二代（Jigsaw II）：適用於社會、文學或較具概念性的學科領域，拼圖法第二代教學步驟如下（黃政傑、林佩璇，民 85；Gunter, Estes, & Schwab, 1995）：

一、介紹拼圖法 II 教學法

此一階段是由教師先介紹拼圖法 II 的進行方式、程序、要求標準等，拼圖法 II 解說如下：

為了幫助大家學習到新單元的內容，你們將和小組中的同學一起學習，這就是所謂的學習團隊。學習團隊中，以四個人為一組別，你們每一個人都要盡可能地負起學習對自己組別重要主題的責任。為了幫助大家學習，你將有機會與分派到同主題的同學一起研究。當你充分熟習你的主題時，你將所學的一切教給你的學習組別。你將為個人以及團隊的成績而努力，獲得最高分的組別將刊載於學校報紙上，並且為期一星期在學校餐廳內接受表揚。

二、成立異質性學習組別

㈠分組原則

考慮學生能力、動機、性別、友誼等因素後，按照異質性學習組別，分組原則如下：1. 將二十四位學生分成六組，每組四人，按照 S 形分組（即從 1 到 6 再從 6 到 1 依序排列）。2. 同為 1 號的學生為學習組別，其餘同為 2、3、4、5、6 號的各小組成為學習組別。3. 每組中有一位高成就，二位一般學習成就，一位學習低成就。在老師分配完學習組別後，組員試著開始相互熟悉彼此，並且取一個隊名。然後每一組別開始構思以展示圖表布告牌的方式，來公布其隊名以及成員名單。學生的異質性編排所編成的學習組別，如表 14-7。

表 14-7　拼圖法 II 學習組別

勇士隊	學者隊	太陽隊	明星隊	勝利隊	老虎隊
小明	水心	天夢	得華	欣辰	向如
大華	山地	地虎	富成	正偉	冰欣
中玲	日明	時光	青霞	是達	詩含
信欣	月青	分勤	雁秋	可利	迎光

㈡分組後行為規範

1. 所有學生完成指派任務之前，任何人都不可以擅自離開自己的組別區。
2. 每組別成員有責任確定自己的隊友是否理解以及可以成功地完成作業。
3. 假如一位學生對於指派作業的任何一部分有困難的話，在詢問老師之前，所有的隊友都應該主動予以協助幫忙。

三、集合專家組別進行教學

㈠教師教學並發下研究專題

　　教師說明學習目標、專有名詞和術語、閱讀文章和重點，給予研究專題題目，研究專題包括：學習主題和題數問題，每隊題目都相同，但是每隊當中的每個人所拿到的研究專題均不相同，所以各隊都可以派出一人到共同研究主題進行專門研究。表 14-8 為教師教學並發下研究專題分派參加人員一覽表。

表 14-8 拼圖法 II 專題討論之研究主題和研究人員

教師教學	研究主題	專題參加人員
✓ 這一單元重點在於瞭解青藏高原： 1. 地理分區 2. 自然資源 3. 農作物 4. 生活方式 § 希望大家對於青藏高原的人文和自然現象能深入探究，合作完成學習任務。	· 地理分區 1. 青藏高原的三大地理區分布在哪些地方？ 2. 三大地理區的南北氣候差異為何？人文活動多在南部或北部？為什麼？	每組派一人共六人：小明、山地、時光、雁秋、是達、冰欣
	· 自然資源 1. 青藏高原的自然資源有哪些？ 2. 這些自然資源生產因素為何？有何特色？	每組派一人共六人：大華、日明、分勤、青霞、正偉、向如
	· 農作物 1. 青藏高原的人都種些什麼農作物？ 2. 為什麼他們要種這些農作物？	每組派一人共六人：中玲、月青、地虎、得華、欣辰、詩含
	· 生活方式 1. 犛牛為什麼成為青藏高原的主要交通工具？牠有什麼特質？ 2. 西藏盛行天葬，這和宗教信仰有何關係？	每組派一人共六人：信欣、水心、天夢、富成、可利、迎光

(二)到專家小組討論

　　每組分配到相同主題的學生，例如：信欣、水心、天夢、富成、可利、迎光等六人共同研究「西藏人民的生活方式」，一起討論教材內容，當大家已經熟知瞭解自己的主題時，必須將討論結果加以整理記錄，以便回原小組做報告，並且要設計教學策略來提供同組別成員資料。

㈢回原小組報告

　　回到原來組別向同組同學報告專門主題討論的內容，進行小組報告時，每個學生都應扮演好老師及好聽眾兩種角色。報告者有責任教導小組其他同學熟悉自己的主題、確知理解程度，並且協助組別成員來學習內容，以準備考試；聽眾也可以隨時提出問題或另類見解補充報告者觀點。

四、學習評鑑

　　發給每位學生一份測驗題，由學生獨立完成小考試題，以瞭解學生學習狀況、分出程度等級和計算組別成績。

五、學習表揚

　　拼圖法 II 的表揚方式可參考的評分系統，將學生考試得分，計算其轉換進步分數（如表 14-9）及小組的總分，以進行個別及小組表揚。例如：從表 14-10 可以看出勇士隊的個別和小組進步分數之情形。

表 14-9　拼圖法 II 進步分數等級表

測驗分數	進步分數
低於基本分 10 分以上	0 分
低於基本分 10 分—基本分	10 分
基本分—高於基本分 10 分	20 分
高於基本分 10 分以上	30 分
完整無缺的答案	30 分

資料來源：Gunter, M. A., Estes, T. H. & Schawb, J., 1995, p.229.

表 14-10　勇士隊的進步分數

學生	基本分數	拼圖法 II 分數	進退步分數	轉換進步分數
小明	89	94	5	20
大華	82	71	−11	0
中玲	83	100	17	30
信欣	73	88	15	30
組別總進步分數			80	
組別人數			4	
組別得分			20	

　　綜上所述可知，STAD 適用於大部分學生經常以進步分數來激勵學生，以小考提供師生立即的回饋。TGT 則提供學生公平的競爭機會，和競賽的樂趣。Jigsaw II 是較 STAD、TGT 二種合作學習教學法更適用於自由開放性研究的學科，學生較有機會練習閱讀、討論和傾聽的技巧。

……… 第四節　合作學習教學實例設計 ………

壹、教學單元

一、教學單元

　　小學社會科第十一冊第二單元之四〈元朝時期的文化交流〉。

二、教學對象

　　小學五年級學生。

三、設計者

沈翠蓮、楊勝惠等。

貳、教案設計

<table>
<tr><td rowspan="2">單元目標</td><td>一、認知領域
1. 瞭解我國元朝時期
　的文化交流。</td><td rowspan="2">具體目標</td><td>1-1 能說出我國在元朝時期有哪三大發明西傳。
1-2 能說出三大發明的西傳對歐洲有哪些影響。
1-3 能說明造成這些影響的原因。</td></tr>
<tr><td>二、技能領域
2. 增進讀圖能力。

三、情意領域
3. 瞭解中國文化的西
　傳對世界的重要貢
　獻。
4. 學習如何和同學積
　極互助合作並發展
　人際關係。</td><td>2-1 能看圖指出元朝位置。
2-2 能看圖指出元朝西征路線。
2-3 能看圖指出新航路、新大陸。
3-1 對於中國最先發明火藥、羅盤、印刷術感
　到驕傲。
3-2 能表達火藥、羅盤、印刷術西傳的貢獻。
4-1 能專注於小組的合作學習活動。
4-2 能合作解決小組在討論時發生的問題（衝
　突、爭執、意見紛歧）。</td></tr>
<tr><td>教學研究</td><td colspan="3">一、教材分析
1. 題材說明：先複習舊經驗，說明宋代發明的東西，等待複習完後再揭示
　　　　　　課程主題，插入課文內容。
2. 教學策略：老師利用圖片以說故事的方式來解釋三大發明是什麼，並說
　　　　　　明西傳後的影響，教學至某一段落後，再發下作業單，讓小
　　　　　　組討論並回答問題，同時在教室中設立小小圖書館，讓學生
　　　　　　可以查閱有關的資料。

二、教學重點
1. 我國在元朝時期有哪三大發明西傳。
2. 三大發明的西傳對歐洲有哪些影響。
3. 造成三大發明西傳的原因。</td></tr>
</table>

<table>
<tr><td rowspan="2">教

學

研

究</td><td colspan="4">三、學生經驗
1. 五年級下學期「中國人的成就」中學過宋代的科技發明。
2. 已瞭解漢唐兩代文化交流的內容及意義。
3. 熟悉評分方式。

四、教材聯絡
教師在課前需準備的：
1. 海報（舊經驗、增強物、標題、小組計分表）。
2. 小組及個人的計分小卡。
3. 作業單、測驗單。
4. 可愛圖章、磁鐵。
5. 小小圖書館之圖書。

五、學生在課前需準備的
1. 課本。
2. 筆。
3. 小組的計分卡。</td></tr>
</table>

教學目標代號	教學活動	教學資源	時間分配	教學評量
	一、準備活動 ㈠引起動機： 　複習舊經驗，教師問學生一些之前學過的知識： Ex：1. 回教何時傳入中國？ 　　2. 造紙術是誰發明的？ 　　3. 造紙術何時西傳的？	圖片、投影片	3分鐘	全部學生都能回想起以前學過的知識。
1-1	㈡告知學習目標：三大發明的西傳： 1. 我國在元朝時期有哪三大發明西傳？ 2. 三大發明的西傳對歐洲有哪些影響？	投影片		
1-2	3. 造成三大發明西傳的原因。			

1-3	二、發展活動			
	(一)全班授課：			70％的
1-1	以說故事的方式說明三大發明的由來及三			學生都能
1-2	大發明西傳後對歐洲的影響。在教學中，			聽懂三大
1-3	也利用增強物來吸引學生的注意力及維持			發明的由
2-1	上課秩序。			來、西傳
	1. 火藥：(貼上「火藥」的牌子)	圖片、增	5分鐘	的原因、
	(1)教師先說明由來─古代煉丹士在煉丹	強物、圖		西傳對歐
	時無意間發現的，慢慢演變到用火藥	書		洲 的 影
	製造武器。			響。
	(2)元朝時西傳至歐洲，影響了貴族統治			
	勢力。（教師解釋）		5分鐘	
	2. 羅盤：(貼上「羅盤」的牌子)			
	(1)在宋朝以前，人們在海上航行要如何			
	辨別方向。（詢問學生，用駱駝）			
	(2)羅盤西傳後，促使新航路出現及新大			
	陸的發現。（用投影片加地圖解說）		5分鐘	
	3. 印刷術：(貼上「印刷術」的牌子)			
	(1)先說明紙和印刷術的關係。			
	(2)何謂雕版印刷？			
	(3)誰發明活字印刷術？			
	(4)何謂活字印刷？		5分鐘	全體學生
	(二)分組學習：			都能在小
	1. 教師上完課文後，發下作業單，讓小組討			組 討 論
4-1	論並填寫，教師先說明作業單的填寫方			中互助合
4-2	法。（分配職務、合作討論）	圖書		作，一起
	2. 小組填完後，由老師逐題解答問題。			完成作業
				單，會的
4-3	3. 在測驗前，教室再次說明評量計分的算			同學教不
	法，以及獎勵的標準。			會 的 同
				學，以達
				到合作學
				習。

1-1	(三)小考：			90%學生都能順利作答。
1-2	1. 完成作業單後，教師再問學生有沒有問	作業單	2分鐘	
1-3	題，然後發下測驗單，進行評量測驗。			
2-1				
2-2	(四)個人進步分數：			全班都能參與對答案改考卷活動。
2-3	1. 教師在對完答案後（學生交換改試卷），	測驗單	5分鐘	
	收回試卷。			
	2. 收回各組、個人計分小卡，轉換分數，並			參觀看進步分數和進步組別、個人進步情形。能安靜排隊蓋章。
4-1	在大海報上排出各組名次。			
4-2	3. 教師在個人進步小卡蓋獎勵章（集點）。			
	三、綜合活動			
	(一)統整：在教師上完一次課文、小組討論一	計分卡	3分鐘	
	次後。教師再回過頭來幫學生整理一次課			全體學生對老師再次整理的知識都能認同，對老師提出的問題都能回答。
	程內容，以加強學生記憶。			
	(二)評量：(以問答方式進行)		5分鐘	
1-1	1. 哪三大發明西傳？			
1-2	2. 火藥原是想要做什麼東西時才發現的？			
1-3	3. 火藥西傳造成歐洲什麼影響？			
3-1	4. 羅盤西傳造成歐洲什麼影響？			
3-2	5. 印刷術是宋朝何人發明的？			
	6. 造紙術未傳入前，歐洲人用什麼作為紙？	增強物		全班85%學生都能答出。
	7. 印刷術西傳對歐洲有何影響？			
	(三)作業指導：		5分鐘	
	1. 回家寫社會習作第二單元之四。	習作		
	2. 預習「馬可波羅」。			

表 14-11　元朝時期的文化交流作業單

作　　業　　單		日期：　　月　　日	
單　元 名　稱	元朝時期的文化 交流	角色分配	主持： 記錄： 報告：
主　題	三大發明的西傳		

組名：_____
成員：
1.
2.
3.

（組員簽名）

作業練習

一、填充題（將適當的答案填在括號中）

1. 蒙古西征時，將我國（　）、（　）、（　）三大發明西傳。

2. （　）的發明，可以使在海上行船、做生意的商人不會迷失方向。

3. 承上題，此項發明促使歐洲人發現了（　）和（　）。

4. 活字印刷術是（　）朝的（　）發明的。（第 2 格是填 人名 ）

5. （　）的發明，原本只是中國的煉丹家想做的長生不老藥，但卻
   被後人改良成為武器。

二、配合題（把適當的答案填在括號內）

（　）1. 羊皮紙　　　　　A 宋朝的中國

（　）2. 火藥　　　　　　B 造紙術未傳入時的歐洲人所用的紙

（　）3. 印刷術的傳入　　C 瓦解了當時歐洲的貴族統治

（　）4. 畢昇生活的年代　D 造成歐洲知識普及

參、教學注意要點

一、積極的相互依賴

當一個班級或小組發展正向積極的相互依賴時，一個合作班級結構就發展出學生彼此相信對方、關心他人的學習。換言之，學生知道他們的責任不只是自己的學習而已，還包括在他們小組中其他人的學習。所以，每一個小組成員必須完成分配到他的任務，發展積極的相互依賴。

二、許多語言和面對面的互動

　　合作學習小組學生必須學會去解釋、辯論、描述、配合教材的學習，統整今天要教和以前所學的知識，因此上起課來，有時學生必須向同小組的人解釋內容、提出建構性建議，或是幫忙其他人分析、做作業和給予回饋，因此有許多語言和面對面的互動。

三、提升個人責任

　　要卸下每個人的角色或任務時，每一個學生必須去示範他所精熟的內容或研究的過程，以及和小組分享別人所需要知道人際的或小組的技能。合作學習小組成員在教學歷程中應賦予個人責任感，熱烈參與貢獻自己的學習成果。

本章摘要

1. 合作學習是一種合作型態的教學,即讓學生在小組中學習;它一方面善用學生的互助能力,來提升每一個學生的學習效果;另一方面則可增進學生對社會技巧的學習。

2. 合作學習教學是以社會互賴論、接觸理論、認知理論、行為學習論,為其理論基礎。

3. 構成合作教學的因素有三:(1) 任務結構:即是利用小組的合作,採用各種不同方式的學習活動來進行學習。(2) 酬賞結構:合作教學正是利用此一正向的增強結構來激發與維持學習活動。(3) 權威結構:在合作教學法中,是利用個人的內發動機及同儕的激勵來控制自己的行為,而去努力學習的。

4. 合作學習教學的功用:(1) 協助學習者獨立思考的態度與價值。(2) 提供建立社會行為模式。(3) 呈現另類觀點和展望。(4) 建立連貫整合個人特質。(5) 推向更高層思考。

5. 合作學習的教學準備包含有:(1) 詳述目標。(2) 組織任務。(3) 教學和評量合作過程。(4) 監控小組表現。(5) 合作表現的詢問。

6. 在詳述目標中,教師必須確認合作學習成果,並檢視學生理解程度,以營造合作學習的氣氛。

7. 在組織任務中,教師必須對小組大小、小組組成分子、任務時間、角色分配、增強和酬賞等加以考量斟酌。

8. 在教學和評量合作過程中,應鼓勵學生溝通表達自己的意見和想法、保持訊息的完整性和特殊性,並教導其如何改寫他人的觀點,及參與和領導的技巧,以達到期望與支持的氣氛。

9. 合作學習的教學策略有:學生小組成就區分法(STAD)、小組遊戲競賽法(TGT)、拼圖法第二代(Jigsaw II)等模式。

10. 學生小組成就區分法（STAD），是合作式教學中最簡單的一種方法，其主要是回應有些老師不喜歡用遊戲競賽的分數作為分級依據，因此改採小考或測驗來取代競賽分數。

11. 小組遊戲競賽法（TGT），最適合作為教授有單一正確答案且有明確定義的教學目標，例如：數學計算與應用、語言的使用和技巧、繪製地形和地圖的技巧，以及科學觀等。

12. 拼圖法第二代（Jigsaw II），即是將學生分組，然後一組給一份資料，而只有將各組的資料拼湊起來，才能獲得完整的資訊，這是適用於社會、文學或較具概念性的學科領域的。

研習功課

▶ 理論問題作業

1. 何謂合作學習，其意義為何？
2. 合作學習教學有哪些理論依據支持？
3. 教師要實施合作學習教學要準備些什麼工作？
4. 教師實施合作學習教學時在教學和評量合作過程中，要注意些什麼？
5. 合作學習主要有哪些教學策略？請簡述其意義和教學步驟。
6. 如何做才能營造出一個有合作學習氣氛的教室情境？

▶ 實作設計作業

1. 請以學生小組成就區分法（STAD），設計出一套實際上課的教學活動。
2. 請以小組遊戲競賽法（TGT），設計出一套實際上課的教學活動。
3. 請以拼圖法第二代（Jigsaw II），設計出一套實際上課的教學活動。
4. 請設計一套合作學習評量表揚的增強辦法。

協同教學方法與設計

協同教學（team teaching）是令人感到有趣的概念，它是有組織性的教學方法，包含了教和學歷程的所有層面，而協同教學的模式是對教育目標、老師角色、學校計畫、班級大小、課程發展等因素做再一次的評估（Singer, 1971）。協同教學是為了破解「教室王國」和「教師中心」的教學城牆，發展為「專家團隊」和「學生中心」的教學方法。

從教育部推展九年一貫課程強調學習領域的實施，應以統整、協同教學為原則（教育部編，民 89），是期待調整傳統教學強調教師教科書為解說中心、一貫性講述指導、學生抄寫黑板知識、重視記憶的教學歷程，能轉化為教師統整多樣化資訊、活化教學策略、學生主動探究新知、小組合作學習的教學歷程。接著，108 課綱重視素養亦強調學生為適應現在生活和面對未來挑戰，應該具備知識、能力和態度。協同教學法非常適合培養學生的素養。

………… 第一節　協同教學法的基本概念 …………

壹、協同教學法的發展歷程

一、起源

協同教學的起源，是美國在 1956 年成立「國家中學課程計畫與發展協會」（Commission on Curriculum Planning and Development by the National Association of Secondary School Principals），致力於中等學校的改革，並且推動了一系列改善課程發展、教學方法以及空間和老師編配問題的實驗性方案，當時這個協會是由 J. L. Trump 領導（Singer, 1971）。美國中小學提倡協同教學的目的，是為了解決當時美國合格教師過少、學生人數激增的現象，並且各校積極使

用電視機、投影機等教學媒體，並開放空間配合教學活動，但是到了
1970 年代，協同教學漸漸消弱。

二、發展

在 1980 年代之後，由於學校熱烈推展合作教學（cooperative teaching）和統整課程（integrated curriculum）的推廣，協同教學結合「上課班級」、「授課教師」和「授課科目」三種元素，組成「學科班群教師」的教學型態來進行協同教學。使得協同教學有助於學科統整課程（subject-with-subject integrated curriculum）在科際統整（interdisciplinary）主題經驗和廣域課程（broad-fields curriculum）領域學習的統整；學生和學校課程連結的人課統整課程認知學習（self-with-curriculum integrated curriculum）；認識自我、超越自我的人我統整課程學習（self-with-self integrated curriculum）；思考人類和外在世界共存意義的人與世界統整課程（human-with-world integrated curriculum）。

三、成長或調節

目前我國自 2000 年開始全面實施中小學九年一貫課程，教師必須具備「課程」和「教學」能力，換言之，教師必須具備課程統整和協同教學能力，教科書不再成為唯一知識的來源，教師必須蒐集各種資訊來源，和其他教師協同課程設計，以使學生獲取學習知識。

追溯九年一貫課程的推展來自於美國社會科協會（National Council for the Social Studies, NCSS）於 1994 年出版社會科課程影響，然僅發展到主題階段即嘎然而止，其所呈現的方式是以「主題軸」與附加範例的型態表現，再加上一些不確定語言標記組合而成，一改以往條列化的明確表達方式（中華民國課程與教學學會，民 89），這使得國內熱衷統整課程的推展。然而，環諸英國、美國課程改革強調全國課程標準取向，我國協同教學取之於美國，現在實

施卻與課程教學取向相左。事實上，協同教學適合於幼兒園和小學低年級階段實施，以統整知識的連結。從小學中高年級到國中階段，因學生認知發展、教師大學分科專長訓練和學校課程表、人員支援等制度問題，應該考慮課程統整與分化的適應性和可行性來調節課程與教學。

貳、協同教學法的意義

協同教學是由許多不同的教學人員組成教學團（teaching team），共同計畫、合作進行的教學方法。所謂不同的教學人員，是包括：資深教師、教師、實習教師、視聽教育人員、圖書館人員以及助手等人員（方炳林，民 77）。簡言之，協同教學是一組教師及助理人員分工合作、共同策劃的綜合型態（徐南號，民 85）。

Singer（1971）認為協同教學可以定義為：是一種編制模式，由兩位或多位老師，以及可有或可無的教學助理，共同合作計畫在一適當的教學場所，以及特定的時間，運用教學團隊裡各個老師的專才能力，對一個或多個班級進行教學和評量。換言之，協同教學就是由兩位或更多教師經由有意識的努力，來幫助特定某一群學生學習（Cross & Cross,1983）。據此可知，協同教學包括了以下基本要素：

1. 合作式的計畫、教學與評量。
2. 根據不同的目標而將學生編組（大團體教學、小組討論、獨立研究）。
3. 彈性的日課表。
4. 有教學助理的協助。
5. 瞭解與利用老師各自不同的專長。
6. 針對教學目標以及內容來使用合適的場所和教學媒體。

整體而言，協同教學的理念意涵如表 15-1。

表 15-1　協同教學的理念意涵一覽表

項目	理念意涵
學生	A.透過協同教學對於共同問題的合作努力，可以增加學習。 B.可以建立心理的安全感。同時，學生也會適應多個老師只教一位學生的情況。 C.能夠增加對內容、協同教學計畫的成果、呈現以及組織合適的學習活動的興趣。 D.學生可以因編配到大小不同的班級而有獲益。
老師	A.老師可以一起和諧地且有更多想法地來解決教學問題。 B.經由協同教學的團隊合作，能促使教學能力的提升。 C.協同教學可帶來成為專業化的契機以及提升教學能力。
課程	A.藉由協同教學，對於學習經驗的選擇、呈現以及學生的參與力都會獲得改善。 B.學生可能獲得更廣、更深入的知識體。
行政人員	A.協同教學需要特別考慮到學生與老師的編排。 B.教學技巧的評價成為決定協同教學專業組合的關鍵要素。 C.協同教學需要有行政人員的鼓舞與支持。
設備	協同教學需要可以容納教學人數的、適合做協同教學活動以及可供每一位老師做準備的空間。

資料來源：Beggs, D.W. III, 1971, p.48.

　　協同教學是必須透過教師團一同設計、教學和評鑑來完成教學工作，進行協同教學多採行「大班教學」、「分組討論」和「個別獨立學習」，因此，集合了教師的專業，提供了一個有彈性的學習方案，符應了學生學習的智力、社會、情感和身體的獨特需求，擴大了學習機會。

參、協同教學法的實施要件

　　協同教學要成功地實施，必須注意到資源、人員、行政等三要

素的相互配合（方炳林，民 68、民 77；李春芳，民 80；徐南號，民 85；高廣孚，民 82；Casey, 1971; Singer, 1971）。

一、資源

㈠學校建築設備

為因應大班教學、小組討論和獨立學習三種學習所需的建築設備，例如：大禮堂、圖書館、閱覽室、電腦教室、專科教室、小教室、會議室等建築，和網路資訊、實驗器材、百科全書、體育和音樂器材等設備必須充足，才有利於教學的進行，使用各項建築設備必須注意到辦法上之安全、程序之規定事項。

㈡社區環境空間

進行協同教學經常需配合主題進行實物教學或戶外教學，學校應配合社區資源、鄰近中小學等資源應用，戶外教學應注意教學效能，並且依照社區和學校特性規劃多元學習角、生活化學習空間。

二、人員

㈠教師

教師是教學團主力來源，因此宜鼓勵教師主動加入教學團，透過教師朝會、進修活動、校外研習增強計畫、教學和評鑑的協同教學知能，並鼓勵協同教學設計主題的創作。

教學團選出來的領袖應該是優秀的領導者和協調者，負責指揮共同計畫協同教學的各種活動、訓練教學助理、聯繫社區資源專家，以及與其他學校協調協同教學。

㈡行政人員

行政人員包括：各處室主任、視聽人員、圖書館人員、護士、職

員、幹事等，每個行政人員應建立行政支援教學，共同完成教學工作的心態，因此，無論大班教學、分組討論或獨立學習指導，可請行政人員參與協同教學工作（例如：護士指導健康與衛生、圖書館人員指導網路搜尋工具的使用等）。

(三)教學助理

Singer（1971）認為如果協同教學的模式有眞正確實地建立起來，那麼一定要鼓勵和允許協同教學的老師們，發揮他們所有的活力、能力來設計並執行協同教學。這意味著像一些無關教學的活動，如：巡堂、監督自習大樓、影印等，應該由助理人員來負責，下列是由美國中學校長協會（National Association of Secondary School Principals, NASSP）調查所報導的教學助理類型，包括：1. 師範體系的實習生。2. 大學學生（不是師範院校的）。3. 辦事工作人員。4. 社區經過大學訓練的成人。5. 其他成人（沒有受大學訓練）。而這些教學助理的主要職責，例如：實驗室的管理監督者、客觀的考試評分者、擔任為個別學生或小組補考或補救教學的老師、管理大樓或操場、監督自修大樓、圖書館的助理、辦公室的助手、紀錄的抄寫員等工作。

雖然教學助理並不能完全解決老師所有的問題，但是他們在協同教學裡仍有重要的價值，是不可或缺的一部分，他們可以幫助老師處理一些與教學無關的工作，讓老師們有更多的精力用在準備以及執行協同教學。

(四)學生

學生在協同教學進行中是主動的探索知識者，因此，教師應指導學生學習方法，例如：工具書和電腦的使用、記憶分析判斷等認知策略，並提醒學生在學習單上的自我期待表現，使學生無論在團體、小組或個別學習中都能發揮所能，完成認知、技能和情意的教學目標。

三、行政

㈠課程表的設計

　　一般而言，協同教學的實施考慮：1. 有時可以打破學年學科限制，採跨學科、跨學年學習。2. 相關學習領域有時需排成同階段的三節課。3. 大班教學、小組教學和獨立學習時間分配。4. 戶外教學等因素。因此，學年課程的調配和上課時間的配合宜採用彈性課表的編定。

㈡評鑑表格和程序

　　協同教學的評鑑關係著協同教學的成敗，因此對於學生學習評鑑、教師教學評鑑、協同工作評鑑等三方面的評鑑表格應妥善規劃，提供形成性評鑑和總結性評鑑的紀錄。

　　例如：協同工作評鑑檢核表可包括：1. 協同教學組成要素。2. 協同教學目標訂定。3. 統整課程與教學合作計畫。4. 準備與規劃教學。5. 行政與社區支援。6. 協同教學活動。7. 活動時間、地點、人力。8. 學生學習。9. 教師指導。10. 教師成長等十方面來進行檢核（邱惜玄，民 90）。

第二節　協同教學法的設計類型

　　協同教學非「接力教學」，或是讓教師輪流對一群學生教自己的專業學科主題，而是學科主題的整合，協同教學內容的相互關係。

壹、Cross & Cross 的分類

　　Cross & Cross（1983）指出美國密西根中學實際實施協同教學的

類型如下：

一、兩位老師／單一學科類型

亦即給予兩位老師就一範疇領域來共同合作教學，表現自己的教學構想。例如：兩位國一數學老師結合授課班級課程來教比例，在教學單元結束後，他們各自回到自己的班級，或者繼續全程一起合作，或是在一年內的某個時候合作。

這一類型通常是用來嘗試進行協同教學的好方式之一。如果教師對自己教學該單元沒有把握，或是對於和別人一起合作沒有把握的話，這一類型將提供嘗試協同教學的機會，此類型協同教學可以讓教師放心地處理自己熟悉的學科主題。此類型協同教學如圖 15-1。

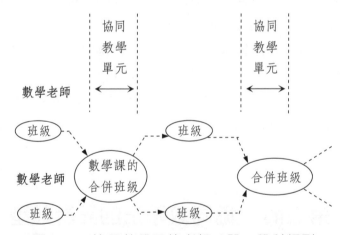

圖 15-1　協同教學兩位老師／單一學科類型

資料來源：Cross, R. & Cross, S., 1983, p.5.

二、多位教師／單一學科

此一類型和兩位老師／單一學科相同，只是在教學學生數目會較多，例如：有四位教師都教「社會研究」有關〈美國歷史戰爭〉的課

程，每一位教師在合併班級教學時，就個人專長（例如：獨立戰爭、南北戰爭、墨西哥戰爭、韓國戰爭、越南戰爭等）提供戰爭知識來設計單元，提供協同教學教師在大班教學、分組教學和獨立學習時有充分準備，讓四個班級所結合的教學能給學生最豐碩的收穫。此類型協同教學，如圖 15-2。

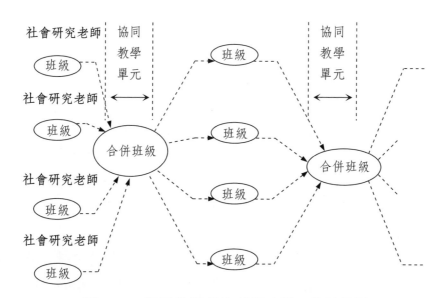

圖 15-2　協同教學多位老師／單一學科類型

資料來源：Cross, R. & Cross, S., 1983, p.6.

三、兩位教師／兩個學科

亦即兩位教不同科目的老師一同合作教學，例如：數學和科學、社會和藝術老師，共同發展教學計畫，分享教學內容，一起教學所有的內容。

此一協同教學型態必須教師願意共同探討教學內容和共同合作計畫並進行教學，那麼學生同時獲得兩種學科相關知識，和兩位教師教學風格陶冶。此類型協同教學，如圖 15-3。

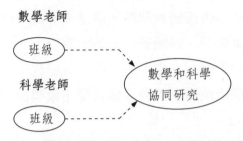

圖 15-3　協同教學兩位老師／兩個學科類型

資料來源：Cross, R. & Cross, S.,1983,p.7.

四、兩位老師／多個學科

　　亦即兩位老師利用四或五節課時間來教兩群學生多個學科，而此多個學科又因統整需求，分別由兩位教師協同教學，例如：一位指派教學社會和藝術，另一位被指派教學數學和科學，而閱讀課是兩位老師都必須自己教。這一類型的教學設計多採用主題式教學，整合所有基本學科主題領域學習。

　　例如：設計〈花落誰家〉的主題教學，王老師教社會科〈鬱金香的故鄉～荷蘭〉和藝術〈摺紙花的世界〉，張老師教數學的〈花田的面積〉和科學〈植物的生長〉，然而王老師和張老師都必須教陳之藩〈失根的蘭花〉這一課的閱讀內容，無論是社會、藝術、數學和科學的教學知識內容，都必須由王老師和張老師協同計畫和教學。所以，老師和學生會有「我們不只是來了又離去，我們還一起工作、計畫和學習」的團隊感覺。此類型協同教學，如圖 15-4。

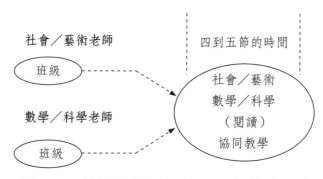

圖 15-4　協同教學兩位老師／多個學科類型

資料來源：Cross, R. & Cross, S., 1983, p.8.

五、多位老師／多個學科

　　亦即從兩位老師／多個學科類型延伸而成的協同教學，可以先進行第一階段的合併班級協同教學之後，再結合第二階段的大合併班級教學，因為有更多的老師和學生參與在一個大的合併班級，因此資源增加、學生反應多元、教師投入專長等因素有更多的互動對話，因而更多的衝突在所難免，進行此類型協同教學應注意學生該如何互動、分組程序該如何進行、場地該如何配合等要素。此類型協同教學，如圖 15-5。

貳、Singer 的分類

　　Singer（1971）研究指出，依照學校、教師、班級、上課時間、學科等影響協同教學的主要變項，可以組合成不同形態的協同教學類型。

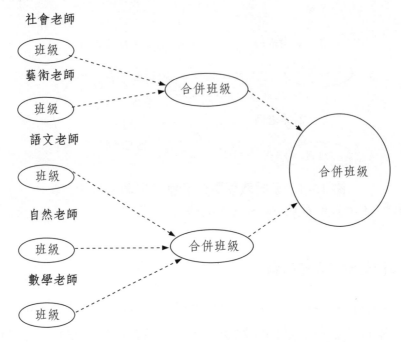

圖 15-5　協同教學多位老師／多個學科類型

資料來源：Cross, R. & Cross, S., 1983, p.9.

一、單科協同教學（Single-discipline Team）

　　即同一科目的二或三位老師，一起協同教導同一群的學生，教學時間可以是連續或一堂緊接著一堂。

㈠不同一天的大班教學／分組討論／獨立學習

　　例如：負責兩個高中一年級「社會研究」的班級，可以在每天的第一堂課合併起來，如此一來，每位老師可以教其最擅長的部分，這樣的安排讓老師在傳統教學的課表（表 15-2 和表 15-3）安排下，對約平常二倍的學生進行自己專業的教學。這樣的協同教學可以使新老師與經驗豐富的老師一同合作。有了教學助手、抄寫助理以及額外的計畫時間，協同教學的老師們便可以依據學生的需求，和自己的能力

來進行連續課程的計畫和修訂。為了推動協同教學的活動，社區資源專家、傑出的影片、自我教學方案，以及其他不可或缺、科技的學習工具都可帶到此教學模式裡來。

表 15-2　傳統教學的課表

時間	星期一	星期二	星期三	星期四	星期五
8：00～8：50	歷史 A	歷史 A	歷史 A	歷史 A	歷史 A
	歷史 B	歷史 B	歷史 B	歷史 B	歷史 B

資料來源：Singer, I. J., 1971, p.17.

表 15-3　單科協同教學的課表

時間	星期一	星期二	星期三	星期四	星期五
8：00～8：50	歷史 AB(LG)	歷史 AB1(SG)*	歷史 AB(LG)	歷史 AB1(SG)*	歷史 AB(IS)
		歷史 AB2(SG)		歷史 AB2(SG)	在實驗室、圖書館、音樂室、藝術教室等進行研究項目
		歷史 AB3(SG)		歷史 AB3(SG)	

*（六十位學生、二位老師、一位助教）

**LG＝大團體。SG＝小團體。IS＝獨立學習。

*** 一堂高中一年級歷史 AB 班社會研究（SG），可由一助教、實習老師或班長來監管。

資料來源：Singer, I. J., 1971, p.17.

㈡同一天的大班教學／分組討論／獨立學習

雖然這類的協同教學常受一堂課四十五或五十分的時間限制，但是在固定時間內，針對大團體、小團體或獨立研究教學的變化可能

性依然是存在的。例如：有三位老師組成的教學團隊，其中一位老師對九十位之中的六十位學生進行教學，剩下的三十位學生可以分成兩組各十五人，分別由另外兩位老師或助教來負責。根據協同教學的編制，可以將學生調配到不同大小的組別中，如表 15-4。

表 15-4　每日一堂課課表之彈性單科協同教學

時間	星期一	星期二	星期三	星期四	星期五
8:00～8:50	組別 A1,A2,A3 LG-60 位學生	組別 B&C LG-30 位學生	組別 A1,A2 LG-40 位學生	組別 A3,B,C LG-50 位學生	組別 A1 SG-20 位學生
	組別 B SG-15 位學生	組別 A IS-20 位學生	組別 A3 IS-20 位學生	組別 A1 SG-20 位學生	組別 A3 SG-20 位學生
	組別 C SG-15 位學生	組別 A2 SG-20 位學生	組別 B SG-15 位學生	組別 A2 SG-20 位學生	組別 B IS-15 位學生
		組別 A3 SG-20 位學生	組別 C SG-15 位學生		組別 C IS-15 位學生
					組別 A2 IS-20 位學生

資料來源：Singer, I. J.,1971, p.18.

單科協同教學教學時間可以連堂進行。對老師而言，教師可以集中在同一節課教學，也可以搭檔進行教學，以掌控課程進度。對學生而言，學生可以是全部集合在一起教學，或是分成不同小組由個別老師（助教）來負責教學，或是在圖書館、實驗室或野外單獨或一起進行教學（Buckley, 2000）。簡言之，單科協同教學賦予師生多元選擇教和學。

單科協同教學受到歡迎，主要是因為它可以輕易地適用於傳統的課表。基本上，只要主要的課表沒有全盤地重新修改過，行政人員以及老師並不會對合併班級或是將班級分為不同的小組感到反感。

二、跨學科合堂的協同教學（Interdisciplinary Block of Time Team）

亦即教學團組成成員包括不同科目的老師，他們在特定相同的時間教導同一群的學生，而這些學生可以彈性地編爲不同的大小組。

例如：一位行政人員可以排兩堂課的時間來進行「社會研究」和「英文」的跨科協同教學；三堂課的時間來進行「社會研究」、「英文」以及「科學」的協同教學。一旦安排好時間，協同教學的老師就要開始計畫在一定時間內所要進行的大班、小組或獨立學習的活動，如表 15-5。

表 15-5　跨學科合堂的協同教學

時間	星期一	星期二	星期三	星期四	星期五
8：00 9：00	兩位英文老師與兩位歷史老師在一百二十分鐘裡教一百 二十位學生，可分爲大班、小組以及獨立學習的教學。				
10：00	協同教學的計畫				

*（一百二十位學生、四位老師、一位助理）

資料來源：Singer, I. J., 1971, p.19.

這樣的課表可以不必因爲鐘聲而切斷課程。在表 15-5 中，一百二十分鐘的時間可作爲一星期或一日的量。協同教學最好是選擇一星期六百分鐘（120×5）的課表，而不是只有一天一百二十分鐘的課表。再來是設定一週的目標，以及針對大班、小組以及獨立學習來安排不同的時段。或許他們可以視時間區段爲期一個月，然後運用數週的時間來進行一項活動。不管是一天、一週或一個月，協同教學可以十五或二十分鐘爲一單位來劃分時段，然後根據大班、小組以及獨立學習活動來分配調整。

Singer（1971）指出在加州的 Upland High School，協同教學的計畫是在一般學校課表中運作，而協同教學的班級在上午四堂課併在一起，不過，每位老師可以根據自己的教學需求來自由分配教學時間

的長短。他們可以兩兩一組或針對獨立學習來扮演一個別指導的角色。他們可以分配學生做不同的事情，一群學生考試、一群接受組別諮商以及一群學生聽社區資源專家的演講。或者，他們可以因個別諮商的需求將學生分為不同的小組別。所有的協同教學老師在第五節課時，一同會商教學計畫。

三、校內校協同教學（School-Within-School Team）

亦即教學團成員包括來自所有科目的老師，他們負責在長期時間裡（經常是二到四年）教同一群學生。同樣地，這類型的協同教學依舊保有在班級大小以及課表方面的彈性。

校內各系協同教學的主要目標是鼓勵任何一科，以及所有科目的老師與學生有更進一步互動，有更緊密的關係。在大學校裡，某些同學所失去的認同感，可以藉由將他們置於較大學校中所劃分的小組別裡而獲的補償。藉由轉換協同教學編配的模式，老師們可以觀察到學生在長期不同的學習情境下所呈現的行為和表現。在小學校，這類的協同教學採取以真實以及持續性的方式，來處理對待個別學生之間的差異性的問題。其鼓勵不同組別的老師相互交換任務工作，以及允許學生隨時能夠在其他組別中上課，以便於將更多的變化引進這個模式。

Singer（1971）指出在加州的 Claremont Graduate School，已經推動實驗性的小型整合的校內各科協同教學。參與這項計畫的教學團隊通常是包括一組五到六位的老師，他們在一個長達一或二學期以上的級間內，教導一百五十位特定的學生。學生按照不同的班級以及課表的編配來上課。在教學團隊領導人的指揮下，老師各自的長才因協同教學所安排的課表而有所發揮、增強。協同教學的老師，一星期要有三到五堂課一同會商協同教學課程的設計。商議以及指揮的職責是協同教學運作不可或缺的構成要素。

Singer（1971）特別提出在這三種基本的協同教學類型裡，應該

要注意到教學團某些階層組織的差別。例如：在加州的聖地牙哥，一百位學生的大班教學應由經驗豐富的老師來負責，小組討論就由一位有執照（較少經驗）的老師與助理老師們來負責，他們都有一些辦事員會幫他們處理雜務，其中一些助理老師來自於聖地牙哥州立師範學院的實習生，如此方能發揮協同教學實效。

　　整體而論，校內協同教學由於長時間安排不同科系的老師來教同一群學生，較適合大學長期研究計畫，以培養學生的分析、綜合能力，建立研究團隊的學習風氣。

參、協同教學的成功關鍵

　　Cross & Cross（1983）指出要成功地執行協同教學，應注意下列要點：

一、有責任感的人員

　　必須真誠地喜愛和相信學生，並且想做任何可以幫助他們學習與成長的事情，好的教學團隊是由真正的專家而組成。

二、校長的大力支持

　　進行協同教學可能會碰到一些來自同事、家長、行政人員和學校委員會的質疑，有了校長的支持，才能從一開始化阻力為助力。

三、相同的計畫時間

　　即教學團能共同約定計畫時間，否則協同計畫人員早到或是待晚一點時間，很容易使最有責任感以及熱誠的人員，也禁不住長時間的辛勞。協同教學的計畫對教學的進行是很重要的關鍵，少了這計畫，只是空有協同教學之名罷了！

四、時間的彈性

　　對協同教學時段而言，將大班教學、分組討論、獨立學習時間排入主要的課程表是重要的，有關如何將時間做最妥善運用，是由整個教學組來決定的。

五、場所的選擇

　　協同教學的學習場所應該彼此接近，或是非常靠近另一個場所，不適合散布在整棟大樓各個角落，這樣時間耗費過多，師生很難聯繫溝通。

六、注重過程的態度

　　即注意到所做的是什麼（what?），以及該如何（how?）做這些事。這會使教學者致力於與學生或團隊老師互動，所以每個協同教學人員必須是一有意願和有效能的溝通者，以及熱愛教育的工作者，願意示範團隊和合作教學行為。

肆、協同教學的評價

　　協同教學包含一組教學者有目的地、規律地一同合作來幫助一群學生學習。作為一個團隊，老師們要一起針對課程來訂定目標、設計課程表、準備每一課的教案、確切地一同教導學生與評鑑結果。協同團隊成員分享彼此的看法、意見、辯論，或是讓學生決定哪一個方法是正確的，這樣的體驗是令人感到興奮和歡喜的（Buckley, 2000）。

　　對學生來說，協同教學是一很棒的教學模式。它提供了學生分享與合作的模式，對於教師所要傳授的任何認知性內容，更能幫助學生有較多的成長。

　　對老師而言，協同教學提供了一連續和專業的成長。因為和其

他老師合作能有觀察彼此優點以及相互學習的機會，發現有效的新教學技巧。同時，藉由與教學組員分享自己的觀點時，會發揮許多教學效能，協同教學也能讓教師有機會教一些長期吸引著你、但並非是你所指派到的領域教學。此外，教學團是固定的支持體系幫助你解決難題，其他組員和學生的協助，將更有可能嘗試冒險以及試驗新的教學方式。

就教學策略：大班教學、分組學習或個別學習都是協同教學常用的策略。大班教學提供學生更多的歸屬感，讓學生在大班教學同時有多位認同師生對象，更明瞭老師協同教學的期待目標，讓新老師和新學生輕易而快速的融入學校情境，因為師生都是協同合作的夥伴關係；分組討論可以使師生在小組腦力激盪下激發新穎想法，有助於教學活動和單元進行；獨立研究可以利用圖書館或媒體設備，或是提供學生特別學習需求的諮詢，賦予更有意義的個別學習。

由旁觀者的立場看，優點與缺點是一體兩面的。雖然協同教學具有許多優點，但是它仍然有一些潛在問題，包括：1. 組成教學團隊真難。2. 難找出適當時間進行額外的計畫和評鑑。3. 進行大團體活動時，要使用較大空間的權力卻受限，或者根本無法使用的問題。4. 教學團隊的組員難共事：教學組員是上級指派的，或者當初認為會是很好的組合，可是到頭來卻不是如此，因而多做事、少做事可能引發不平之鳴。5. 缺少支持性的行政將會使事情窒礙難行。6. 家長或社區的錯誤認知將會是協同教學的絆腳石。

總之，協同教學是有風險的。這很難有所改變，打破長久累積的障礙以及習以為常的分科教學慣例。對某些老師而言，站在同事或一大群孩子面前是有困難的。同時，要坦然開放、誠實以及必要時，需與其他老師衝突也是很困難的。然而，協同教學是不錯的想法，因為它對所有的學生或老師提供更多創新知識的分享和成長，實質的回饋可能比想像中要來得好。

·········· 第三節　協同教學法的教學步驟 ··········

　　協同教學是運用社會化和個別化的教學模式，因此教學前準備、正式進行教學和教學後的評鑑，三方面是需要全面性的配合。

壹、教學前準備

一、組成教學團

　　協同教學團通常包括：學校主任、普通教師、實習教師、視聽人員、圖書館人員、助理（李春芳，民 79；高廣孚，民 82）和社區家長等人，組成教學團應該注意到：1. 教師組合：意願、共識認知和時間配合等因素。2. 班級：班風、教室位置、班級和班級之間的個別差異等因素。3. 學科：學科和學科的協同、統整是需要有知識的連結相關性，而非為了統整課程和協同教學把知識僵硬圈住。

二、提出教學計畫

　　Cross & Cross（1983）指出進行協同教學計畫，應注意到下列要素：

㈠什麼（What）

　　提案的內容是什麼？

㈡為什麼（Why）

1. 基於何種理由而提出這項方案？
2. 對學生以及老師來說，教育上的暗示（缺點）是什麼？
3. 你已經做了需求評估了嗎？

4. 你需要引用研究報告或專家的意見嗎？

(三)誰（Who）

1. 包含哪些老師和學生？
2. 哪一個年級或哪些年級？
3. 你將需要整個年級的學生，還是只是一些學生而已？（如果只是需要一些學生，那選擇的標準爲何呢？）

(四)哪裡（Where）

1. 你會用到哪些教室？
2. 改換教室是必要的嗎？

(五)何時（When）

1. 你何時要開始進行？
2. 時間期限爲何？
3. 你要如何知會家長？

(六)對於課程的影響（Impact on the Program）

1. 你在學校或地區所做的事要如何符合理論基礎？
2. 協同教學有符合你認爲學生學習效果最好的教學方式嗎？

(七)成本（Costs）

1. 需要採購新的內容材料嗎？
2. 設備需要修改嗎？
3. 額外計畫的時間是必要的嗎？
4. 需要僱用助手嗎？

㈧方式（How）

1. 何種計畫是不可或缺的？
2. 你和你的搭檔需要多少時數的在職進修呢？你如何告知其他未選
　入教學團隊的老師呢？

三、教學時間

　　Casey（1971）指出一週計畫中，每個活動的時間比例有所不
同。然而，一般來說，大型演講可能占 20%（一週二至三次），小組
討論占 50%（和大型演講交替，並且時間較長），和獨立研究學習占
30%（依照個別學生的計畫來安排）。

四、團體大小的變化原則

　　Howard（1971）指出在中學進行協同教學的大班教學、分組討
論、學習實作和獨立學習的團體大小變化原則，應注意如表 15-6 要
點。

五、行政協商教學準備

　　邱惜玄（民 90）以學校實際推動協同教學經驗指出，行政主動
支援及教學群的配合是促進協同教學的利器，行政協商教學準備包
括：1. 建立協同教學共識。2. 提供學校行事曆。3. 調查學校教學群
組織。4. 協調年級、科任配課事宜以訂定彈性課表。5. 提供新學期
教科書。6. 訂出協同教學推展主軸之運作流程，與各教學群共同討
論。7. 協調上課場地之使用安排。8. 調查社區可運用資源。9. 規劃
教師多元進修協同教學知能。

表 15-6　協同教學團體大小的變化原則

呈現活動	團體大小	設　備
發表內容 　呈現探究刺激 　豐富內容 　有關各種學科領域 　建立概念 　有關知識領域的真實感	**大團體** 60～300 位 學生	大的視聽設備教室，有固定椅子，小的階梯教室或可區分開來的演講廳。
討論 　基於知識立場形成知識 　嘗試新觀念 　向其他人報告經驗 　建立學習態度	**討論會** 12～16 位	小教室討論需要圓形或橢圓形的桌椅。
編序經驗 　聽講 　熟悉事實或技能 　學習不同進度 　閱讀 　寫作 　小組討論 　師生計畫和評量 　開始實驗	**學習實驗室** 15～60 位 心理學上的 組別大小 1～4 組	大的開放空間，有分離式的桌椅、地毯、演講處、布幕、放映室設計、書本、小會議室、緊接著的教師辦公室。
興趣中心經驗 　研究 　放映工作 　興趣為主的閱讀 　觀賞 　聆聽 　實驗 　會議 　評鑑	**獨立研究小組** 1～4 組	圖書館或資源中心，要有分離式桌椅、勞作教室、餐飲教室、實驗室、社區資源運用。

資料來源：Howard, E. R., 1971, p.78.

貳、正式進行教學

協同教學計畫是具有創造性的教學方法，整體合作構想出來的計畫以教學單元為基礎，包括三部分：一是指定於大型演說的呈現，二是分配至小組活動，三是指派學生獨立學習研究，以下分述其要點（Casey, 1971）：

一、大班教學

大班教學是指以老師為中心的教學，適合針對一大群學生要他們聆聽、做筆記以及研究所呈現的內容。

㈠資深教師的教學

通常由資深教師擔任主要教學者，依循協同教學的計畫來指示出課程目標，並且啟發學生學習方向；閱讀教材所提供的內容用來做概要、分析、整理、加強、補充或總合；詳盡闡述背景，以便瞭解新概念、作者以及技巧；吸引對科目內容的持續專注力，以及讓學生注意到不同科目間的關係。並且會運用不同的視聽器材來解說概念；運用最好的口語技巧在實際閱讀方面；在科目教學範圍分享學習的喜悅與興奮；評量學生的理解狀況以及對概念、技巧的熟悉度。

演講應該簡潔，讓人容易記住。每一演說本身必須就是恰好精確的一課，並與後續活動的大單元相關。資深教師應該建立這些學習的技巧：分類、整合、類化以及記憶。在演說前先準備投影片，實際上可以為演說安排好程序步驟，並且讓解說增添戲劇化的效果。

㈡大班教學流程

大班教學包括：前言、主要論述和結論三部分，如表 15-7。

表 15-7　大班教學流程一覽表

I. 前言
A. 宣告一般項目
B. 事前指派作業（最好早點吩咐）
C. 演說的主題：1. 演說的目的　2. 主題出處、參考文獻
D. 涵蓋論點的大綱
II. 主要論述
A. 順序計畫好的基本內容（論述來自設計好的大綱，或演說程序的特定要點）
B. 伴隨物
1. 為了引發興趣，使內容清楚、豐富以及舉一反三而做的圖表（可用指揮棒來讓大家注意某一項目或某一地方）
2. 其他視聽設備，全程或部分使用
3. 分享活動，例如：戲劇表演
III. 結論
A. 將剛才演說的內容做摘要
B. 分發工作單、討論指南、參考書目、一些建議，以作為獨立學習研究之用

資料來源：Casey, V. M., 1971, p.171.

㈢大班教學注意事項

1. 大型演說是一獨特的架構

(1) 演說比較像正式的演講，而不是非正式的解說。

(2) 內容題材必須與課本相關，但不能只是盲從，一字不漏地將之覆誦。

(3) 內容須言之有物──不能只是有趣的題外話。

(4) 課文應該作為重要的資源或參考書目之一；而學生在演講時做的筆記可以作為課程指南。

2. 動機的引發應納入計畫中

(1) 大型演說對於全部課程活動的重要性是要引起注意力。

(2) 快節奏以及簡短的說明可維持學生的注意力。

(3) 適切的例子、思考性的問題，以及幽默感，可以增加學生的興趣。

(4) 進一步的思維、探索以及應用，必須結合適當的刺激。

(5) 以精簡的方式做筆記。

(6) 好的演說是沒有紀律秩序的問題。

3. 演說提供了重要、或有組織的概念

(1) 內容設計是有關教學單元的概念的，通常是主題式的設計。

(2) 細節要能說明主題的基本層面。

(3) 事後的活動必須是教學單元的相關活動。

(4) 每一演說必須對整體內容設計是有其重要性。

4. 記錄演說的內容

(1) 混合性的活動應該作為協同教學資源的一部分。

(2) 在演說之前或結束時，協同教學的所有老師都要拿到一份演說內容的副本。

(3) 演說的錄音／錄影可作為檢討評量的依據，也可讓學生借回去聽。

5. 演說呈現時利用一些圖表

(1) 有了圖表，印象、記憶會更加鮮明。

(2) 精美的圖表讓教學更為出色。

(3) 提升思考能力以及作筆記的技巧。

6. 需要良好的演說習慣。

7. 要教學生一些特殊聆聽以及做筆記的技巧。

8. 不時要檢查學生的筆記，以瞭解他們作筆記的優缺點何在。

二、分組教學

　　分組教學目的是以學生爲中心，在於教導學生學習理解的一些方法，藉由這些方法來獲得知識，學生必須是積極而非被動的學習者。

㈠老師的責任

1. 將大型演說的內容做分類整理。
2. 將活動調整爲題材本質所顯示的學習類型，如：熟練技巧、理解概念。
3. 爲了進一步的理解以及應用，分享專家與學生對內容的詮釋。
4. 加深與補充演說的要點和概念。
5. 鼓勵所有的學生積極的參與和指導。
6. 提升老師和學生的共同聆聽技巧。
7. 發展批判性的閱讀、邏輯思考，以及系統化客觀的探究。
8. 加強學生自我表達的基本技巧、口語以及寫作的技巧。
9. 幫助組別解決興趣和時間限制之間的問題。
10. 建立相互容忍的氣氛，在氣氛中可以明智地檢驗信念、價值觀以及偏見。
11. 協助每個人發展出評量自己的新方法。
12. 激發學生在相關值得獨立學習處能進一步探索，並且幫助他們獲得如何做的技巧。
13. 可以進行個別學生會談。

㈡小組活動

1. 針對整個小組的活動注意事項（經常是以圍圈或討論會的形式）：多用語言表達所理解的事物與脈絡關係；發展概念；質疑和挑戰概念；釐清錯誤想法與資訊上的落差；將基本資料應用在特定的問題上；藉由透過客座來賓、報告、表演、旅遊來增廣經驗；評量組別的進步。

2. 針對附屬組別的活動（二到五位學生一組）注意事項：先討論主題的部分內容，然後向原先的組別做報告；一同研究；檢驗技巧的熟練度；練習習題；複習；根據組別計畫一同合作；就「盲點」來尋求老師特別的幫忙。

3. 針對個別學生的活動注意事項：準備完成指定的作業；投入獨自創造的計畫；準備考試、考試、自我分析；向老師尋求個別的協助。

　　分組討論的進行，負責帶領討論教學的老師，可從書本、觀察、會議和考試中盡可能地來瞭解學生，扮演資深教師和學生之間的中間人，積極將計畫執行好，提升同學人際間的關係，善於掌控組別狀況，知道何時要說話，何時要保持靜默，和學生和諧相處，促使學生充分發展潛能，並適時做出明智合理的評量，因為他是最適合擔任評鑑的人。

三、獨立學習研究

　　獨立學習研究是幫助學生增加自我發展的能力，其目的在於適應學生個性差異，增進其獨立學習的能力，以及培養其自動自發的學習精神。

㈠學習型態

　　個別學習活動包括：閱讀、聽取、觀察、質問、分析、思考、實驗、試驗、調查、驗證、書寫、創作、紀錄、製作、訪問和自評。宜在個別學習室、圖書館、實驗室、資料室、博物館及閱覽室中實施（高廣孚，民 82）。為避免學生學習時只單一學到某個方面知識，而忽略其他部分，故教師在教導時，若有需要，應採輪流制，適時地交換組別指導，讓學生在各方面平衡發展。

㈡**教師職責**

　　一般來說，因爲獨立研究學習占學生三分之一的時間，所以老師具有以下責任：1. 啟發學生熟練內容以及技巧的意願；2. 開發學生想額外學習的意願；3. 允許做充分創造性的探索；4. 針對教學單元的計畫，提供建議；5. 擔任提供資源的角色，指導學生有目的性的閱讀以及研究；6. 讓學生爲這個階段的任務負責（Casey, 1971）。

參、教學後工作～評鑑

　　Olivero（1971）研究指出評鑑對於整個協同教學方案的進行有重要影響，應妥善設計評鑑項目和問題。協同評鑑方式多採用「學生學習成績」、「教師教學成績」和「協同教學工作」三項評鑑，評鑑須自由、坦誠及具有專業性、建設性的批評（高廣孚，民 82）。

一、學生學習成績的評鑑

　　包括：學生學業、技能品德等方面，由全體教學團人員從不同的場所來考察學生的各種不同表現，似較合理客觀。

二、教師教學成績的評鑑

　　包括：大班教學、小組討論及獨立學習的指導等三方面的實施效果，以及教學和指導人員的相互配合等問題，共同提出檢討和改進的意見，作爲以後實施協同教學的參考。

三、協同教學工作的評鑑

　　包括：教學前的準備和計畫事項是否周詳，教學中各項工作的分配是否妥當，範圍相當廣泛，當然檢討時務求詳盡客觀，供下次工作改進的借鑑。

·········· 第四節　協同教學實例設計 ··············

　　茲以〈動物世界真有趣〉為主題，採行多位教師和多種學科類型來進行十節課的協同教學，包括：國語的新詩〈小蜘蛛〉、自然〈校園裡的小動物〉、唱遊〈我是隻小小鳥〉和社會〈動物園〉等課程的統整。以下參考 Peterson（1966）大班演講教學教案格式，和 Casey（1971）協同教學流程等教學設計要點，將整個協同教學單元活動設計臚列於下：

壹、教學前準備

一、教學主題

　　動物世界真有趣。

二、教學對象

　　小學二年級四個班級（2-1、2-2、2-3、2-4 班）。

三、教學重點

㈠國語：學會朗誦新詩〈小蜘蛛〉，並認識小蜘蛛善於結網。
㈡自然：能觀察校園裡的小動物，瞭解動物都有可辨識的特徵和棲息地，並能愛護小動物。
㈢唱遊：能配合琴聲和動作，唱出〈我是隻小小鳥〉的歌聲，表現小小鳥快樂心情的動作。
㈣社會：能說出動物園的大型動物和小型動物的生活方式。

四、教學時間

㈠大班教學：三節課。

㈡分組學習：四節課。

㈢獨立學習：三節課。

五、教學地點

㈠大班教學：小劇場或大禮堂。

㈡分組教學：各班教室、專科教室、小教室、校園的蔭涼處或涼亭。

㈢獨立學習：圖書館、家禽園、小花園、小水池、教室。

六、教具

　　動物模型、圖片、標本、實物投影機、投影機、收錄音機、電視、我是隻小小鳥卡帶、風琴、投影片、黑板、粉筆、動物資料。

七、學生經驗

㈠國語：第一冊：第十四課淘氣的猴子、第十五課小蝸牛、第十六課鵝媽媽真漂亮、第十七課看大象。第二冊：第十課貪心的老鼠、第十一課可愛的小鳥。第三冊：第八課老鷹伯伯和小兔子、第九課小蜘蛛、第十課井裡一隻蛙。

㈡自然：第一冊：第三課身邊的小動物。第二冊：第五課水裡的動物。

㈢唱遊：第四冊：第五課蝸牛、第九課蟋蟀合唱。

　　本主題設計主要讓學生體會到生活四周有許多小動物，牠們以各種方式運動的觀念，可以作為第五冊〈動物的身體〉單元中「動物的外型不同，運動方式也不同」的基礎經驗。而棲息地的探討，則作為日後「生物對環境的反應」、「族群與群落」等單元之基礎。

八、教學團成員：共十二人

㈠教師：共八人。含學年主任一人（2-1 班級任老師）、資深教師一人（2-3 班級任教師）、普通教師二人（2-2、2-4 班級任教師）、自然和唱遊科任教師四人。

㈡行政人員：共二人。設備組組長一人、幹事一人。

㈢助理：實習教師二人。

貳、正式教學活動

一、大班教學：三節課

㈠引起動機

主任教師投影各種大型和小型動物圖片，說明圖片中的大象、老虎、獅子、河馬、鍬形蟲、馬陸、金龜子、豆娘、蝴蝶等動物圖片、各種動物的特徵和棲息地。

㈡展示解釋性和比較性前導組體

1. 主任教師以大象的特徵～會動、會吃、會一天天生活成長，來解釋動物具有身體、軀幹和四肢等身體特徵（會動→有四隻腳、有大腦和五官可以判斷危險，會吃→有軀幹可以消化食物，一天天成長）。

2. 提出比較性的大型動物和小型動物，列出表格，讓學生清楚注意到兩者特徵的不同和棲息地的不同。

～第一節課結束～

㈢朗誦新詩「小蜘蛛」：可以合誦、分部朗誦等方式，增加朗誦的音韻聲調和情感表達。

㈣分享活動：請各班合誦「小蜘蛛」，教師講評和給優勝班級動物增強卡。

～第二節課結束～

㈤觀賞「動物奇觀」錄影帶二十分鐘。

㈥聲東擊西：以影帶中的動物聲進行「聲東擊西」的遊戲。當錄音機放出錄音帶中的動物叫聲，老師說正確，學生舉右手；老師說錯，學生舉左手，以檢視學生有無正確瞭解到動物聲音的特徵。

　　例如：卡帶放出「汪汪」聲，老師說「貓咪」，學生應舉左手。

㈦教師歸納：人類也是動物的一種，平常應該愛護小動物，不要故意傷害動物。

㈧總結性評量。

㈨指定作業：分發作業單、參考書目和分組討論題目。

～第三節課結束～

二、分組討論和學習

㈠分組：四個班一百六十人，分成八組每組二十人（可採混班編組），每組推選組長、副組長。由八位教師擔任小組主持人，帶領學生進行討論教學。

㈡分組活動：觀察校園內小動物的活動方式，記錄觀察表格。各組報告觀察小動物的發現。

㈢聲聲動人：各組教唱〈我是隻小小鳥〉，在校園飛禽養殖區進行唱遊活動，讓學生真正體會到小小鳥的快樂和生態。

㈣討論題目

　1.哪些動物最喜歡飛？為什麼大象不能飛？

　2.蟬和金龜子會飛，牠們的翅膀也是羽毛做成的嗎？

　3.小金魚要養在哪裡，牠才會生活長大？牠吃什麼？牠的身體和金龜子有什麼不同？

　4.蚯蚓住在哪裡？牠的身體和小金魚有什麼不同？

5. 在地上生活的動物，不會飛，也不會游水，也不會鑽到地裡生活的動物有哪些？

㈤討論：教師主持討論、引導發表，並歸納動物的棲息地和外表特徵。

㈥學生筆記重點。

㈦總結性評量討論重點。

～第四、五、六、七節課結束～

三、獨立學習

㈠飼養動物：請學生飼養一種小動物，觀察記錄動物的生長和生活習性。

㈡圖書館閱讀：請同學到圖書館閱讀有關動物小百科，請圖書館員指導閱讀、記錄在閱讀簿。

㈢歸納發現：指導學生發表有關自己飼養動物的發現，和查閱動物小百科所獲得的知識。

㈣作業評鑑和回饋：完成作業單的題目，助理批閱指導訂正和增強。

㈤特殊專長教師從旁協助學生解決問題及困難。

㈥統整歸納：教師統整歸納國語、自然、唱遊、社會等學習知識。

～第八、九、十節課 ── 整個協同教學結束～

參、另類實例設計

教師除了採用學科或目標領域進行協同教學外，無論是單科或合科的教學，還可以採用「智慧團隊」為特色進行協同教學（張世忠，民 89）。智慧團隊協同教學是以語文智慧、數學智慧、人際智慧、自然智慧、音樂智慧、空間智慧、肢體運作智慧和內省智慧等多元智

慧，來設計教學主題、教學內容和教學活動進行協同教學。以下茲以台北市吳興國小 88 學年度第一學期四年級，實施小學主題統整教學的實例設計說明之，如表 15-8「美麗新世界」課程統整教學教材綱要，和圖 15-6「美麗新世界」課程統整教學結構圖，圖 15-6 由內而外，最內層為主題名稱；第二層為多元智慧；第三層為教學說明；最外層為教學活動名稱。

表 15-8　「美麗新世界」課程統整教學教材綱要

科目	學習單元名稱	配合活動
國語	康軒版：第七冊（一、二、三、六課） 一：看山（圖象詩） 二：在燈塔上看海 三：我讀「登鸛雀樓」（詠景的唐詩） 六：點子大王	1. 閱讀報告：詠景詩 2. 圖象詩創作 3. 作文：看「山、海、雲、花、日出」（任選）
數學	南一版：第七冊（第七、十二單元） 七：圓和球體 十二：容量	1. 從觀察記錄及動手操作中，瞭解容量的計算 2. 從觀察月亮中，比較圓和球體的不同
社會	新學友版：第七冊（第一單元） 一：台灣的地理環境	從地圖和地理模型認識台灣的地理環境，進而能欣賞台灣的美麗
自然	牛頓版：第七冊（二、五單元） 二：看月亮 五：雲和雨	從觀察記錄表中去發現大自然許多奇妙的規則變化
道德	部編版：第七冊（第三單元） 三：我們的寶貝	1. 以課文情境導入生活中，引導學童關心並參與社區活動 2. 認識文物
健康	新學友版：第七冊（第四單元） 四：家佳福	瞭解美麗的環境從自己的家庭做起

科目	學習單元名稱	配合活動
輔導	仁林版：第三冊（十、十一、十二課） 十：察言觀色 十一：我們都是好鄰居 十二：小白的故事	1. 善用敏銳的觀察力，觀察大自然變化的情形 2. 引導學生瞭解美麗的世界，除了大自然和地理環境外，還有人文環境中的關懷與愛
音樂	康軒版：第七冊（一、五課） 一：星光滿天 五：美麗天地	1. 配合課文情境，聆聽大自然的聲音 2. 描寫美麗風景歌曲的教唱
美勞	康軒版：第七冊（一、五、六單元） 一：我的新發現 五：森林之歌 六：採集昆蟲	1. 利用水彩描繪出多彩多姿的景象 2. 用紙版刻印成模版，勾勒出想像中的夢幻森林 3. 愛護美麗的世界，改用紙版或木刻版畫來表現
體育	仁林版：第七冊（三、五、九單元） 三：陀螺遊戲 五：屈伸與繞環 九：最喜歡的運動	瞭解美麗的世界要盡情的欣賞與細心的呵護外，並要樂於在其中活動

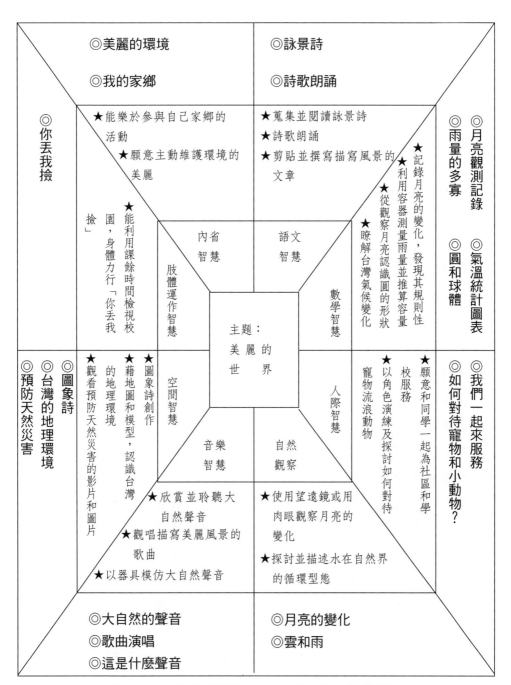

圖 15-6　「美麗新世界」課程統整教學結構圖

本章摘要

1. 協同教學可以定義為：是一種編制模式，由兩位或多位老師，以及可有或可無的教學助理，共同合作計畫在一適當的教學場所，以及特定的時間，運用教學團隊裡各個老師的專才能力，對一個或多個班級進行教學和評量。

2. 協同教學適合於幼兒園和小學低年級階段實施，以統整知識的連結。但小學中高年級到國中階段，因學生認知發展、教師大學分科專長訓練和學校課程表、人員支援等制度問題，應該考慮課程統整與分化的適應性和可行性來調節課程與教學。

3. 協同教學的類型，Cross & Cross 指出有五種類型：(1) 兩位老師／單一學科。(2) 多位老師／單一學科。(3) 兩位老師／兩個學科。(4) 兩位老師／多個學科。(5) 多位老師／多個學科。Singer 指出有三種類型：(1) 單科協同教學。(2) 跨學科合堂教學。(3) 校內校協同教學。

4. 要成功地實施協同教學，必須注意到資源、人員、行政等三要素的相互配合。

5. 單科協同教學受到歡迎，主要是因為它可以輕易地適用於傳統的課表。基本上只要主要的課表沒有全盤地重修改，行政人員以及老師並不會對併班或是將班級分為不同的小組感到反感。

6. 跨學科合堂協同教學，即教學團組成成員包括不同科目的老師，他們在特定相同的時間教導同一群的學生，而這些學生可以彈性地編為不同的大小組。

7. 校內校協同教學，即教學團成員包括來自所有科目的老師，他們負責在長期時間裡教同一群。它仍保有在班級大小以及課表方面的彈性。

8. 協同教學的教學步驟為：教學前準備→正式進行教學→教學後工作～評鑑。

9. 教學前準備有：組成教學團、提出教學計畫、教學時間、團體大小的變化原則、行政協商教學準備。

10. 協同教學計畫是具有創造性的教學方法，整體合作構想出來的計畫以教學單元為基礎，包括三部分：一是指定於大型演說的呈現，二是分配至小組活動，三是指派學生獨立學習研究。

11. 大班教學是指以老師為中心的教學，適合針對一大群學生要他們聆聽、做筆記以及研究所呈現的內容。

12. 分組教學目的是以學生為中心，在於教導學生學習理解的一些方法，藉由這些方法來獲得知識，學生必須是積極而非被動的學習者。

13. 獨立學習研究是幫助學生增加自我發展的能力，其目的在於適應學生個性差異，增進其獨立學習的能力，及培養其自動自發的學習精神。

14. 協同評鑑方式多採用「學生學習成績」、「教師教學成績」和「協同教學工作」三項評鑑，評鑑須自由、坦誠及具有專業性、建設性的批評。

▶ 理論問題作業

1. 何謂協同教學？
2. 教師、行政人員、教學助理及學生如何配合推動協同教學？
3. 試說明協同教學法的意義與理念意涵。
4. Singer 將協同教學分類為單科協同教學、跨科合堂的協同教學和校內校協同教學，試說明其適用情形，並分析其優缺點。
5. 學校實際推動協同教學經驗指出，行政主動支援及教學群的配合，是促進協同教學的利器，試說明行政協商教學須準備哪些條件。
6. 說明協同評鑑方式有哪些，評鑑項目各包括哪些方面？
7. 試說明協同教學的成功關鍵。

▶ 實作設計作業

1. 請以中小學教材，設計一份兩位老師／單一學科類型的協同教學方案。
2. 請以中小學教材，設計一份多位老師／多種學科類型的協同教學方案。
3. 請以中小學上課時間，設計一套單科協同教學課表。
4. 請以中小學上課時間，設計一套跨學科協同教學課表。
5. 請以中小學教材，設計一份主題統整課程協同教學架構圖。
6. 請以中小學教材，設計一份協同教學計畫。
7. 請設計一份協同教學評鑑表，包括評鑑：學生學習成績評鑑、教師教學成績評鑑和協同教學工作評鑑等三種評鑑表。

參考書目

中文書目

王文科（民 83）。課程與教學論。台北：五南圖書出版公司。

方炳林（民 63）。普通教學法。台北：教育文物出版社。

方炳林（民 68）。教學原理。台北：教育文物出版社。

方炳林（民 77）。普通教學法。台北：三民書局。

方郁林（民 86）。主要的教學方法。載於空中大學：教學原理（頁 209-211）。
　　台北：國立空中大學。

中華民國課程與教學學會（民 89）。「協同教學的設計與實施」研討會會議記
　　錄。課程與教學會訊，22，16-40。

中華民國教材研究發展學會（民 89）。89 年統整教學活動設計專輯。台北：中
　　華民國教材研究發展學會。

立愛鈴、蕭秀慧、張東美、蕭仿君、楊上瑜（民 90）。課程設計實作報告。台
　　北：世新大學中等教師回流教育學分班。未出版學期報告。

李咏吟（民 87）。認知教學理論與策略。台北：心理出版社。

李宗薇（民 80）。行為主義學說與教學媒體理論，國民教育，31(5、6)，31-34。

李宗薇（民 80）。教學媒體與教育工學。台北，師大書苑。

李宗薇（民 82）。師院社會科教學研究課程應用教學設計之實驗研究。台北，
　　師大書苑。

李春芳（民 80）。協同教學法。載於黃光雄主編：教學原理（154-164）。台北：
　　師大書苑。

李祖壽（民 69）。教學原理與教法。台北：大洋出版社。

李聲吼（民 89）。教學模式。載於洪志成主編：教學原理（頁 117-138）。高雄，
　　麗文文化公司。

余民寧（民 86）。意義的學習——概念構圖之研究。台北：商鼎文化出版社。

吳璧如譯（民 88）。示範。載於 S.T. Yelon 原著，單文經總校閱：教學原理（頁
　　189-213）。台北：學富文化事業有限公司。

林生傳（民 76）。美國教學的革新趨勢。載於中華民國比較教育學會主編：**學前教育比較研究**（頁 547-568）。台北：台灣書店。

林生傳（民 77）。**新教學理論與策略**。台北：五南圖書出版公司。

林生傳（民 81）。**新教學理論與策略──自由開放社會中的個別化教學與後個別化教學**。台北：五南圖書出版公司。

林生傳（民 83）。**教育心理學**。台北：五南圖書出版公司。

林進材（民 88）。**教學理論與方法**。台北：五南圖書出版公司。

林寶山（民 77）。**教學原理**。台北：五南圖書出版公司。

林寶山（民 84）。**教學論－理論與方法**。台北：五南圖書出版公司。

邵瑞珍譯（民 62）。**教育過程**。上海：上海人民出版社。

邱惜玄（民 90）。**協同教學之發展歷程與省思──以東山國小為例**。發表於第三屆課程與教學論壇課程改革的反省與前瞻學術研討會，國立台北教育大學。

徐南號（民 74）。**教學原理**。台北：宏大印刷。

徐南號（民 85）。**教學原理**。台北：師大書苑。

高廣孚（民 77）。**教學原理**。台北：五南圖書出版公司。

高廣孚（民 82）。**教學原理**。台北：五南圖書出版公司。

孫邦正（民 71）。**普通教學法**。台北：正中書局。

教育部編（民 89）。**國民中小學九年一貫課程（第一學習階段）暫行綱要**。台北：教育部。

郭有遹（民 64）。**創造心理學**。台北：正中書局。

陳正昌等譯（民 85）。**教學設計原理**。台北：五南圖書出版公司。

陳峰津（民 71）。**布魯納教育思想之研究**。台北：台灣商務印書館。

陳榮華（民 70）。**行為改變技術**。台北：中國行為科學社。

陳龍安編著（民 77）。**創造思考教學的理論與實際**。台北：心理出版社。

張玉成（民 80）。**開發腦中金礦的教學策略**。台北：心理出版社。

張玉燕（民 83）。**教學媒體**。台北：五南圖書出版公司。

張世忠（民 89）。**教學原理──統整與應用**。台北：五南圖書出版公司。

張春興（民 78）。**張氏心理學辭典**。台北：東華書局。

張祖忻、朱純、胡頌華編著（民 84）：**教學設計基本原理與方法**。台北：五南圖書出版公司。

張新仁（民 81）。學習條件學習理論。載於張壽山主編：**學習理論與教學應用**（頁 133-162）。台中：台灣省政府教育廳。

張霄亭、朱則剛（民 87）。**教學媒體**。台北：五南圖書出版公司。

許惠美（民 87）。**建構論之超文本（hypertext）教學設計研究**。國立政治大學教育研究所碩士論文，未出版。

黃光雄（民 84）。**教學原理**。台北：師大書苑。

黃美珠（民 86）。電腦輔助教學軟體設計原則之探討。**視聽教育雙月刊**，38(5)，17-24。

黃政傑、林佩璇（民 85）。**合作學習**。台北：五南圖書出版公司。

彭震球（民 86）。**創造性教學之實踐**。台北：五南圖書出版公司。

歐陽教（民 84）。教學的概念分析。輯於黃光雄主編：**教學原理**（頁 1-29）。台北：師大書苑。

薛梨真（民 87）。**統整課程活動設計**。高雄市國民小學統整課程教學種子教師培訓研習參考資料。

鍾啟泉、黃志成合編（民 88）。**美國教學論流派**。台北：商鼎文化。

英文書目

Allen, M. S. (1962). *Morphological creativity: The miracle of your hidden brain power*. Englewood Cliffs, New Jersey: Prentice-Hall.

Anderson, J. R. (1985). *Cognitive psychology and its implications*. New York: Freeman.

Arends, R. L. (1988). *Learning to teach*. New York: McGraw-Hill.

Aronson, E. (1978). *The jigsaw classroom*. Beverly Hills, CA: Sage Publications.

Ausubel, D. P. (1963). *The psychology of meaningful verbal learning*. New York: Grune and Stratton.

Bailey, D. H. (1996). Constructivism and multimedia: Theory and Application; innovation and transformation. *International Journal of Instructional Media*, *23*(2), 161-5.

Beggs, D.W., III. (1971). Fundamental considerations for team teaching. In D.W.

Beggs, III, (Ed.), *Team teaching: Bold new venture* (pp. 29-50). Indiana: Indiana University Press.

Borich, G. D. (1996). *Effective teaching methods*. Englewood Cliffs, NJ: Prentice-Hall, Inc.

Bornstein, M. H., & Bruner, J. S. (1989). On interaction. In M. H. Bornstein & J. S. Bruner (Eds.), *Interaction in human development* (pp.1-15). New Jersey: Lawrence Erlbaum Associates, Publishers.

Briggs, L. J. (1977). *Instructional design: Principles and applications*. Englewood Cliffs, NJ: Educational Technology Publications.

Bruner, J., Goodnow, J., & Austin, G. (1956). *A study of thinking*. New York: John Wiley.

Bruner, J. S. (1960). *The process of education*. Cambridge: Harvard University Press. Bruner, J. S. (1961). Act of discovery. *Harvard Educational Review*, *31*(1), 21-32.

Bruner, J. S. (1962). *On knowing: Essays for the left hand*. Cambridge, Massachusetts: Harvard University Press.

Bruner, J. S., Olver, R. R., Greenfield, P. M., Hornsby, J. R., Kenney, H. J., Maccoby, M., Modiano, N., Mosher, F. A., Olson, D. R., Potter, M. C., Reich, L. C., & Sonstroem, A. M. (1967). *Studies in cognitive growth*. New York: John Wiley & Sons, Inc.

Bruner, J. S. (1969). *The process of education*. Cambridge, Massachusetts: Harvard University Press.

Bruner, J. S. (1971). *Toward a theory of instruction*. Cambridge, Massachusetts: The Belknap Press of Harvard University Press.

Bruner, J. S. (1990). *Acts of meaning*. Cambridge, Massachusetts: Harvard University Press.

Buckky, F. J. (2000). *Team Teaching, what, why, and H,* London: Sage Publicatien Inc.

Casey, V. M. (1971). A summary of team teaching--Its patterns and potentials. In D.W. Beggs, III, (Ed.), *Team teaching: Bold new venture* (pp.164-178). Indiana: Indiana University Press.

Clark, D. C. & Cutler, B. R. (1990). *Teaching: an introduction*. New York: Harcourt Brace Jovanovich.

Cross, R., & Cross, S. (1983). *Focus on team teaching*. Michigan: Michigan Association of Middle School Educators.

Cruthirds, J. & Hanna M. S. (1996). *Programmed instruction and interactive multimedia: a third consideration*. (ERIC ED439464).http://www.natcom.org/ctronline 2/96-97prohtm.

DeBell, C. S. & Harless, D. K. (1992) B. F. Skinner: myth and misperception. *Teaching of Psychology, 19*(2). 68-73.

DeVires, D. L., Edwards, K. J., & Slavin, R. E. (1978) Biracial learning teams and race relations in the classroom: Four field experiments on team-games-tournaments. *Journal of Educational Psychology, 70*, 356-62.

Dick, W. (1997a). *Instructional design: Process improvement or reengineering?* A paper presented at the 1997 Convention of the Association for Educational Communications and Technology, Albuqueerque, NM.

Dick, W. (1997b). A model for the systematic design of instruction. In R.D. Tennyson, F. Schott, N. Seel, & S. Dijkstra (Eds.), *Instructional design: International perspective: Volume 1: Theory, research, and models*. Mahwah, New Jersey: Lawrence Erlbaum Associates, Publishers.

Dick, W. & Carey, L. (1990). *The systematic design of instruction* (3rd ed.). Glenview, IL: Scott, Foresman and Company.

Dunn, R. (1983). Learning style and its relation to exceptionality at both ends of the spectrum. *Exceptional Children, 49*, 496-506.

Eberle, B. (1982). *Visual Think: A "SCAMPER" tool for useful imaging*. New York: D. O. K. Publisher, Inc.

Eggen, P. D. & Kauchak, D. P. (1988). *Strategies for teachers*. New Jersey: Prentice Hall.

Erickson, G.L. (1987). *Constructivist epistemology and the professional development of teachers*. Paper presented at the Meeting of the American Educational Research Association, Washington, D.C.

Frazee, B., & Rudnitski, R. A. (1995). *Integrated teaching methods: Theory, classroom applications, and field-based connections*. Albany, New York: Dalmar Publishers.

Freiberg, H. J. & Driscoll, A. (1992). *Universal teaching strategies*. London: Allyn & Bacon.

Gagné, E. D. (1985). *The cognitive psychology of school learning*. Boston: Little, Brown.

Gagné, R. M. (1974). *Essentials of learning for instruction*. New York: Holt, Rinehart & Wniston, Inc.

Gagné, R. M. (1977). Instructional programs. In M.H. Marx & E. Bunch (Eds.), *Fundamentals and applications of learning*. New York: Macmillan.

Gagné, R. M. Briggs, L. J. & Wager, W. W. (1992). *Principles of instructional design*. Tallahassee, Florida: Holt, Rinehart and Winston Inc.

Gagné, R. M. (1977). *The conditions of learning and theory of instruction* (3rd ed.). New York: Holt, Rinehart & Wniston, Inc.

Gagné, R. M. (1965). *The conditions of learning*. New York: Holt, Rinehart and Winston.

Gagné, R. M. (1985). *The conditions of learning and theory of instruction* (4th ed.). New York: Holt, Rinehart & Wniston, Inc.

Gall, M. D. & Gillet, M. (1981). The discussion method in classroom teaching. *Theory into Practice*, *19*(2), 98-103.

Gayeski, D. M. (1998). Out-of-the-box instructional design. *Training & Development*, *58*(4), 36-40.

Gordon, W. J. J.(1961). *Synectics: the development of creative capacity*. New York: Haper and Row.

Greeno, J. G., & Bjork, R. A. (1973). Mathematical learning theory and the new "mental forestry." *Annual Review of Psychology*, *24*, 81-116.

Gunter, M. A., Estes, T. H. & Schwab, J. (1995). *Instruction: A Models Approach*. Boston: Allyn and Bacon.

Hanna, M. S.(1971). *A comparative investigation of three modes of instruction in organization of ideas*. Unpublished doctoral dissertation, University of Missouri, Columbia.

Heck. S. F. & Williams. C.R. (1984). *The complex roles of the teacher: an ecological perspective*. New York: Teachers College Press.

Hirst, P. H. (1974). *Knowledge and the curriculum*. London: RKP.

Howard, E. R. (1971). Possibilities for team teaching in the senior high school. In D. W. Beggs, III, (Ed.), *Team teaching: Bold new venture* (pp.74-91). Indiana: Indiana University Press.

Hunter, M. (1981). *Increasing your teaching effectiveness*. Palo Alto, CA: Learning Institute.

Hunter, M., (1982). *Mastery Teaching*. CA: Cambridge University Press.

Johnson, D., Johnson, R., & Holubec, E. (1990). *Circles of learning: Cooperation in the classroom*. Edina, MI.: Interaction Book Company.

Johnson, D.W., Johnson, R.T., & Holubec, E. (1986). *Circles of learning: Cooperation in the classroom*. MN: Interaction Book Company.

Hyman, R. T. (1970). *Ways of teaching*. Philadelphia: J. B. Lippincott.

Johnson, D.W., & Johnson, R.T. (1991). *Learning together and alone*. NJ: Prentice-Hall.

Johnson, K. A., & Foa, L. J. (1989). *Instructional design*. New York: Macmillan Company.

Joyce, B., & Weil, M. (1972). *Models of teaching*. Englewood Cliffs, NJ: Prentice-Hall, Inc.

Joyce, B., & Weil, M. (1986). *Models of teaching* (3rd ed.). Englewood Cliffs, NJ: Prentice-Hall, Inc.

Joyce, B., & Weil, M., Showers, B.(1992) *Teaching Model*. Boston: Allyn and Bacon.

Kaplan, M. (1992). *Thinking in education*. Cambridge, U. K.: Cambridge University Press.

Keller, F. S. & Sherman, G. (1974). *The Keller lan handbook*. Menlo Park, CA: W. A. Benjamin, Inc.

Kemp, J. E. (1977). *Instructional design*. (2nd ed.). Belomont, CA: Fearon-Pitman, Pub., Inc.

Kemp, J. E. (1985). *The instructional design process*. New York: harper & Row,

Pub, Inc.

Killbourn, B. (1988). Reflecting on vignettes of teaching. In P.P. Grimmett, &G. L. Erickson (Eds.), *Reflection in teacher education* (pp. 99-111). Vancouver: Pacific Educational Press and New York, Teachers' College Press.

Kodall, S. (1998). *Instructional strategies used to design and deliver courses online.* Unpublished doctoral dissertation, Texas A&M University.

La Berge, D., & Samuels, S. (1974). Toward a theory of automatic information processing in reading. *Cognitive Psychology*, 6, 293-323.

Lacotte, J. (1994). *The triangle of communicative "didactique."* Paper presented at the Annual Meeting of the American Educational Research Association, New Orleans, LA. (ERIC ED375089).

Lang, H. R., McBeath, A., & Hebert, J. (1995). *Teaching strategies and methods for student-centered instruction.* New York: Harcourt Brace & Company Canada, Ltd.

MacKinnon, A. M. (1989). Conceptualizing a hall of mirrors in a science-teaching practicum. *Journal of Curriculum and Supervision*, 5(1), 41-59.

MacKinnon, A.M. & Erickson, G. (1992). The roles of reflective practice and foundational disciplines in teacher education. In T. Russell & M. Hung, (Eds.), *Teachers and teaching: From classroom to reflection* (pp. 192-214). London: The Falmer Press.

Mager, R. F. (1962). *Preparing objectives for programmed instruction (also titled Preparing instructional objectives).* Belmont, CA: Fearon.

Mashhadi, A. (1998). *Instructional design for the 21st century: Towards a new conceptual framework.* Paper presented at the International Conference on Computers in Education. Beijing, China. (ERIC Document Reproduction Service No. ED 429 583)

Mayer, R. E. (1979). Can advance organizers influence meaningful learning. *Review of Educational Research, 49*, 371-383.

Mayes, T. T. (1994). *Hypermedia and cognitive tools.* http://www.icbl.hw.ac.uk/ctl/ msc/ceejwl/paper10.html.

Medley, D. M.(1997). *Teacher competence and teacher effectiveness: A review of process-product research.* Paper presented at American Educational Research Association, Washington, DC.

Merrill, M. D. (1991). Constructivism and instructional design. *Educational Technology, 31*(5), 45-53.

Merrill, D. M., Drake, L., Lacy, M. J., & Pratt, J. (1996). Reclaiming instructional design. *Educational Technology*, Sep-Oct, 5-7.

Oliva, P. E. (1992). *Developing the curriculum* (3rd ed.). White Plains, New York: Harper Collins Publishers.

Olivero, J. L. (1971). Evaluation considerations for team teaching. In D.W. Beggs, III (Ed.), *Team teaching: Bold new venture* (pp. 104-117). Indiana: Indiana University Press.

Orlich, D. C. et al. (1985). *Teaching strategies: A guide to better instruction.* Lexington, Massachusetts: D.C. Heath and Company.

Perkins, D. N. (1992). Technology meets constructivism: Do they make a marriage? In T.M. Duffy et al. (Eds.), *Constructivism and the technology of instruction: A conversation.* New Jersey: Lawrence Erlbaum Associates, Inc.

Peters, R. S. (1966). *Ethics and education.* London: George Allen & Unwin.

Peterson, C. H. (1967). *Effective team teaching: The Easton Area High School Program.* New York: Parker Publishing Company, Inc.

Richey, R. C. (1986). *The theoretical and conceptual bases of instructional design.* London: Kogan Page, Ltd.

Richey, R. C. (1997). *The dimensions and impact of alternative views of theory and instructional design.* Proceedings of selected research and development presentations at the 1997 National Convention of the Association for Educational Communications and Technology. Aobuquerque, NM. (ERIC Document Reproduction Service No. ED 409865)

Richmond, G., & Striley, J. (1994). An integrated approach. *The Science Teacher, 61*(7), 42-45.

Roberts, D. A. & Chastko, A.M. (1990). Absorption, refraction, reflection: An exploration of beginning science teacher thinking. *Science Education, 74*(2), 197-244.

Roberts, P., & Kellough, R. (1996). *A guide for developing interdisciplinary Thematic units*. Englewood Cliffs, NJ: Merrill/Prentice Hall.

Roberts, W. K. (1982). Preparing instructional objectives: usefulness revisited. *Educational Technology, 22*(7), 15-19.

Rosenshine, B. (1983). Teaching functions in instructional programs. *The Elementary School Journal, 83*, 335-351.

Rosenshine, B.V. (1985). Direct instruction. In T. Husen & T. N. Postlethwaite (Eds.), *International Encyclopedia of Education* (Vol. 3, 1395-1400). Oxford: Pergamon Press.

Rosenshine, B., & Stevens, R. (1986). Teaching functions. In M.C. Wittrock (Ed.), *Handbook of research on teaching* (3rd ed.) (pp.376-391). Englewood Cliffs, NJ: Merrill Prentice Hall.

Russell, T. (1987). Reframing the theory-practice relationship in inservice teacher education. In L.J. Newton, M. Fullan, & J.W. MacDonald (Eds.), *Rethinking teacher education: Exploring the link between research, practice and policy*, (pp. 125-134). Toronto: Joint Council on Education, University of Toronto/ OISE.

Schiffman, S.(1986). Instructional system design: Five views of the field. *Journal of Instructional Development, 9*, 14-21.

Scriven, M. (1967). Perspectives on curriculum evaluation. In M. Scriven, R. Tyler, & R.M. Gagné (Eds.), AERA *monograph on curriculum evaluation* (pp. 1-26). Chicago: Rand McNally.

Seels, B. & Richey, R.C. (1994). *Instructional technology: The definition and domains of the field*. Washington, D.C.: Association for Educational Communications and Technology.

Shulman, L. S. (1987). Knowledge and teaching: Foundations of the new reform. *Harvard Educational Review, 57*(1), 114-135.

Singer, I. J. (1971). What team teaching really is? In D.W. Beggs, III, (Ed.), *Team teaching: Bold new venture* (pp.13-28). Indiana: Indiana University Press.

Skinner, B. F.(1971). *Beyond freedom and dignity*. New York: Knopf.

Skinner, B. F.(1984). The shame of American education. *American Psychologist*,

39(9), 947-954.

Skinner, B. F. (1958). Teaching machines. *Science, 128*, 969-977.

Slavin, R. (1987). Cooperative learning and the cooperative school. *Educational Leadership*, 47, 7-13.

Slavin, R. (1990). *Cooperative learning*. Englewood Cliffs. NJ: Prentice Hall.
Slavin, R. (1991). Synthesis of research on cooperative learning. *Educational Leadership, 48*(5), 71-82.

Small, R.V. (1997). *Motivation in instructional design*. Syracuse, NY: ERIC Clearninghouse on Information and Technology. (ERIC Document Reproduction Service No. ED 409895)

Story, C. M. (1998). What instructional designers need to know about advance organizers. *International Journal of Instructional Media, 25*(3), 253-61.

Strike, K. A.(1975). The logic of learning by discovery. *Review of Educational Research, 45*, 461-483.

Suchman, J. R. (1961). Inquiry Training: Building skills for autonomous discovery. *Merrill- Palmer Quarterly of Behavior and Development, 7*, 147-169.

Suchman, J. R. (1966). *Inquiry Development Program*: developing inquiry. Chicago: Science Research Associates.

Tennyson, R. D. (1997). A system dynamics approach to instructional systems development. In R.D. Tennyson, F. Schott, N. Seel, & S. Dijkstra (Eds.), *Instructional design: International perspective: Volume 1: Theory, research, and models*. Mahwah, New Jersey: Lawrence Erlbaum Associates, Publishers.

Torrance, E. P. (1968). *Education and creative potential*. University of Minnesota Press.

Tyler, R.W. (1950). *Basic principles of curriculum and instruction*. Chicago: University of Chicago Press.

West, C. K., Framer, J. A., & Wolff, P. M. (1991). *Instructional design*. New York: Prentice-Hill.

Williams, F. E. (1972). *Encouraging creative potential*. NJ: Educational Technology Publications.

國家圖書館出版品預行編目(CIP)資料

教學原理與設計/沈翠蓮著.--二版.--臺北
市:五南圖書出版股份有限公司,2024.08
面; 公分.

ISBN 978-957-11-4359-0(平裝)

1.CST: 教學理論 2.CST: 教學設計
3.CST: 教學法

521.4 95010104

1IHB

教學原理與設計

作 者— 沈翠蓮

企劃主編— 黃文瓊

責任編輯— 李敏華

文字校對— 李雅智

封面設計— 姚孝慈

出 版 者— 五南圖書出版股份有限公司

發 行 人— 楊榮川

總 經 理— 楊士清

總 編 輯— 楊秀麗

地　　址：106臺北市大安區和平東路二段339號4樓

電　　話：(02)2705-5066

網　　址：https://www.wunan.com.tw

電子郵件：wunan@wunan.com.tw

劃撥帳號：01068953

戶　　名：五南圖書出版股份有限公司

法律顧問　林勝安律師

出版日期　2001年9月初版一刷（共二十一刷）
　　　　　2024年8月二版一刷

定　　價　新臺幣590元

經典永恆・名著常在

五十週年的獻禮——經典名著文庫

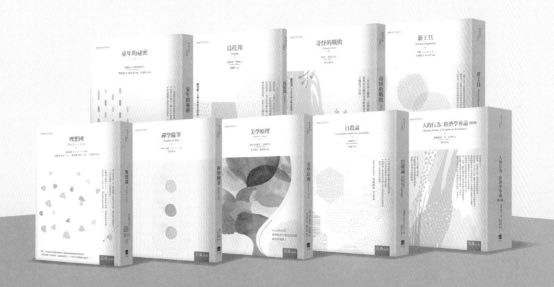

五南，五十年了，半個世紀，人生旅程的一大半，走過來了。

思索著，邁向百年的未來歷程，能為知識界、文化學術界作些什麼？

在速食文化的生態下，有什麼值得讓人雋永品味的？

歷代經典・當今名著，經過時間的洗禮，千錘百鍊，流傳至今，光芒耀人；

不僅使我們能領悟前人的智慧，同時也增深加廣我們思考的深度與視野。

我們決心投入巨資，有計畫的系統梳選，成立「經典名著文庫」，

希望收入古今中外思想性的、充滿睿智與獨見的經典、名著。

這是一項理想性的、永續性的巨大出版工程。

不在意讀者的眾寡，只考慮它的學術價值，力求完整展現先哲思想的軌跡；

為知識界開啟一片智慧之窗，營造一座百花綻放的世界文明公園，

任君遨遊、取菁吸蜜、嘉惠學子！